U0945960

本书为国家社会科学基金艺术学项目

特别委托课题（决策咨询）“弘扬节日文化研究”

最终成果（项目批准号 10JG002）

弘扬传统节日文化现状与对策

中国传统节日文化调研实录

学术顾问：刘魁立　祁庆富
主　　编：王文章
副 主 编：于　平　李　松　李心峰（常务）

文化藝術出版社
Culture and Art Publishing House

目录

第一部分　总报告

第二部分　分报告

第一部分　总报告

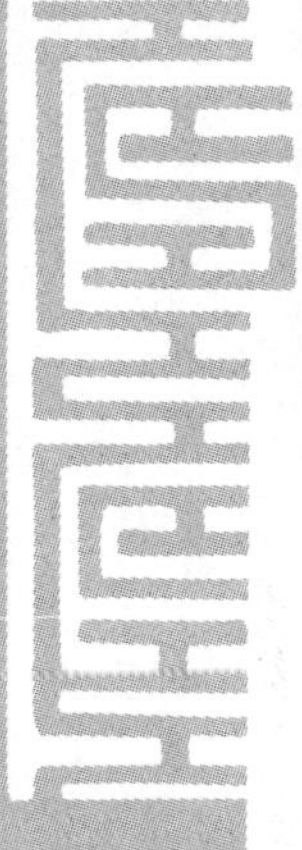

一、课题概述

中国传统节日，是中国优秀传统文化的突出代表，是我国极为丰富的非物质文化遗产宝库中最富有文化内涵、民族特色和广泛影响力的文化瑰宝。“中国传统节日，凝结着中华民族的民族精神和民族情感，承载着中华民族的文化血脉和思想精华，是维系国家统一、民族团结和社会和谐的重要精神纽带，是建设社会主义先进文化的宝贵资源。”① 进入新世纪以来，如何传承和弘扬传统节日文化问题，成为党和政府、学界及广大人民群众共同关心、关注的重大社会、文化课题。尤其是2007年12月，经国务院常务会议通过，国务院公布《关于修改〈全国年节及纪念日放假办法〉的决定》，并自2008年元旦开始施行。清明节、端午节和中秋节三个重要传统节日与春节一起，成为国家法定假日；春节仍放假三天，但假期提前一天，将除夕纳入国家法定假日。这次国家法定假日调整，将几个重要传统节日纳入国家假日体系，不仅对于传承和弘扬包括传统节日在内的优秀传统文化，而且对于整个社会生活的方方面面，均产生了深远影响。

① 中共中央宣传部、中央文明办、教育部、民政部、文化部：《关于运用传统节日弘扬民族文化的优秀传统的意见》（中央文明办［2005］11号）。

自此次国家法定假日调整以来，传统节日的存续与发展、传承与弘扬，面临着新的机遇与挑战，呈现出新的情况与态势，产生新的经验与问题，需要我们采用科学谨严的方法进行深入系统的调研，以及时了解现状，提出有价值的对策性意见。基于上述背景、需求和目的，国家社会科学基金艺术学项目在2010年度课题中专门设立一项特别委托课题（决策咨询）《弘扬节日文化研究》（10JG002）。由于传统节日文化的传承与弘扬涉及传统文化的传承、人民群众文化权利的实现、现实经济与社会的正常运行等重大社会、文化与经济问题，社会影响面相当广泛，具有特殊的重要性，本课题得到文化部及中国艺术研究院有关领导的高度重视。为此，文化部及中国艺术研究院专门成立了课题组，由王文章同志担任课题组组长，于平、李松、李心峰三位同志为副组长，李心峰同志为常务副组长，具体负责项目的组织实施。本课题还聘请著名民俗学、非物质文化遗产研究学者刘魁立先生、祁庆富先生为学术顾问。课题组成员主要由中国艺术研究院专家组成，同时邀请了国内部分高校、研究机构有关专家参加，共同完成课题。课题组其他成员主要有：张士闪，山东大学教授，《民俗研究》及《节日研究》主编；李荣启，中国艺术研究院研究员；宋建林，中国艺术研究院研究员；刘永明，中国艺术研究院副研究员；耿波，中国传媒大学副教授；景俊美，中国艺术研究院在读博士生（兼学术秘书）等。

经过一年多的努力，本课题已按预定计划完成课题的调研与写作任务。该课题主要由如下几个部分组成：

第一部分为《总报告》：介绍了本课题立项及开展调研的情况，概述了课题的目标与研究方法，并对十个子课题调研报告的主要内容作了提要性的概括。

第二部分，是本课题的主体部分，由按主题划分的十个子课题构成。这些子课题尽可能广泛地涉及当下公众、媒体及学界普遍关心的有关传统节日的热点、难点、焦点问题，如传统节日的内涵与形式、传统节日的符号与仪式、传承与弘扬传统节日的新载体和新形式、青少年对于传统节日的认知与参与情况、“洋节”在当下中国社会中的影响、如何借鉴国外传承弘扬传统节日的有益经验、中国传统节日在海外传播的情况等，通过切实可信的实地考察、问卷调查、文献研究等科学手段，真实反映其当下现状，力求作出合乎实际的概括与判断，并提出具有借鉴意义的意见与对策。这十个子课题分别是：

1. 中国传统节日的文化内涵（子课题负责人：王文章　李荣启）

2. 关于传统节日符号和仪式的探讨与调研

上篇　专家学者关于传统节日符号与仪式的探讨（子课题负责人：李心峰）

下篇　青年学生接受传统节日符号与仪式的现状与对策报告（子课题负责人：耿波）

3. 传统节日新形式、新载体的调研及对策研究（子课题负责人：李荣启）

4. 中国传统节日的传承现状与发展策略——以鲁中寒亭地区为核心个案的调查研究（子课题负责人：张士闪）

5. 青少年节日文化认知和参与情况的调研及对策建议（子课题负责人：刘永明）

6. “洋节”对中国传统节日影响的现状及对策调研（子课题负责人：耿波）

7. 借鉴国外传统节日的调研及建议（子课题负责人：宋建林）

8. 少数民族节日在国家文化建设中的地位和意义（子课题负责人：李松）

9. 关于台湾传统节日传承与变迁的考察报告（1945—2010）（子课题负责人：张士闪）

10. “中国春节在海外”调研报告（子课题负责人：景俊美）

第三部分为简明的“决策咨询意见”：课题组在十个子课题及总报

告的基础上，根据本特别委托课题（决策咨询）的特殊要求，经进一步提炼、概括、加工和更进一步的深入研讨，形成一份简明的对策性决策咨询意见。此“决策咨询意见”已列为本书《总报告》的第三节。

二、各子课题主要内容

1. 中国传统节日的文化内涵

中国传统节日久经沧桑，凝聚着历代劳动人民的智慧和情感，以群众喜闻乐见的形式传延不衰，以丰富多彩的民俗文化令华夏子孙世代陶醉和向往，以约定俗成的民间礼仪陶冶和锤炼着民族的品格和个性，以欢乐祥和的氛围弘扬着民族的美德和精神。其传承民族血脉、提升民族精神的价值，强化民族文化记忆、心理认同的价值，维系民族团结、社会和谐、家庭和睦的价值，激发与释放情感、协调人与自然关系的价值，是任何文化形式都难以替代的。

中国传统节日的文化内涵是厚重而多彩的，主要体现在如下几个方面：

（1）中国传统节日是农业文明的缩影，是先人追求天人和谐的产物。

中国传统节日植根于农业社会的土壤中，是农业文明的伴生物，即节日日期的选择与设定是古人依据天候、物候和气候的周期性转换而约定俗成的，都对应着特定的节气和农时。

以自然节气的规律性变化为依托的中国传统节日，充分体现了人们尊重自然节律，顺应自然时序，感悟天、地、人“三才”的贯通一气，追求和升华“天人合一”的观念。中国传统节日从时序安排上宛如一条由自然节气生成而贯穿春夏秋冬的“文化链”。中国传统节日的设置还体现出了农闲农忙安排有别的特点。而四季佳节的娱乐庆典和烹饪饮食，也是适时合令、因时而设、应季而生的。

（2）中国传统节日是中华文化的重要载体，体现着中华文化的丰富性和多样性。

中国传统节日文化是一个内容丰富、体系完整的系统，主要包括精神文化层面、行为文化层面和物质文化层面。它们交互作用、彼此依托，构成了中国节庆文化博大精深的独特魅力。在精神文化层面，中国传统节日浓缩着我国数千年文明进程的丰富内涵，集中体现了中华民族优秀的精神风貌，寄托着古往今来中国人的理想情怀，蕴含着人们对美好生活的不懈追求、对大自然的感恩与敬畏、对家庭团圆与世间和谐永恒的企望。在行为文化层面，中国传统节日是各种民俗活动和民间艺术集中展示的平台，这个平台荟萃着祭奠、礼仪、表演、技艺、艺术、体育、游戏等丰富多彩的行为文化，构成了一道亮丽的风景线。在物质文化层面，在传统节日文化系统中，外显的、有形的物质文化也十分丰富，既有四季飘香的节令佳肴，更有纷繁多样的装饰品、吉祥物，还有寄寓着丰富人文内涵的各种植物、花卉等等。

（3）中国传统节日是民族精神的写照，蕴含着中华传统美德。

在中国传统节庆中，凝结着中华民族的民族精神和思想精华，蕴含着值得弘扬的中华传统美德，主要体现为：热爱生命、追求健康的人本精神；敬祖孝先、尊老爱幼的传统美德；勤劳勇敢、刚健有为的自强精神；弘扬正义、忧国忧民的爱国情怀；贵和尚美、团结和睦及平安吉祥的心理追求等等。

（4）中国传统节日是民族情感的凝结，是增强民族文化认同，维系国家统一、民族团结和社会和谐的重要精神纽带。

中国传统节日不仅蕴含着优秀的民族精神，而且凝结着丰富的民族感情，是民众精神情感的重要寄托方式。通过祭祖、拜年、访亲、联欢等多种节日仪式，传递着人间美好情愫，使传统节日超越时空界限，发挥着凝聚民族情感、融洽人际关系、促进社会和谐的功能。中国传统节日又是维系国家统一、巩固民族团结、促进各民族文化交流与融合的重要精神纽带。

中国传统节日的文化内涵博大精深，其深厚的文化底蕴已经深深融入历代民众的日常生活，滋养着民族的生命力、创造力、凝聚力，推动着中华文化历久弥新，也促进着当代和谐社会的建设。

2. 关于传统节日符号和仪式的探讨与调研

本子课题，是在课题进程进行过半的时候，于 2011 年元月根据课题的密切需要临时增加的。

本子课题分为上篇、下篇两个部分。

上篇为专家学者关于传统节日符号与仪式研讨情况的综述报告。在课题进行过程中，课题组强烈意识到，当前学术界及社会上围绕传统节日的讨论，越来越聚焦到一个重要问题上来，即传统节日的符号与仪式问题，也就是在今天人们的精神文化生活日益丰富、多元以及全球化进程明显加快的大语境下，我们究竟应该用什么样的节日符号与仪式吸引更广大的民众积极参与传统节日，过好我们民族的传统节日，传承和弘扬中华民族的优秀节日文化。基于上述认识，2011 年 1 月 25 日，本课题组邀请在京部分节日研究、非物质文化遗产研究领域的专家学者，与《中国文化报》社联合召开了题为“探讨节日符号仪式　弘扬传统节日文化”高层次专题学术研讨会，就此专题进行了深入研讨，产生了积极而热烈的社会反响，有力推动了社会及学界对此问题的进一步关注与研究。

此次研讨会围绕传统节日的符号与仪式问题，着重探讨了下述问题：一是在当前深入探讨节日符号与仪式迫切而重要的意义；二是节日符号包括怎样的内涵与形式；三是应该如何传承、构建节日符号与仪式；四是中国传统节日的符号与仪式的一与多的问题，也就是应认同其多样化的存在，还是要找出某一种最有代表性的节日符号与仪式；五是有关春节这一中国最有代表性的节日的符号与仪式的探讨；六是关于传统节日仪式的思考；七是关于传统节日符号与仪式的传承与发展相互关系的探讨；八是关于如何看待所谓“洋节”在当下的影响的探讨，等等。专家们针对这些问题各抒己见，提出了许多新颖深刻的观点、见解和颇具建设性、操作性的意见、建议。

下篇是以问卷调查为基本方法对于传统节日符号与仪式在当下基本状况及基本对策的调研报告。考虑到青年学生是实现节日文化传承的主要人群之一，青年学生对传统节日符号与仪式的接受现状是实现传统节日文化传承的关键因素。因此，本子课题将此次问卷调查的对象限定于青年学生这一特殊人群，通过对青年学生接受传统节日符号与仪式的现状的调研，把握当代青年学生对传统节日符号与仪式的关注与认知程度、对传统节日符号与仪式实现现代传承的基本判断、对传统节日符号与仪式多样性与一致性问题的看法，以及他们对传统节日符号与仪式未来发展的看法等等，提出必要的对策性意见。我们试图将青年学生这个特殊群体对于传统节日符号与仪式的认知情况及基本态度作为一个带有典型意义的案例，提供给公众及学界，作为了解和研究传统节日符号与仪式在当下境况的一个参考。

此次调研对象设定为北京市大学与中学高年级青年学生。随机抽取对象包括8所大、中学校。此次调查对象共592人。调查采取问卷法。问卷由23个问题构成，分别涉及人们需不需要传统节日符号与仪式，政府、学者、民众等各种因素在传统节日符号与仪式中的作用，人们对春节的节日符号与仪式的态度倾向，以及传统节日符号与仪式的未来建设等问题。全部问卷资料由调查员检查核实后进行编码，然后输入计算机，由课题组成员利用SPSS分析软件进行统计分析。分析类型主要是单变量的描述统计。子课题主要由调查结果与数据分析、通过研究、分析所得出的主要结论和五点建议所构成。

调研所得出的主要结论有：

（1）传统节日符号与仪式是深厚而丰富的传统节日内涵与它的物化载体形式的统一，青年学生对传统节日文化的当代传承须从节日符号与仪式的认知和参与做起。

（2）青年学生对传统节日符号与仪式有所关注，但普遍停留在较浅的感性层面，被动引导、缺乏体验是其主要原因。

（3）青年学生对现代传媒承担传统节日符号与仪式传承责任的认同大过对政府引导、学校教育的认同，而其表现出的节日文化自主性诉求尤其值得重视。

（4）传统节日符号与仪式多样性还是一致性的问题在青年学生群体中缺乏主流意见，“无所谓”成主流意见。

（5）亲身感受或有参与经历的节日符号与仪式在青年学生中获得了最高的认可度，家长引带与符号仪式本身具有参与吸引力是青年学生参与节日活动的两大原因，而“文化认知”与“文化责任”是青年学生节日文化自觉的两个层次。

（6）青年学生对传统节日符号与仪式内涵的认知正处于从无知到有知的中间地带，家庭教育、社会宣传与自觉参与是青年学生获取节日内涵认知的两大途径。

针对调研所观察到的现状与发现的问题，课题提出如下几点建议：

（1）超越节日实用观念，培养青年学生的节日理性，引导青年学生对传统节日的传承落实在对传统节日符号与仪式的内涵认知与文化责任上。调研显示，青年学生对传统节日文化实际上正处于选择的十字路口。在这种情况下，如果局限于灌输以节日实用观念，不具说服力。启发学生的节日理性，引导学生对传统节日符号与仪式内涵充分认知，进而激发其传统节日传承的文化责任，使其超越“文化实用”观念而做出选择。

（2）摈弃节日灌输观念，确立节日参与的现场观念，创造各种传统节日的社会参与平台，引导青年学生以节日文化志愿者的身份参与或组织传统节日文化活动。节日文化决策部门及社会机构应当创造各种社会参与平台，为青年自觉参与节日活动创造实现的空间与条件。设立大学生传统节日文化专项基金、鼓励大学生创办传统节日社团、高层论坛以及进行传统节日符号与仪式的创新实践等，都是激发青年学生在树立文化自觉的基础上参与传统节日活动的举措。

（3）启动高校传统节日教育，凸显家庭教育的主导性，创立家庭与学校双驱引导的传统节日教育体制。传统节日教育在当前我国高校教育中几乎是空白，在全国近两百所各类高校中，传统节日课程没有进入必修课程体系，大部分是以选修或课外辅导的形式进行，而家庭教育一直以来成为青年学生传统节日文化的启蒙阵地。家庭教育与学校教育相比，对青年学生的传统节日文化教育更具终身教育的特点，言传身教，耳濡目染，是青年学生节日理性与节日情感养成的主要平台。在启动学校教育时，应通过教育形式创新，强化学校与家庭之间的教育沟通，将家庭传统节日教育纳入学校传统节日教育的开放平台，实现家庭与学校的双轮驱动。

（4）重视传媒，善用传媒，抵制现代传媒的肤浅化倾向，推进现代传媒对传统节日符号与仪式的深度阐释。青年学生是与现代传媒共同成长的群体，他们在传统节日的传承问题上对现代传媒抱很大信任。然而，现代传媒存在巨大缺陷。现代传媒自身包含肤浅化、娱乐化的传播倾向，这使其在传播节日符号与仪式时容易削平节日内涵，凸显其娱乐化、感官化的层面，所以重视传媒，更要善用传媒。推进现代传媒对传统节日符号与仪式的深度阐释，是善用传媒来传播传统节日符号与仪式内涵的方向。

（5）抵制单一，欢迎多样，从青年学牛的节日生活实践出发，激发对传统节日符号与仪式的多样性创意。传统节日符号与仪式的多样性是节日文化富有活力的重要表征，青年学生对多样性的缺乏认同是很大的忧患。如何重建青年学生对节日符号与仪式多样性的关注？我们认为主要是：一是从既有传统节日符号与仪式体系中发掘资源，呈现其丰富性，吸引青年学生的关注与参与；二是从青年学生当下节日生活实践出发，激发其对传统节日符号与仪式的多样性创意。

3. 传统节日新形式、新载体的调研及对策研究

当今，传统节日中的一些农事节庆习俗已经悄然退出节庆文化舞台，但人们在传承传统节日文化时，又能巧妙地利用新载体，不断地创造出一些过节的新形式和新习俗，使传统节日具有了新的时代内涵和生命活力。最显著的变化是传统节日的过节形式变得更加多样化、个性化了。

（1）我国传统节庆活动中出现的新形式、新载体。

春节，人们不再以满足物质享受为期盼，而更多的是追求一种精神或文化的盛宴。如近些年，出现了“除夕夜团坐看春晚”的现象。春节拜年的形式不断变化，除了团拜、登门拜年外，人们越来越多地利用新载体拜年，电话拜年、手机短信拜年、网络微博拜年广为流行。年轻人更热衷于以自己喜欢的方式过年，进电影院看贺岁片、去健身房健身、去图书馆畅游书海，或约上朋友去泡网吧、玩具吧、酒吧、咖啡吧等。许多城市兴办的庙会越来越红火。每逢春节，不少城里人选择到郊区过年，越来越多的人以出门旅游的方式过年。

清明节，城市人祭祖扫墓的形式变化较大。祭奠方式趋于简单、文明。身在异乡或无暇去墓地扫墓的人，可在互联网上设立“网上墓园”，可以进行虚拟的献花、祭酒、留言等。许多中小学组织青少年到烈士陵园或墓地扫墓，到英杰纪念碑、纪念馆、故居、遗迹瞻仰献花，举行入队、入团、成年礼等仪式。同时，对中华民族共同祖先黄帝、炎帝的群

体性公祭活动也已形成规模。

端午节，围绕纪念屈原的主题，文化娱乐活动不断得以拓展。如龙舟邀请赛、祭祀屈原、端午诗会、民间文艺调演等等。

中秋节，在亘古不变的阖家团聚的主题下，生发出许多富有浪漫格调与狂欢精神的月下活动，并由小家的阖家团圆，延伸到民族大家庭的凝聚与欢乐。近年来，各地政府相关部门重视挖掘中秋节的文化内涵，组织开展了丰富多彩的中秋节庆活动。

（2）传承基础上的创新发展，是中国传统节日演进的必然趋势。

目前，传统节庆中虽然出现了一些新载体、新形式、新节俗，但离全面振兴传统节日的目标、离民众心中对过好年节的期待还有很大的差距。如何使传统节日从民众生活中的必不可少，变为文化上的必不可少？传统节庆活动如何应时而变，使广大民众自觉参与、乐在其中？等等，这些问题都应当引起学术界和政府相关部门的重视。

首先，政府相关部门对弘扬中国传统节日文化的重要性要有清醒的认识，并充分利用大众传媒、学校教育等手段，加强宣传教育，努力提升广大民众对传统节日的文化自觉。

其次，传统节日在传承中的创新发展，应该处理好继承与创新的关系，应当在保持固有文化底蕴和功能的同时不断与时俱进。

（3）传统节日新形式、新载体的创新发展对策。

建议从以下几方面进行传统节日文化新形式、新载体的创新发展：

首先，是节庆活动气氛与空间的营造与创新。各级政府相关部门要给予财政资金上的资助，并鼓励社会经费来源渠道的资助，鼓励民间以多种方式营造节庆气氛。可恢复一批过去曾繁荣热闹的老年货市场，兴建一些年货商品一条街，满足百姓寻求“年味儿”、置办年货的意愿。号召和鼓励商家，每逢传统佳节都利用与之相应的中国传统节日文化符号布置店堂和环境。还可以通过举办民间大型的节庆活动，营造节日气氛。如办好春节的新年联欢会和传统庙会、元宵节的大型灯会展等。在节日活动空间的创新上，除了提供家庭团聚的各种方便之外，应当引导人们走向社会，积极参加社区组织的各项节庆活动。为此，应当努力搭建社区节日活动的平台。

其次，是节庆活动内容和形式的创新。政府相关部门应研究和规范各个节日的具体理念、标识、礼仪活动等。节日活动内容和形式的创新，要因节不同而有异。可采纳一些专家的建议，如端午节，可以从卫生、体育、文艺三方面发展节俗；中秋节，不仅家庭团聚、吃月饼，更多的应发展为富于浪漫格调的月下活动；清明节，除了有丰富文化内涵的春游等活动外，组织开展文明祭奠活动，推广敬献鲜花、种植纪念树、网上祭奠等文明健康的现代祭祀礼仪，等等。

第三，是节庆文化符号、文化产品的创新。可以运用现代科技手段，多开发、制作一些美观大方、富有情趣的节庆文化产品；多生产一些传统特色鲜明、安全卫生、健康有益的节日食品；多创作一些易于传诵、富有真情实感的节庆用语。此外，节庆新产品的开发，应树立产品系列化意识及市场意识。

4. 中国传统节日的传承现状与发展策略

——以鲁中寒亭地区为核心个案的调查研究

传统节日虽冠以传统之名，其实也是现代生活的一部分。在现代化、全球化的影响下，中国目前正处于社会转型期，正在经历着从已持续数千年的传统农业社会向现代工业社会的急剧转变。以此为背景，与传统农耕文明关联密切的传统节日正面临着比较严重的传承危机。如何让传统节日面对新时代的民众需求而旧命维新、生生不已，不断地为当今社会有机体注入新的活力，是目前所必须面对的重大问题。

2010 年 10 月，我们对鲁中潍坊市寒亭区传统节日的传承现状进行了问卷调查，发放问卷 600 份，获得有效问卷 563 份，同时参以近 20 年来积累的田野调查资料，在此基础上对该地区城乡传统节日的传承现状与民众的节日心理需求进行归因分析。

调查问卷围绕“传统节日的传承现状与发展策略”进行设计，包括六个主要问题。问卷中共涉及10个传统节日，即春节、元宵节、二月二、清明节、端午节、七夕节、中元节、中秋节、重阳节、腊八节。全部问卷资料由调查员检查核实后进行编码，然后输入计算机，由课题组成员利用SPSS软件（13.0版本）进行统计分折，分析类型主要是单变量的描述统计和多变量的交叉分析。下面是此次调查的主要结果。

（1）人们对传统节日的认知现状：①农村居民对传统节俗活动的认知程度较高，城市居民则相对较低。②不同地区对具体传统节日的认知度不尽相同。③从认知主体上看，人们对传统节日的认知与年龄、文化程度等关系密切：从年龄上看，年龄越大对传统节日的认知度越高；从文化程度上看，学历较高的群体对传统节日较为了解。

（2）人们对传统节日的评价：①从节日的隆重程度来看，春节、清明节、端午节、中秋节四大传统节日在人们心中仍然是最为隆重的。②大多数人认为，传统节日有必要继续传承下去。③从评价主体上看，人们对传统节日的评价与年龄、婚姻状况、职业密切相关；从年龄上看，青年人认为传统节日越来越淡，中年人认为传统节日越来越隆重，老年人认为传统节日没什么变化。从婚姻状况来看，未婚者认为传统节日越来越淡，已婚者认为越来越隆重。从职业上来看，农民或学生认为传统节日越来越淡，企业一般员工认为传统节日越来越隆重，而政府或事业单位人员则认为传统节日没什么变化。

（3）人们如何过传统节日：①重要传统节日的主要形式得到了较好的传承。②一部分传统节日内容正在淡化或消亡。③人们对传统节日的参与程度与年龄、文化程度、婚姻状况、职业以及在特定区域居住时间密切相关：老年人参与祭祀性、仪式性节俗活动的比例较高，而年轻人喜欢参与娱乐性节俗活动。学历较高的人更倾向于参与那些与当下生活密切关联的节俗活动；对于那些正在淡化或消亡的节俗活动，学历较低的人参与的比例要高一些。在特定区域居住时间长的人喜欢参加那些带有深刻集体记忆的节俗活动，居住时间短的人倾向于参加个体性比较强的节俗活动。农民更倾向于参加信仰色彩较重的节俗活动，而学生、企业员工等更喜欢参加那些参与性的、娱乐性的活动。已婚者多选择带有交流和沟通性质的节俗活动，而未婚者多选择带有自娱性质的节俗活动。

（4）人们对传统节日的期望心理：①大多数人认为传统节日有必要传承，说明人们对传统节日的期待心理是很高的。②人们对部分传统节日内容表现淡漠。

（5）人们如何看待传统节日法定化的问题：调查显示，绝大多数人都认为2007年我国政府为这些节日设定法定假期是必要的。的确，法定假期的制定对传统节日的传承有着至关重要的作用，可以使民众生活获得更多的自由空间，促进社区生活和整体社会秩序的优化，显示出目前我国在制定政策法规方面的更趋务实和合理化。

（6）人们对外来节日的认知、参与和评价：①人们对外来节日的认知程度较高，且认知程度与性别、年龄、学历和职业密切相关。②人们对外来节日的参与程度较高，且对外来节日的参与程度与性别、年龄、学历和职业密切相关。③人们依然认为传统节日比外来节日更重要。

根据调研所得到的结果，经过分析与研究，提出下述几点对策性意见与建议：

（1）充分考虑不同地域对不同节日在重视程度上的差异，建议在保证国家法定假期制度不变的前提下，在某些少数民族地区和其他特殊地域，实施适度增量的弹性放假制度，作为国家法定假期制度的补充。传统节日表现出很强的“在地化”特征，不同地域的民众即使是对同一节日的认知、评价、参与和期待是不一样的。在某些特殊地域实行有限度的弹性放假制度，对于保护文化多样性、改善民生具有重要意义。

（2）以节日体验为途径，加强对青少年的传统节日文化教育。调查结果显示，青少年参与传统节日的积极性很高，但对于传统节日的认知度、认同感和参与性尚有很大的提升空间。青少年是传统节日的传承主体，是未来文化的创造者，他们对于传统节日文化的认知、态度与行为将直接影响到传统节日文化的传承与发展的前景。政府，尤其是文化和教育部门要有意识地加强对青少年的传统节日文化教育，增强他们对传统节日的认知、体验和理解，让青少年在体验的同时接受传统美德的熏陶，自觉担当传统节日文化传承的主人，这对于弘扬中华传统节日文化具有特别重要的意义。

（3）传统节日的神圣感需要尊重，同时应积极关注传统节俗的现代性转换。传统节日如果不能通过节俗活动形式的现代转型适应当代社会生活之需，对年轻人缺乏吸引力，其衰落将是不可避免的。传统节俗内容的革新成为人们普遍的期待，需要以种种方式促进其神圣传统在当今社会中的传承。

（4）以兼容并包的开放态度对待外来节日文化，是先不必急于对其作价值评判。在强调弘扬传统节日主体性的同时，应以兼容并包、海纳百川的态度对待外来节日文化。其一，在当今时代，提倡文化多样性、强调文化包容性已经成为一种世界性的共识，绝不能一味强调对传统节日的遵从而陷入孤芳自赏的文化自恋，文化绝对主义在当今世界没有出路。其二，人类文明有普适性的内在价值，任何一种节日之所以能够源远流长经久不衰，其节俗背后一定有着足够的文化合理性基础，一定包含有值得其他国家和民族借鉴与尊敬的因素。其实，国民在将目光投向外来节日、体验外来节日的同时，也在有意无意中为中国传统节日寻找积极的建构因素。就此而言，国民对外来节日的参与有助于传统节日的现代性转化。

5. 青少年节日文化认知和参与情况的调研及对策建议

“青少年节日文化认知和参与情况调研”选取了全国 14 个教育机构的 654 名学生进行问卷调查。样本分布充分考虑了学校类型、地域以及学历层次等方面的特点，涵盖全国各类城乡青少年。

通过调查分析发现：第一，我国节日文化的教育和传承情况良好，我国青少年对传统节日包括少数民族传统节日具有较高的认知水平。第二，虽然西方节日在我国青少年群体中有着较高的认知、认同和参与程度，但未与传统节日文化产生冲突。我国青少年倾向于传统节日和西方节日并重，但在价值和情感上，还是倾向于中国传统节日。第三，调查中发现，我国青少年对节日内容加以丰富和充实的要求远大于创造新节日。第四，青少年对政府弘扬节日文化、重视节日文化内涵的挖掘或创新，普遍持支持、理解和乐观态度。

通过调查分析，还发现：第一，单一少数民族地区或多民族地区，在传统节日文化方面的教育力度稍显不足。第二，青少年对我国的节日制度缺乏了解。第三，虽然社会有关方面包括学校比较重视对青年的节日文化教育，但青少年对节日文化教育的接受程度并不深入，教育效果不明显。第四，传统节日仪式和符号传承与现代社会的发展存在着不适应的问题，新的节日仪式和符号创新又不明显或者不具吸引力。第五，学校和教师在利用传统节日文化载体进行主题教育方面仍存在较大的改进空间。第六，广大青少年对当前节日文化缺少内涵、节日氛围不浓厚及缺少新颖的形式表示了不满足，对弘扬节日文化的某些方式方法表示质疑等。

据此，我们认为：

（1）在学校，面向青少年人群，需要加强对传统节日文化的教育和对西方节日文化、尤其是西方宗教节日文化认知的正确引导。首先，需要重视民族地区关于传统节日文化和少数民族节日文化的教育。在调查中发现，汉族地区对传统节日文化的教育较为重视，而单一少数民族地区或多民族地区，在这方面的教育力度稍显不足。其次，除了节日知识之外，对青少年要加强节日制度层面的教育。如在“您是否知道国家放假制度是在综合各方面因素考虑后的折中结果”的答卷结果中，有近四成青少年回答是“不知道”（35.8%）；如在“您是否知道我国公众假期天数排在世界前列”的答卷结果中，有近1/4（24.5%）的青少年对此是毫不知情的。这些比重都是很大的。第三，在学校教育中，把西方节日文化尤其是宗教节日文化正确认知的教育要放在一个重要的位置。对教师也要加强这方面的教育。

（2）教育机构和教育工作者要重视利用好传统节日文化这个载体，开展丰富多彩的主题教育活动，尤其是青少年可亲身参与和体验的节日文化活动。在关于“在您的印象中，学校或老师会将主题活动放在传统节日吗”、“您是否在传统节日期间参加学校或家庭的某种特定的仪式活动，如清明扫墓活动”和“您是否参与过传统节日的特定仪式”等调查项的答卷中，我们看到，学校和教师在利用传统节日文化这个载体进行主题教育方面，存在着较大的改进空间。关于这点，教育行政部门可以发挥较大的作用。

（3）政府应引导各种社会力量、拢聚各种资源，丰富节日文化内涵和提倡节日仪式符号，对节日文化公共性、公益性、创意性、娱乐性活动内容和形式加以指导与支持，加强对公共节日文化活动的科学管理。首先，各级政府和各类教育机构，应以传统节日和公共节日为平台或载体，积极开发传统节日文化资源并借鉴西方节日文化的一些特色内容或形式，重视节日氛围，拓展节日活动空间，重视开发丰富多彩的、适合各年龄段未成年人和年轻人特点与需求的节日文化活动，尽可能地多组织一些有公众参与的公益性、创意性、娱乐性活动，增强节日文化对广大青少年的吸引力。也可适当弱化传统节日中的一些和现代社会生活不紧密或意义不大的成分，掌控好节日文化中教化成分和娱乐成分的关系，对传统节日文化的一些内涵或形式进行合理改造，让传统节日得以发展。在保证安全的前提下，行政管理机构不必对节庆活动、广场活动或狂欢性质的活动过于限制。其次，非物质文化遗产和传统节日文化有着紧密的联系。各级政府和各类教育机构，要积极借助非物质文化遗产保护这个平台，将保护非物质文化遗产和弘扬节日文化紧密结合起来，在形式和内容上相互促进。

6. “洋节”对中国传统节日影响的现状及对策调研

“洋节”，是近现代以来输入中国的外来节日的俗称。外来节日入华，在中国古代并不鲜见，然而，与古代相比，今日的“洋节”现象有着本质的不同：近现代出现的洋节现象，是近现代随欧美文化的入侵随同迁入的，在此背景下，“洋节”入华就并非是简单的中外文化交流，而成为中西文化冲突的微观形式。20 世纪 80 年代以来，随着改革开放的深化，“洋节”现象在中国愈演愈烈，在媒介报道、节日经济与社会舆论的三方催动下，“洋节”冲击中国传统节日并造成中国节日体系的失衡，这已日渐成为社会各界的热门话题，“洋节”现象已成为构建当代中国节日文化体系不可回避的一个现象，而把握“洋节”与中国传统节日之间冲突的实质，解蔽去惑，则是解决中西节日冲突并实现涵化发展的必要前提。然而，对“洋节”现象的反思与把握却不能建立在感性认识基础上，深入实证的社会调查是解决问题的关键。

“洋节现状与对中国传统节日影响及其对策调查”的宗旨，即是在社会调查、实证研究的基础上，以节日文化的若干文化原则为指导，把握当下“洋节”发生的大众认知、期待心理、节俗活动及媒介生态，明确在“洋节”和中国传统节日冲突中的大众看法与中西节日涵化的可能途径。目的在于呈现当下中国“洋节”发生的真实现状，揭示中西节日从冲突向涵化转向的契机，为节日施政部门构建现代节日文化体系提供指导。通过调研，我们认为：

（1）媒介报道和社会舆论夸大了人们对“洋节”的期待，人们对“洋节”和中国传统节日的认知差异不大。

人们对“洋节”的期待，并非像媒介报道和社会舆论所宣扬的那么高，人们的真实期待与舆论口径之间形成较大反差。调查显示，人们对圣诞节“不期待”的占22.5%，“无所谓”的占49.8%，两者相加反映出人们对圣诞节不期待值为72.3%；而人们对中国传统节日的期待，也并非如想象中的那么低，调查显示，人们对春节的期待频率为79.5%。媒介报道和社会舆论追求“轰动效果”的片面性，使其有意拔高“洋节”贬抑传统节日。

人们对“洋节”的认知，与对中国传统节日的认知在深度和内涵上其实并无多大差异，赋予节日现代内涵是发生在当代中、西节日认知中的共同倾向。在深度上，人们对“洋节”与传统节日都是有所了解，但同样不深，对节日认知关注的消减，无分中西；在内涵上，人们对“洋节”的认知并非缺乏内涵，而是偏向于抛弃其古老内涵，赋予现代内涵，这一点在中国传统节日的内涵认知上同样存在。

（2）人们关于“洋节”对中国传统节日冲突的看法日趋理性，人们更多的是借助中国传统节日的内涵参与“洋节”。

对于“洋节”对中国传统节日的冲突，人们的感受与看法均趋于理性，这与当前媒介宣传与舆论造势的危言耸听形成较大反差。调查显示，在问及“您对‘洋节’影响中国传统节日有无感受”时，认为“有，很强烈”的占23.3%，“从来没有”的占16.0%，而认为“有，但不强烈”的占59.8%。在问及“圣诞节在中国大热您认为对中国年节有无影响”时，认为“有影响，但传统春节仍是年节主体”的比例为66.2%。

人们过“洋节”的原因与其实际参与时的真实寄托形成反差，人们容易受外在导向去过“洋节”，但在实际参与“洋节”时又体现出较为热切的文化主动性，并不全是在凑热闹、被动参与，而是从中国传统节日的伦理本位出发涵化“洋节”，借“洋节”表达亲情。调查显示，在人们实际参与的“洋节”中，母亲节是人数最多的，比例高达67.2%，父亲节位列第三，比例达56.7%，而在八大“洋节”中母亲节、父亲节是凸显伦理亲情的现代“洋节”。另外，感恩节在当下中国日益从西方的感“主耶稣”之恩演变为感“父母”之恩，也是有力说明。

（3）坚持以民族传统节日为主体，中西统筹，创制中西互补的中国特色节日体系。

当前节日施政中，对“洋节”的施政规划是缺席的，正因为如此，“洋节”现象已造成了政府在节日施政规划中的被动。调查显示，人们的确会关注中西节日的本来文化内涵，但人们往往是有选择地凸显中西节日内涵的现代意义，对中西节日之间的文化冲突一直持实用理性的态度。调查同时也证明，“洋节”在节俗活动方面凸显社会关系交往，与传统节日的凸显家庭关系交往正形成互补，中西节日可以而且能够并行互补发展。这一点在调查中获得了各方面的认可，一个典型数据就是，在对“您认为传统节日的发展方向是什么”的问题中，有66.6%的人选择了“与时俱进，向‘洋节’借鉴，让传统节日更好玩”。

从此文化创势出发，节日施政部门应放弃建立在中西节日文化对立基础上的扬中抑洋的思维，以包容性眼光看待“洋节”，建立以中为主体的互补的中国特色节日体系。中国特色节日文化体系的核心，应当是“洋节”文化所体现出的社会关系交往特征与传统节日文化所体现出的伦理关系交往特征之间的互补；从节日公共文化角度而言，就是“洋节”所凸显的社会公共领域与中国传统节日所凸显的家庭私人领域之间的互补。具体举措包括，在现行节日体系的基础上增益“洋节”，制定出具有规示性的节日时间节奏表，将“洋节”编织到中国人的节日节奏中，以此实现引导和控制，因势利导，合理发展。

（4）各方关注，共同协调，在社会生活多样化的自觉选择中赋予节日新的时代内容。

节日文化的协调发展和中国特色节日文化体系的构建，需要政府、民间特别是社会机构的共同关注、参与与协调。此中，要特别重视发挥社会机构、民间团体的作用，这是将政府引导化入具体节日组织工作的有力枢纽。在推动民族传统节日发展和对“洋节”的引导、协调方面都是如此。同时，调查中显示，在“洋节”与中国传统节日的冲突中，人们往往会从中国传统节日的文化本位去把握“洋节”，而自身的传统节日观念也会在“洋节”的冲击下有所改变，因此表现出对节日形式创新的要求。我们要尽可能在保持我国传统节日文化主体的前提下，推动节日文化创新，并在人们社会生活多样化的选择中引导“洋节”自然融入中国社会生活。

调查中还显示，“洋节”在我国的影响扩展，商业推动是一个重要原因。因此，要正确引导“洋节”中的商业活动，防止商业的推波助澜，造成“洋节产业”的失序与混乱。

7. 借鉴国外传统节日精华的调研及建议

世界各国的民族传统节日是在长期的历史文化积淀中形成的，是人类精神文明的沉淀，具有重要的文化历史价值。在开放的世界环境中，东西方节日文化的交流与融合是双向的。当前，面对着如潮水般涌进国门的各种外来节日文化，保持民族节日文化的主导地位显得尤其重要。同时，我们也要以海纳百川的宽广胸怀，放眼世界、博采众长，认真学习、借鉴国外传统节日的精华，吸收世界各国举办节日活动的有益经验与运作模式，使中国传统节日文化同世界各国、各民族节日文化在相互交流与碰撞中与时俱进，共同发展，为促进世界各国传统节日文化的交流与融合做贡献。

与中国传统节日相比，国外传统节日无论从文化内涵还是表现形式上都有较大差别，显示不同的文化特征。国外传统节日的主要特征，一是浓厚的宗教色彩、以信仰为精神支撑，二是疯狂的情感宣泄、以娱乐为节庆主题，三是广泛的大众参与、以民众为节庆主体，四是普适的节日理念、以人性为文化内涵。

世界许多国家在现代化进程中，不仅重视弘扬传统节日的文化内涵，而且注重传统节日内容和形式的不断创新，通过丰富多彩的节日活动创造了可观的文化效益、社会效益和经济效益，产生了许多值得借鉴的成功经验。国外传统节日的成功经验，一是民众广泛参与、重视欢乐体验，二是民族特色突出、文化内涵丰富，三是节庆活动创新、品牌意识明确，四是政府协调、民为主体办节，五是市场运作模式、广泛筹集资金。

我们要结合中国的实际情况，借鉴世界各国传统节日活动的成功经验与运作模式，但是学习和借鉴的目的，是为了弘扬中国传统节日文化。我们应当在保持和巩固中国传统节日文化主导地位的基础上，从其他国家和民族的节日文化成果中汲取营养，并有机融合、补充到中国传统节日文化体系中，改进和革新中国传统节日中那些不适合现代社会需要的过节理念与运作模式，进一步丰富和创新中国传统节日文化。

国外传统节日的成功经验为弘扬中国传统节日文化提供了有益的借鉴。关于借鉴国外传统节日的精华，我们有如下思考：

（1）坚持中华民族传统节日在节日文化体系中的主导地位。我国的节日文化体系，应当在保持和巩固中华民族传统节日主导地位的基础上，从国外节日文化成果中汲取营养，并有机融合、补充到传统节日的内容和形式中，形成以传统节日和现代政治性、社会性节日为主体，地方节日、外来节日和新型节会和谐发展的节日文化体系。

（2）正确处理政府主导与民众主体的关系。弘扬传统节日文化，政府要发挥协调者、引导者的作用，积极支持城乡节日活动，丰富人民节日生活，但节庆活动应以民办为主，发挥非营利性民间组织、企业、社区、村庄的主体作用，尽量减少官办色彩，充分调动民众参与的积极性，让民众从传统节日中获得最大的欢乐体验。

（3）以创新精神挖掘传统节日的文化内涵。社会在发展，传统节日也要与时俱进，与时代脉搏同步。要改进和革新传统节日中不适合现代社会需要的过节理念与运作模式，为传统节日注入新鲜的、富有现代生活气息的文化因素，不断寻找新的过节形式和载体，推动传统节日的内容和形式常变常新，进一步丰富和创新中国传统节日文化。

（4）树立有民族特色的节日文化品牌。要保护民族民间节日文化的多样性，办好有地域特色的春节、端午、中秋等节日民俗活动，制作有地方特色的传统节日产品，把节庆活动作为展示民族文化和民俗风情的重要空间，以独具特色的节日品牌增强传统节日的吸引力。

8. 少数民族节日在国家文化建设中的地位和意义

我国少数民族节日文化建设已经有了很大进展，并取得了显而易见的成就，少数民族节日在整体上得到了延续和弘扬，成为我国国家文化体系中不可或缺的一个组成部分。但少数民族群体面对全球化、现代化、都市化的冲击，其节日文化也出现了较为严重的危机，像汉族地区一样，其中的突出现象之一就是少数民族节日的衰弱、消失、变异。缺乏文字记录、传承人口少、处于经济欠发达区域的节日消失的速度更快、异化的程度更大。从国家节日文化建设的大局和长远目标来看，需要从制度设计、政策实施等方面进一步加强扶植力度。针对目前存在的较为普遍的问题进行分析，要从以下方面调整和加强：

（1）观念意识：珍视多元文化价值。

（2）立场选择：变政府操办为政府服务和引导。

（3）制度设计：建构和完善国家节日体系。

（4）政策安排：落实民族宗教政策，统筹假日安排。

（5）政策执行：重视保护和传承节日资源，激发民众热情。

在国家文化建设的过程中，要重视大力弘扬少数民族节日文化：

（1）将节日文化服务和社会服务作为服务基层、促进社会稳定、构建民族和谐的重要工作，作为国家和地方政府的制度性日常工作。应做到只要有人民群众过节，就应该让人们感受到政府的服务性作为。节日服务内容要具体实在，结合政府部门其他帮助性工作，抓住节日的有利时机统筹协调，在各个方面为民服务。

（2）加强民族节日文化研究，特别是与节日密切相关的宗教和民间信仰研究，逐渐构建具有鲜明中国特色的多元节日文化体系。坚持文化尊重原则，要以广大人民群众的节日文化认同和有利于社会和谐发展作为政府服务的主要前提性条件，逐渐调整地方政府将促进旅游、开发节日经济价值和提高地方知名度作为主要利益诉求等急功近利的做法。避免和禁止功利性、命令性、随意性的节日文化“打造”。坚持深入研究，在当地民众充分协商的基础上，进行服务性、引导性的节日文化建设。

9. 关于台湾传统节日传承与变迁的考察报告（1945—2010）

每个社会都会发展出特有的节日时间与相应的节日文化，其间蕴含着丰富多样的节日内涵，并由此成为人们认识该区域文化的入径所在。节日文化虽然是在民间自然生成与积累，但也会随着时空环境的变化而有所变革。影响台湾节日文化传承与变迁的因素，主要有三种：官方政治的介入、民众的认同力量和急剧的社会变迁。

官方政治的介入。台湾同属于中国文化原生态，自 17 世纪以降，以闽南、客家为主体的族群大量渡海来台，繁衍生息，传统的中国节日文化也随之而来；1945 年日本战败投降，国民党政府入主台湾，1949 年国民党政府自内战中败退来台，200 余万军民随之迁徙，大江南北各地节日风俗亦由这些新移民引入，台湾地区的节日文化样貌更加多元。战后以来，国民党政府对传统节日进行“现代性”的改革，伴随戒严时期（1949—1987）之威权体制，曾对诸多传统节日进行严格管控与改造；解严以后，官方从刚性控制改为柔性介入。而无论刚性或柔性，皆对传统节日造成极大影响。

民众的认同力量。传统节日原本即有人群团聚、休闲、狂欢性质，各地传统节日规模近年来所以能够日益扩大，与20世纪80年代后期以来乡土记忆普遍苏醒有关，人们将当地最富特色的文化加以提倡，重新呼唤失落已久的集体记忆，甚至进行乡土文化的再诠释与再创造。地方民众借传统节日强化乡土记忆，乃至推进社区改造，往往能在“节日品牌”的巩固与宣传上收效明显，使得地方知名度得以大大提升。如台东元宵节“炸寒单”习俗即此。

急剧的社会变迁。近20多年来，随着政治解严，工商业社会逐渐成熟，加上消费意识形成，以及个人主义风尚兴起，使台湾社会日益呈开放趋势。传统节日既是提供本土文化认同的最佳方式，又可在观光化、消费化、都市化发展趋势中实现现代价值。伴随着本土文化的兴盛，政治舞台上的政党竞争，官方与政治人物会带着空前的热情，以亲民的姿态参与传统节日活动，旨在营造一种与民同乐的热闹气氛，并有意识地将环保意识、民生关怀、生态理念等现代主题结合进去。如过去被官方批判最严厉的“中元节”的命运发生了戏剧性变化，从迷信、落后的陋俗现象变身成形式各异的民俗文化盛会，被视为本土文化之瑰宝。

通过对台湾半个多世纪以来传统节日传承与变迁状况的考察，我们认为：

（1）传统节日原本来自民间，而民间的族群、社群乃是一种多元的复杂构成，其相应节日亦具有传统性，官方的角色应尽量淡化，应根据不同族群、社群的节日传统而探索弹性放假制度，如原住民也可依其部落节庆祭典而自定假期。

（2）在民主化与本土化已成主流价值的当代社会，在传统节日文化的复兴潮流中，应警惕因商业化的过多介入而使得传统节日浅薄化、空壳化的现象。

（3）当代学者应在为传统节日找寻出新的发展方向方面有所作为，呼应时代之需为之提出新的诠释，创造新的价值，拓展传统节俗中人文关怀的一面，如人与环保、个人与群体、重新理解生者与死者的关系等等。

10. “中国春节在海外”调研报告

中国春节的海外传播研究，是节日文化研究的重要组成部分，更是节日文化研究中相对薄弱的环节。从历史的角度看，春节在海外的传播历史已经很长，而形成规模并得到学者们的广泛关注却是近些年来的事情。在这些关注中，多停留在春节在海外传播的现象描述与细节分析上，而从宏观上把握与关照、从实践上调研与比照、从学理上分析与探讨的研究依然凤毛麟角。为此，理性而全面地从“春节在海外的现状聚焦”、“春节在海外的原因透析”和“春节在海外的对策建言”上着手，是对春节在海外传播研究的深入与提高，也是对节日文化研究的丰富与深入。

本调研报告的重点在于通过对春节在海外的现状综述，通过分析春节在海外传播的原因，进而得出可行性的对策与建议。诚如报告中所述，春节在海外已逐渐成为一个介绍中国、提高中国影响力的重要窗口。就春节在海外的未来发展而言，我们应该根据春节影响深浅上的不同以及不同国家对春节的认知情况，去采取不同的宣传形式和推广方法。具体而言：

（1）张扬文化内涵，调动积极因素。

对非华人的外国人来说，关注春节，或在于春节的欢乐气氛，或出于一种好奇的目的，或抱有商机在望的心理，或出于纯粹的兴趣爱好，至少都给予“春节走出去”的可能性提供了基础。就受众的心理层面来观照，春节对不同的外国人到底意味着什么，是不能忽视的要素之一，也是今后“春节在海外”发展趋势的价值参照。我们要针对不同的人群、不一样的目的，充分调动其接纳或参与春节的热情，采取不同的方式去推进春节在海外扩大影响。事实上，春节无论以什么样的方式走出去，终究传递出去的还是我们的价值观、生活方式，尤其是我们好的理念。故此，将春节的文化内涵做足做透，是春节在海外未来发展中的重要任务。

（2）遵循文化传播规律，实施长远文化策略。

任何事情的发展，皆有其规律可循。儒家文化作为中国传统文化的核心，根底上永远向外渗透，同时，能与其异质的东西保持亲和感，因此，永远可以“和而不同”，在交融中传播。进入新世纪，我们的国家和整个中华民族愈益走向文化创新的自信和自觉，发展国家和民族的文化，已成为我们的共识。而共识之下的急于求成，是最可怕的盲目。就文化传播的规律而言，一个成功的节日的推广，不是一蹴而就的事情，“春节走出去”同样需要一个过程。我们自然不能因为一时的挫折而灰心，也不能因为短暂的“热潮”而盲目乐观。我们得考虑春节在海外的长远发展，要有一个循序渐进的过程。具体而言，春节的意义，不在于媒体的几个镜头、政要的几句致辞、商家的一线商机，而在于把春节的文化理念传出去，并融入国外本地人的日常生活之中。因此，在文化策略的制定上，不能急于求成，而要分步实施、因国而异。

（3）杜绝偏信主观，秉承理智信念。

就一个问题的不同角度去考虑，对我们而言，春节走向世界依然任重而道远。首先，“春节走向世界”在眼下还远没有达到有些媒体所报道的“融通四海，辐射五洲”。就目前的调研来看，已经有学者对春节在海外的传播以及春节走向世界并不持乐观态度。他们认为，当中国人自己对自己的节日都不再感兴趣的时候，怎么能奢求别人的兴趣；经济一体化大潮下的文化多样性只能是短暂的“想象”；一种文化一旦失去了作为其母体的生产生活方式，便是无源之水、无本之木。还有人称，以基督教文明为代表的西方文明是一种强势文明。其文化强势姿态的影响与渗透，是以西方的经济霸权作为支撑力量来实现的，同时，经济霸权支撑了文化霸权，从而导致了文化的侵入与渗透；反之，东方诸国家与民族则普遍由于社会经济发展的落后，从而不得不处于一种受控制和受渗透的被动处境。客观地讲，这一提法有某种程度的合理性，但从根底上说，这不是人类文化发展的必由之路。事实上，不同的文化之间并不存在严格意义上的优劣强弱之分，异质文化之间完全可以相互影响、彼此融合，只有包容才能共生。对中国人来说，以自己几千年的历史证明了，中华民族不是具有文化排他性的民族，而是更多地包容世界的多元文化。

（4）汲取成功经验，走出自我道路。

圣诞节是一个纯宗教性的节日，而春节具有更广阔的文化内涵和普世价值。因此，春节走向世界应有其内在必然性。不过，圣诞节这个宗教性的节日何以能风行全球？相比而言，尽管中国的春节在世界上逐渐凸显，近年来连一些国家的政要都不得不重视和关注这一节日；但是对全世界65亿人口来说，许多老百姓并不知道中国有这样一个全民同庆的节日。即使对于那些已经了解并逐渐参与到中国春节的外国人来说，很多时候，他们对春节的认识，只局限于春节不过是有别于其自身文化的一种异域风情，一种好看和热闹。因此，春节在海外的传播，应该突出自我文化特色，挖掘其丰厚文化内涵，张扬其文化理念，在此基础上探索春节独有的文化传播道路。

总之，一个国家文化上的影响力，是建立在其经济影响力与政治影响力之上的文化软实力。随着我国综合国力的不断增强，文化的影响力在逐渐扩大。近年来，春节所携带和传播的中国符号、中国文化、中国精神越来越受到世界人民的认同、接受与喜爱。如今，自卑地担心“春节没落”，天真地“憧憬”全球恭贺新春都是偏见。春节若要真正成为世界性的节日，还是要假以时日。因此，我们要借助遍及世界各地的华人优势，发展壮大自己的经济实力，带着我们民族“天人合一”、“和合为贵”的哲学自信，让中国年真正走出国门，走进外国人的生活。

三、决策咨询意见

基于上述调研成果，课题组对于弘扬中国优秀传统节日文化问题，着重提出如下思考与建议：

1. 应高度重视深入挖掘传统节日的精神文化内涵，深刻阐释传统节日的丰富精神文化价值，克服将传统节日肤浅化、娱乐化、形式化的倾向，让传统节日真正深入人心，获得自觉传承的深层动力与永恒生命力。

2. 应密切关注传统节日的文化元素、象征符号与礼仪、仪式的传承与变迁，将其内在的精神文化内涵与将这些精神文化内涵呈现出来的节日符号、仪式的外在形式、物化载体这内、外两个方面视为一个整体予以通盘考虑。对于中国传统节日的符号与仪式，既要重视对其各种传统符号与仪式的正确认知与传承，也要提倡各种符合文化发展规律的节日符号与仪式的现代转换与新的创造，以适应时代的需要。

3. 充分认识中国各个重要传统节日都有其丰富复杂的文化元素和象征符号体系，也有其复杂的礼仪与仪式，决不是简单化地用某一种象征符号所能充分代表的。但这并不妨碍政府有关部门组织有关节日代表性符号、仪式的标识设计大赛、评选、发布之类的节日文化活动，来营造节日气氛，丰富节日精神文化生活。这种节日符号、仪式的标识，可以不限于一种、两种，而是可以由多种或多组组合构成。

4. 应关注在新的历史阶段、历史时期广大人民群众在过传统节日时所创造的丰富多彩、形形色色的传统节日新载体、新形式。这些传统节日的新载体、新形式，既不失传统节日精神文化的文脉，又植根于当代人的现代生活土壤，与现代人的传播媒介相结合，与现代人的生活习惯、生活节奏相协调，它的发生并为人们所接受，有其必然性，需要我们加以认真研究、引导，合理开发、应用。

5. 青少年是传统节日的传承主体，是未来文化的创造者，他们对于传统节日文化的认知、态度与行为将直接影响到传统节日文化的传承与发展的前景。政府，尤其是文化和教育部门要有意识地加强对青少年的传统节日文化教育，增强他们对传统节日的认知、体验和理解。对于青少年的传统节日教育，首先，应注重体验性与参与性，力避填鸭式的空洞、被动的知识灌输；其次，应提倡学校教育与家庭教育相结合，创建家庭与学校双轮驱动的传统节日教育体制。

6. 努力建立和完善传统节日教育与科研体系，构建从学前到小学、中学和大学本科的完整的传统节日教育体系，编写适合不同年龄段、不同教学阶段教学需求的传统节日教材，努力形成包括高校与科研机构在内的传统节日科研体制，把传统节日作为非物质文化遗产最突出的代表进行深入系统的研究。

7. 关注媒体在节日文化建设中的作用，注意防止媒体在传递节日信息、传播节日知识、参与节日活动过程中可能出现的肤浅化、娱乐化、误读、误传、人为放大等负面作用，发挥媒体受众面广、传播迅速等优势，加强引导，让媒体在节日文化建设中发挥积极的建设性作用。

8. 在国家文化建设中，应重视弘扬和发展少数民族传统节日文化。应加强民族节日文化研究，特别是与节日密切相关的宗教和民间信仰研究，逐渐构建具有鲜明中国特色的多元节日文化体系。应将节日文化服务和社会服务作为服务基层、促进社会稳定、构建民族和谐的重要工作，作为国家和地方政府的制度性日常工作。

9. 应关注港澳台地区传承和发展传统节日文化的情况，真实了解、深入研究这些地区在传承、发展传统节日文化方面的历史轨迹、现实状况与未来走向，汲取他们在这方面的成功做法和有益经验，以之作为我们节日文化建设的有益参照。

10. 应理性看待“洋节”在我国的传播及其与中国传统节日形成的所谓“冲突”，既不能完全无视“洋节”的风行对中国传统节日生态造成的影响，也不要过分夸大这种影响的广度与深度；与此同时，我们既要看到“洋节”广受追捧造成传统节日影响弱化的负面作用，也要看到“洋节”中包含着与我国传统节日相通或相近的价值追求，对于我国节日体系具有补充、丰富作用，以及促进我国传统节日文化自省与节日体系创新的作用。

11. 应加强对春节等中国传统节日在海外传播情况的了解与研究，作出符合客观实际的判断，既不能丧失信心一味悲观，也不要陷入幻想过分乐观。春节等中国传统节日在海外的传播，应该突出自我文化特色，挖掘其丰厚文化内涵，探索其独有的文化传播道路。就中国传统节日在海外的未来发展而言，我们应该根据这些传统节日在各国影响深浅上的不同以及不同国家对春节等节日的认知情况的不同，去采取不同的宣传形式和传播方法。我们首先应坚定不移地发展壮大自己的经济实力，同时充分借助遍及世界各地的华人优势，带着我们民族“天人合一”、“和合为贵”的价值追求，让中国的传统节日真正走出国门，真正成为世界性的节日。

课题组

第二部分　分报告

一、中国传统节日的文化内涵

中华民族历史悠久，源远流长。在漫长的历史发展进程中，不仅形成了博大精深的民族文化，而且孕育出了丰富多彩的民族节日——春节、元宵节、清明节、端午节、七夕节、中秋节、重阳节等等。这些节日久经沧桑，凝聚着历代劳动人民的智慧和情感，以群众喜闻乐见的形式传延不衰，以丰富多彩的民俗文化令华夏子孙世代陶醉和向往，以约定俗成的民间礼仪陶冶和锤炼着民族的品格和个性，以欢乐祥和的氛围弘扬着民族的美德和精神。其传承民族血脉、提升民族精神的价值，强化民族文化记忆、心理认同的价值，维系民族团结、社会和谐、家庭和睦的价值，激发与释放情感、协调人与自然关系的价值，是任何文化形式都难以替代的。

中华传统文化是我们民族的生存之根、立世之魂、传承之本。我国历代劳动人民创造和传承的传统节日文化，可谓是最具活力和影响力、最具民族特色和个性的文化，它集中体现了中华传统文化的核心价值，生动展示了广大民众的精神世界。“中国传统节日，凝结着中华民族的民族精神和民族情感，承载着中华民族的文化血脉和思想精华，是维系国家统一、民族团结和社会和谐的重要精神纽带，是建设社会主义先进文化的宝贵资源。”① 今天，我们要利用传统节日弘扬中国传统文化，不仅要倡导文明、和谐、喜庆、节俭的过节理念，充实和丰富传统节日的内容和形式，更重要的是要深入挖掘传统节日的文化内涵，使广大民众了解传统节日的源流及所蕴含的文化精神，唤起国人参与节庆活动的热情，并形成守护精神家园的文化自觉，使中国传统节日成为展示和传播优秀民族文化的重要阵地，成为弘扬和培育伟大民族精神的重要载体，成为满足人民群众精神文化生活需要的重要渠道。

中国传统节日的文化内涵是厚重而多彩的，主要体现在如下几个方面：

（一）中国传统节日是农业文明的缩影，是先人追求天人和谐的产物

中国传统节日植根于农业社会的土壤中，是农业文明的伴生物，即节日日期的选择与设定是古人依据天候、物候和气候的周期性转换而约定俗成的，都对应着特定的节气和农时。中国是世界上最早步入农业文明的古国之一。早在先秦时期，人们就已经有了“国之大事在农”的观念，并在长期的农耕生活中认识到：人类要生存、庄稼要收成，就必须观察和掌握天象（日月星辰的变化）、物象（动植物随季节而生的变化）和气象（寒暑雨雪的变化）及其规律，顺应天地运行的节奏和气候变化的秩序，来合理地计划和安排其农业生产及日常生活。为了准确地反映四季气温、降水、物候等诸多方面的变化情况，用以指导人们的生产生活，古人依据太阳在黄道的不同位置，确定出了“二十四节气”。岁时节令一经确立，一些特别的日期就凸显出来，它们作为农耕周期中的关节点，备受先民的重视，每当特定的节气来临之时，都要举行与这

① 中共中央宣传部、中央文明办、教育部、民政部、文化部：《关于运用传统节日弘扬民族文化的优秀传统的意见》（中央文明办［2005］11号）。

个节气相应的仪式和庆典活动，这样，农耕周期便也成了庆典周期。"'节'正是对岁时的分节，把岁时的渐变分成像竹节一样的间距，把两节气相交接之日时定为交节，由此转意为节日。"①

以自然节气的规律性变化为依托的中国传统节日，充分体现了人们尊重自然节律，顺应自然时序，感悟天、地、人"三才"的贯通一气，追求和升华"天人合一"的观念。中国传统节日从时序安排上宛如一条由自然节气生成而贯穿春夏秋冬的"文化链"，"四时节庆，纷至沓来"。春天，大地回暖，万物复苏，春节、元宵节、中和节、清明节等节日接踵而至。人们在新的一年到来之际，阖家团聚、拜年庆贺、舞龙观灯，尽情欢庆新春的到来；还要祭奠先祖、尽孝寻根、踏青赏春、娱乐健身，在慎终追远中享受新春的赐福，准备以饱满的热情投入农耕播种。炎炎夏日，端午节又如约而至。人们佩艾采药、驱邪避毒，凭吊屈原、裹粽竞渡，斗草送扇、归省探亲，以期安度酷夏、消除邪恶。时至秋季，秋高气爽、丹桂飘香，七夕节、中元节、中秋节、重阳节等纷至沓来。沉浸在丰收喜悦中的人们，乞灵巧、放河灯、赏秋月、玩秋菊、登高辞青，以多种方式庆贺丰收、祭奠亡灵、祈福纳祥。严冬降临，瑞雪飘飞，腊八节、小年、除夕是对它最好的迎候。人们忘记了寒冷，扫洒除疫、送灶祭祖、社火游街、欢欢乐乐地团圆守岁，品味着"田增五谷人增岁"的喜悦。四时吉庆的和谐有序、错落有致，集中体现了人与自然的融洽互动。

中国传统节日的设置还体现出了农闲农忙安排有别的特点。从节日在一年四季的分布上看，农闲的冬春两季，安排的节日较多，节庆活动内容丰富，且持续的时间也相对长一些；而农忙的夏秋两季，则安排的节日相对要少，节庆的内容和时间也相对要稍短一些。如中华民族最盛大的传统节日——春节，这个一年中规模最大、持续时间最长、活动内

① 乌丙安：《中国民俗学》，辽宁大学出版社1985年版，第292－293页。

容最丰富的年节，即安排在冬春之际的农闲时节。这样的安排，无疑是农耕社会使然。只有在冬尽春回的农闲之际，辛苦劳作了一年的人们才得以休息娱乐，并有充裕的时间祭神祀祖、阖家团聚。

四季佳节的娱乐庆典和烹饪饮食，也是适时合令、因时而设、应季而生的。如春节的燃放鞭炮、扭秧歌、跑旱船、耍社火、转九曲、逛庙会，确能给寒冬里的人们增添不少激情和欢乐的气氛；清明节踏青郊游、荡秋千、放风筝，是因为大地回春，万物复苏，满目葱翠，一派生机，正是人们投身大自然、享受明媚春色的好时光；端午节赛龙舟，恰是江南水乡汛期未到，而气温已高，宜于水中嬉戏的良辰吉时；中秋节家人团聚，祭月、拜月、赏月，时及湿气已去，沙尘未起，空气清新，碧空如洗，圆月如盘，可谓“花好月圆人团聚”的最佳时日；重阳节登高望远、赏菊宴饮，正值晚秋，秋风渐劲，寒意渐浓，霜染枝头，云淡山青，适宜人们登高秋游、活动筋骨、陶冶性情，尽享盎然秋意。此外，烹饪食物的多样性也体现了春夏秋冬、朝夕晦明等不同特点。夏秋之时，正是各种水果成熟的季节，于是此时的节日，如中秋节、重阳节等，人们的餐桌上，蜜桃、苹果、石榴、葡萄等各色水果便成了主角；冬春之际，猪羊壮鸡鸭肥，于是春节、元宵节等节日里，各种丰盛的肉食成了人们的最爱；端午时节，粽叶飘香，自然清香诱人的粽子就成了餐桌上的“当家花旦”；中秋时节，“秋风响，蟹脚痒”，于是螃蟹便成了最受青睐的中秋美食。可见，传统节日的娱乐饮食等诸多节庆民俗，都与自然保持着一种和谐、协调的关系。

“如果说，有些民族的节日体系是以宗教纪念日作为核心的话，那么我们的民族传统节日和其他某些民族的传统节日有很大的区别，我们民族传统节日的重要特征在于，这些节日是以协调我们和自然的关系为核心而建立的。”[①] 中国传统节日表达了我国各族人民应时而作、张弛有

① 刘魁立：《中国节典·序言》，安徽教育出版社2008年版，第5页。

度的自然生活节律和独特的审美心理定势；反映了先秦以来历代人民在社会生活实践中，不断认识和改造自然，追求“天人合一”的理想境界。

（二）中国传统节日是中华文化的重要载体，体现着中华文化的丰富性和多样性

从远古走来的中国传统节日，是“感自然节律而成，蕴人文精神而丰”。岁月的推移和中华文明的发展，使传统节日不断被多种社会文化因素润泽渗透，有民间传说的嵌入，有宗教活动的影响，有历史人文的大量积淀，有民族智慧、情感、生活习性的融合等，节庆内容不断得到充实和丰富。如介子推居功不受赏的传说之于寒食节，爱国诗人屈原、忠臣伍子胥、孝女曹娥的传说之于端午节，牛郎织女鹊桥相会的爱情传说之于七夕节等。又如，源于远古“腊祭”的春节，腊月初八先民用五谷杂粮做腊八粥敬祖祭神，是古代“腊祭”的开始。后来，佛教传入中国，各大寺庙纪念释迦牟尼成道日做腊八粥与古代“腊祭”的行事相融合，形成了民间食腊八粥的习俗。中国传统节日以博大的包容性，不断地融会、积淀、丰富、发展，使之成为蕴含丰厚、多姿多彩的文化形态，成为一面最能反映民族文化的“多棱镜”，它能折射出中华民族独特的风俗礼仪、民间信仰、伦理道德、人文诉求、审美情趣、文学艺术、饮食服饰……由此我们可知，中国传统节日是源自人们生活中的共同需要而通过积淀形成的，并以传统礼仪、仪式、游艺等为重要内容和方式，在特定时空关系中利用相应的物质载体表达思想、信仰、道德、理想等的民众群体活动的日子。

中国传统节日的文化艺术形态是多元多样的。若依据传统节庆的性质和内容对其进行分类，可以将中国传统节日分为：生产类节日、祭祀类节日、纪念类节日、庆贺类节日、社交娱乐类节日、驱邪祛病类节日等类型。虽然各类节日均是围绕着特有的主题而展开，但在传承发展过

程中，又不断渗入新的内容和形式，一个节日中常常包含了多种性质的民俗活动。所以，中国的传统节日春节、清明节、端午节、重阳节等大多具有了综合性，通常由多个节日主题、多项民俗活动所构成，其丰富的内容也使这些节日承载着更为丰厚的文化内涵。

中国传统节日文化是一个内容丰富、体系完整的系统，主要包括精神文化层面、行为文化层面和物质文化层面。它们交互作用、彼此依托，构成了中国节庆文化博大精深的独特魅力。

1. 精神文化层面

中国传统节日浓缩着我国数千年文明进程的丰富内涵，集中体现了中华民族优秀的精神风貌，寄托着古往今来中国人的理想情怀，蕴含着人们对美好生活的不懈追求、对大自然的感恩与敬畏、对家庭团圆与世间和谐永恒的企望。每个传统节日都有其特定的文化内涵与价值：春节是由原始农业社会庆贺丰收的“腊祭”演变而来的，祭神敬祖，表达对大自然和祖先的感恩之情；辞旧迎新、阖家团圆，这是一年一度的春节的主题。春节的一系列仪式礼仪，不仅使民众的生活绚丽多彩，而且显示了以人为本，人与大自然的和谐相处，反映出可贵的自尊、自爱、自信、自强的民族精神，凸现着团圆、祥和、平安、欢乐的精神追求。清明节，人们通过扫墓祭祖、缅怀英烈先贤，送上一份哀思和敬意，体现了中国人慎终追远、敬祖报本、热爱亲情和友情的道德情怀，并包孕着对祖先的感恩、对血脉责任的认同；郊游踏青则体现了中国人哀而不伤、乐而不淫的豁达心态和回归自然、热爱生活、追求天人合一的理想人生境界。端午节，人们纪念屈原，体现了传统价值观里对于爱国忧民、清高自守、卓尔不群的理想人格的追求；悬挂艾叶菖蒲、采药制药，在驱邪避毒中感悟祖先遵从自然令律应对灾疫的生活智慧，传达出民众对生命健康、家庭幸福、国运昌盛的渴望；龙舟竞渡反映着团结协作、奋勇争先的精神。中秋节，家人团聚，共食月饼，共赏明月，共享天伦，体现出中国人追求家庭团聚、生活祥和、未来美满。

2. 行为文化层面

中国传统节日是各种民俗活动和民间艺术集中展示的平台，这个平台荟萃着祭奠、礼仪、表演、技艺、艺术、体育、游戏等丰富多彩的行为文化，构成了一道亮丽的风景线。春节作为中华民族的第一大节，就是各种民俗活动的集大成者。自古祭祀和庆典仪式就十分丰富。就祭祀而言，春节祭祀活动很早就形成了两大祭祀文化传统：一是感念大自然的恩赐而举行的祭祀，如祭祀灶神，是对灶火烧食之功的感念；祭祀土地神，是对大地母亲繁衍万物的回报；祭祀井神、河神，是对生命之水的感恩；对牛、马、鸡等各种家畜的善待和祭祀，则表达了对帮助人类生存发展的动物们的酬谢等等。这些祭祀，是中国人一年一度与大自然沟通、对话的方式和渠道，是虔诚的追求与自然和谐统一的写照。二是敬仰古圣先贤和宗族祖先而举行的祭祀。慎终追远的尊祖情怀是中华文明的一条重要根脉，在春节这个普天同庆的日子里，家家户户隆重地举行祭祖活动，宗族家长们率领着儿孙虔诚祭拜列祖列宗，感念祖先的恩德，祈祷其“在天之灵庇佑儿孙”，并倾诉出儿孙们的承诺和告慰。这充分体现了中华民族饮水思源、永不忘本的传统精神。春节期间的社交娱乐活动更是丰富多样：团聚、守岁、贴春联、剪窗花、挂年画、放鞭炮、拜长辈、访亲友、逛庙会、观花灯、闹元宵等等。人们在释放内心情感、满足心理诉求、体味人间温情、享受年节欢乐中，演绎着、传承着、创造着中华民族的节日文化，并净化和提升着亲情、友情。春节也是民间艺术、技艺的大展演。在中华民族漫长的年节史中，历代先民发明和创造了数以千计的游戏、艺术、体育的形式和品种，其中既有讲、唱、演，又有游戏、竞技、杂耍等。在春节期间常见的有：社火、戏剧、舞蹈、秧歌、高跷、旱船、舞龙、耍狮、耍猴、杂技、武术、跳绳、荡秋千、放焰火、走灯阵、讲故事、说书等，这些多姿多彩的活动，不仅极大地丰富了春节的文化内容和品位，而且使春节的喜庆氛围高潮迭起，使每个人都能尽享这份愉悦身心的欢乐，并得到精神上极大的放松。恰如有的学者所说："普天同庆的春节的确是日常平淡生活的一种超越，是中华民族集体的生日，也是最具东方色彩的狂欢节。"① 此外，围绕年节文化而产生的那些神话传说和民间故事，历代文人墨客创作的诗文佳句，以及流传于民间的有关年节的歌谣和俗语等，也都蕴含着深厚的文化内涵和丰富的民族精神。

3. 物质文化层面

在传统节日文化系统中，外显的、有形的物质文化也十分丰富，既有四季飘香的节令佳肴，更有纷繁多样的装饰品、吉祥物，还有大自然赐予的植物、花卉等，这些物质载体，通常具有多种功能，不仅能满足佳节中民众的某种生理需求、社交需求、审美需求、点缀需求等，而且以其特有的象征性和富含的文化蕴意，满足人们避瘟驱邪、祈福纳祥、生活圆满、健康平安等各种美好的心理企盼和精神欲求。

传统节日中的许多美食佳肴，都有着一定的象征寓意：除夕子夜与新年交替之时吃饺子，又称"更岁交子"，饺子取"交子"的谐音，有"辞旧迎新"与"喜庆团圆"之意；饺子又形似元宝，故又有"招财进宝"之意。春节吃年糕，由于年糕与"年高"谐音，寓意"万事如意年年高"。年节餐桌上的美味佳肴也多有讲究，炒青菜是家家必备的盘中餐，表示"亲亲热热"；吃豆芽菜，因豆芽形同"如意"，意味着"如意吉祥"；餐桌上必有鱼，但切忌一次吃光，表示"富贵有余"，等

① 柯扬：《简论春节的内涵与价值》，见陈竞主编：《黄河黄土高原年俗文化研究》，江苏美术出版社 2009 年版，第 82 页。

等。此外，元宵节吃元宵、汤圆，象征家人团圆，和睦幸福；端午节吃粽子以纪念爱国诗人屈原；中秋节赏月、吃月饼，取“天上月圆，人间团圆”、共享天伦之意；重阳节吃重阳糕，有百事俱高的含义。美味的节庆食品饱含着美好的寓意，体现着华夏子孙朴素且高尚的精神追求。

在传统节庆用品诸如字画饰物、植物花卉中，大多也是物与情脉脉相通，人们以物寄情，巧妙地利用各种物质符号，传递着丰富的文化信息和复杂的心理情感。如新春佳节，民间有在门窗上贴“福”字的习俗，“福”字含有“幸福”、“福气”、“福运”等寓意，寄托着人们对幸福生活的向往、对美好未来的追求。民间为了更充分地体现这种向往和追求，许多地方干脆将“福”字倒过来贴，借“福”字倒了的谐音表示“福气到了”的寓意。由桃符发展而来的春联，言简意深，对仗工整，平仄协调，以汉字和中国书法完美结合的艺术形式，表达着人们对生活、对生命的所有赞美和祝愿。由门神画演化而来的年画，含有历史故事、神话小说、民间故事、民俗生活等多方面题材，可谓“画中有戏，百看不腻”，在《鲤鱼跳龙门》、《六合同春》、《五福临门》、《五谷丰登》等年画中，蕴含着对人生的种种美好企望。即便是自然界中的一些植物、花卉，在传统节日特定的情境中，也有着品不尽的精神内涵和文化韵味。春节，人们以高洁脱俗的水仙花，象征新一年的福运；以迎风绽放的梅花，象征新春的吉祥，旧时曾有“梅花开五福，竹声报三多”的春联。清明节，人们插柳戴柳；端午节，人们悬挂艾蒿、菖蒲，这些特定的植物成了为民避瘟驱邪、保佑平安的使者。重阳节，纷繁盛开的菊花令人陶醉，并以其傲霜斗寒的品格抒情言志。

（三）中国传统节日是民族精神的写照，蕴含着中华传统美德

伴随着农业文明产生、演进的中国传统节日，在协调人与自然的关系中，充分体现了“天人合一”的文化精神。同时，传统节日在长期的流行和发展中，由于内含着历代民众共同的理想和精神追求，又不断吸

收和融入儒、释、道等多种有益的文化元素。所以，在中国传统节庆中，凝结着中华民族的民族精神和思想精华，蕴含着值得弘扬的中华传统美德，主要有以下几点：

1. 热爱生命、追求健康的人本精神

天地之间人为贵，以人为中心，人是主导，人追求与万物的和谐，这是我国传统文化以人为本的精神和基调。在年复一年、周而复始、代代相传的传统节日之中，人始终是节日的主体。节庆活动的内容主要是以满足人的需要、和谐天人关系、展示人的才艺、进行人际交往为主。人们在节日中，或阖家团聚、欢庆交流，或探亲访友、男女相会，或祭祀祖先、追念先贤，或结伴出游、踏青赏月，或尊老爱幼、扶贫济困……在普天同庆、融融之乐中，追求着人与自然、人与人的和谐。人最可贵的是生命，中国每一个传统节日都体现了对生命的热爱，对健康的追求。几乎每个节日都有群众性的文体活动：春节，舞龙舞狮、踩高跷扭秧歌；清明节，踏青赏春、荡秋千放风筝；端午节，龙舟竞渡、户外秋游；重阳节，登高啸咏、骑射竞射等等。许多节日还有避邪驱瘟、追求健康的内容，如除夕前的除尘送灶，清明节的插柳戴柳，端午节的悬艾蒲、饮雄黄酒，重阳节佩插茱萸、饮菊花酒等。人们在尽情享受节日的欢娱中，在“平安吉祥”、“健康快乐”的美好祝福中，谱写着一曲曲对生命的颂歌。

2. 敬祖孝先、尊老爱幼的传统美德

中华民族对自己的祖先历来有着异常浓厚的感情，《礼记》称：“亲亲故尊祖，尊祖故敬宗。”“仁义”与“孝悌”是中华民族传统道德的核心，孝悌的基本内容则是父慈子孝、兄友弟恭，并由此推及到尊老爱

幼等。慎终追远的情怀成为中华文明的一条重要根脉，每逢佳节都要虔诚地祭祀祖先，以表达对祖先的孝思和怀念。春节、清明节、中元节等，都有祭祖的仪式和内容，在祭奠与追思中，孕育着后人的感恩之心和责任意识。节庆活动中还处处体现着对长者的尊敬和对幼儿的宠爱，春节给长者拜年，为长辈们送上可心的礼物，节日宴席上对长者座次的优先考虑，为长辈们敬酒祝福；以祈福求寿为重要内容的重阳节，自1989年便成为国家法定的"老人节"，尊老爱老已成为节日的新主题。孩童幼儿更是节日的宠儿，春节长辈要给"压岁钱"，屠苏酒要从年幼者喝起；端午节要给儿童涂雄黄、佩香囊、戴艾虎；中秋节有儿童喜爱的"兔儿爷"、"流星香球"等，这些习俗寄托着人们对后代的祝福与期望。

3. 勤劳勇敢、刚健有为的自强精神

中华民族是一个勤劳勇敢的民族，具有刚健有为、自强不息的进取精神，这种民族特性和民族精神一直是中华民族奋发向上、蓬勃发展的动力，它体现在人们生活的各个方面，在节庆文化中也有突出的显现。中国传统节日是人们展示勤劳智慧、聪明才艺的最佳时机。"元宵节的灯会展示着各种奇思妙想和精湛的手艺。庙会上百戏杂陈、百艺斗胜，使人目不暇接。文人可以联句咏诗，村女也可以当场对歌，刘三姐不输于酸秀才。灯谜竞猜，让人绞尽脑汁。窗花剪纸，生动传神。小女儿斗草，比的是植物知识。秋千起伏，风筝入云，孔明灯升天，荷花灯入水，各有胜场。七夕的乞巧，更是以成为巧手姑娘为美。"① 这些多姿多彩的节庆民俗事象，充分反映了华夏子孙刚健有为、自尊自强的进取精神，正是这种精神使中华民族不屈不挠、开拓进取、勇往直前。

---

① 徐惟诚：《挖掘传统节日深厚的文化内涵》，《人民论坛》2008年第8期。

4. 弘扬正义、忧国忧民的爱国情怀

中华民族是个重理智的民族，在漫长的历史发展中，形成了坚持正义的民族气节和忧国忧民的博大情怀。中国传统节日中，有不少节日是与民族气节和爱国传统相关联的，尤以清明节和端午节为代表。清明节中融入的寒食节，其起源是为了纪念传说中的晋国忠臣介子推。介子推居功不取，隐居绵山，宁被烧死，用自己的生命为代价，为民请命，谏言君王自修自省，勤政清明。人们把介子推蒙难的日子定为寒食节，每年此日禁忌烟火，只吃寒食，以示纪念。过寒食节的同时，人们也世世代代赞美与弘扬着介子推的刚正气节。端午节是为了纪念伟大的爱国诗人屈原。他上下求索，为的是精忠报国。他屡遭陷害，含冤而死。民间为了凭吊屈原，于是形成了端午节赛龙舟、吃粽子的节俗。屈原忧国忧民的爱国精神通过端午节这一载体，在年复一年、周而复始的节庆活动中，不断地得以发扬光大。

5. 贵和尚美、团结和睦及平安吉祥的心理追求

“和”即和谐、统一，“美”即美好、团圆，贵和尚美、团结和睦是我国传统文化的基本精神之一。中国传统节日蕴含着丰富的和谐理念，节日的源起便是先人将自然时间进程与社会生活节律有机结合的产物，体现着“天人合一”的理念；节日中的各项娱乐活动、人际交往、饮食安排等都体现着人与自然的和谐、人与社会的和谐、人与人的和谐。除夕之夜，阖家团圆，一家人聚在一起和面包饺子，和面的“和”与“合”谐音，而圆圆的饺子皮则象征着团圆。春节里的“拜年”活动，使亲朋邻里之间，消除了隔阂，增进了团结，可谓“一声恭喜，互泯恩仇”。元宵节，全家围坐在一起吃汤圆，又表达了人们希望生活团

团圆圆、和谐美满的愿望。七夕节，牛郎织女的凄美传说，将中国人天长地久的爱情演绎得如此唯美和浪漫。中秋节，团圆团聚、家国和谐，是中华民族永恒的憧憬与追求。九九重阳，登高吃糕，寄托着人们健康长寿、实现人生境界步步高的美好愿望。

（四）中国传统节日是民族情感的凝结，是增强民族文化认同、维系国家统一、民族团结和社会和谐的重要精神纽带

中国传统节日不仅蕴含着优秀的民族精神，而且凝结着丰富的民族感情，是民众精神情感的重要寄托方式。广大民众有着追求丰收富裕、平安和顺、生活美满、欢乐吉祥、健康长寿等共同的理想和愿望，这些心理诉求，不断通过欢度传统节日的方式，通过节庆的礼仪习俗得以表达和释放。民众最美好的向往是人间的亲近与和谐，最希望享受到的是和睦亲情的温暖，而传统节日作为文化生活的节点，是民众表达和抒发内心情感的最佳时机。节庆活动中蕴含的情感极为丰富，既有对自然万物的感恩，也有对祖先的答谢；既有对先烈圣贤的缅怀，也有对故土家乡的依恋；既有对父母与长者的敬爱之情，也有兄妹手足的牵连之情；既有街坊邻里的互助之情，也有朋友同事的友爱之情。通过祭祖、拜年、访亲、联欢等多种节日仪式，传递着这些人间美好的情愫，使传统节日超越时空界限，始终发挥着凝聚民族情感、融洽人际关系、促进社会和谐的功能。由于传统节日具有周期性、民族性、群众性、综合性等特点，又使这种功能不断地得以强化。

中国传统节日是对民族文化和民族记忆的一种全民性强化，是延续民族品性、增强民族认同的链条。传统节日的风俗在几千年的历史长河中传承、发展、融合，形成了独特的民族特性。这些节日超越了地域、阶级、种族乃至时代的界限，无论是官方还是民间，无论是达官显贵还是庶民百姓，无不同日而庆，同日而乐。俗话说：“有钱没钱，回家过年。”每逢春节前，中国人返乡的景象如同候鸟回迁，大多数人不论身

在何处，都要踏上归乡之路，回家团聚，共度除夕。即使身处海外的华人华侨，每逢传统节日，也都会想到自己是炎黄子孙，在庆贺佳节之时，无限向往祖国。遍布世界五大洲的数千万华人，以及越来越多走出国门的实业家和留学生，他们落居在哪里就把“过大年”的习俗带到哪里，并在“过大年”时，将思乡、思亲、思归、祈盼团圆之情，以及人与人、民族与民族之间的亲善之情抒发到了极致。在浓郁的传统节庆文化的氛围里，民族认同感自会不期而至、不约而同。海外侨胞对清明祭祀也十分重视，每逢清明节都有大批海外华侨归国祭祀祖先，也祭祀本民族的始祖。每年有数以万计的海外华侨来到陕西桥山黄帝陵、轩辕庙，祭祀华夏始祖轩辕黄帝。他们在庄严肃穆的气氛中，在追忆先祖的仪式中，接受着民族文化的熏陶和人文精神的陶冶，保持着炎黄子孙血脉相连、心心相印。传统节日使民族传统文化的因子渗透到每个人的心灵，彰显到社会生活的各个领域，整个民族在周而复始的中华节庆文化的洗礼中，凝聚和维系着民族情感，锤炼和固化着民族个性，培育和弘扬着民族精神，壮大和张扬着民族形象。

中国传统节日又是维系国家统一、巩固民族团结、促进各民族文化交流与融合的重要精神纽带。我国是一个由 56 个民族组成的国家，各民族都有自己的传统节日，但汉族的一些较大的传统节日，也是许多少数民族共同享有的节日。如满族、朝鲜族、黎族、纳西族、侗族、毛南族、达翰尔族、拉祜族、锡伯族、白族等少数民族，大都与汉族一样，将春节、端午节、中秋节、重阳节列为自己民族的节日。尤其是春节，如今已差不多成为我国各个民族的共同节日。各少数民族都以自己的庆贺方式欢度传统佳节，这也恰好反映了中华文化“和而不同”的优良传统。各民族人民在共同欢度传统节日中，有力地促进了民族文化的交流与融合，巩固了民族的大团结，增强了中华民族的向心力和凝聚力。

中国传统节日的文化内涵博大精深，其深厚的文化底蕴已经深深融入历代人的日常生活，滋养着民族的生命力、创造力、凝聚力，推动着中华文化历久弥新，也促进着当代和谐社会的建设。但是，由于历史的局限，传统节日既蕴含着优良的文化因子和宝贵的民族精神，也包含着一些应该剔除的封建因素和迷信糟粕。今天，我们在运用传统节日弘扬民族文化时，应该坚持“扬其精华，去其糟粕”的原则，应该贴近实际、贴近生活、贴近群众，根据时代的发展和国情民意，在继承传统节日文化精髓、保持固有文化底蕴和功能的同时，应该与时俱进地发展传统节日文化，并赋予其新的时代内涵和生命活力，将传统节日熔铸得更加生机盎然、灿烂辉煌，成为当代民众由衷喜爱、自觉参与、乐在其中的精神家园。

子课题负责人：王文章、李荣启

二、关于传统节日符号和仪式的探讨与调研

本子课题拟分为上篇、下篇两个部分。

上篇为专家学者关于传统节日符号与仪式研讨情况的综述报告。材料均取自“弘扬节日文化研究”课题组与中国文化报社于2012年1月25日在京召开的“探讨节日符号仪式　弘扬传统节日文化”高层次专题学术研讨会上专家学者们的发言及其他相关材料。

下篇是以问卷调查为基本方法对于传统节日符号与仪式在当下基本状况及基本对策的调研报告。考虑到青年学生是实现节日文化传承的主要人群之一，青年学生对传统节日符号与仪式的接受现状是实现传统节日文化传承的关键因素。因此，本子课题将此次问卷调查的对象限定于青年学生这一特殊人群，通过对青年学生接受传统节日符号与仪式的现状的调研，把握当代青年学生对传统节日符号与仪式的关注与认知程度、对传统节日符号与仪式实现现代传承的基本判断、对传统节日符号与仪式多样性与一致性问题的看法，以及他们对传统节日符号与仪式未来发展的看法等等，提出加强弘扬传统节日文化的必要的对策性意见。我们试图将青年学生这个特殊群体对于传统节日符号与仪式的认知情况及基本态度作为一个带有典型意义的案例，以供公众及学界了解和研究传统节日符号与仪式在当下境况的一个参考。

上篇　专家学者关于传统节日符号与仪式的探讨

全国哲学社会科学艺术学项目委托课题（决策咨询）“弘扬节日文化研究”于2010年6月立项并成立课题组，最初将该项目分解为十个子课题。这些子课题，均以春节为核心，着重对列入第一、第二批国家级非物质文化遗产名录的七个传统节日特别是被纳入国家法定假日的四个传统节日即春节、清明节、端午节、中秋节的传承情况、节日现状、存在问题、应对对策进行深入系统的调研。到2010年末，经过约半年紧锣密鼓的调研，本课题已按最初的预定计划完成各子课题的调研及报告初稿的写作。

通过深入系统的调研，课题组愈益明晰意识到，目前学术界及社会上围绕传统节日的讨论，越来越聚焦到一个重要问题上来，即传统节日的符号与仪式问题，也就是在今天人们的精神文化生活日益丰富、多元以及全球化进程明显加快的大语境下，我们究竟应该用什么样的节日符号与仪式吸引更广大的民众积极参与传统节日，过好我们的传统节日，传承和弘扬中华民族的优秀节日文化。

为深入思考、积极探索这一具有重要现实意义的问题，2011年1月25日，本课题组邀请在京部分节日研究、非物质文化遗产研究领域的专家学者，与《中国文化报》社联合召开了题为“探讨节日符号仪式　弘扬传统节日文化”高层次专题学术研讨会，取得了切实而丰硕的成果；产生了积极而热烈的反响，有力推动了社会及学界对此问题的进一步关注与研究。

应邀出席研讨会并发言的专家有：文化部艺术科技司于平司长、《中国文化报》社孔繁灼社长、中国社会科学院荣誉学部委员刘魁立研究员、中国艺术研究院党委书记张庆善研究员、中央民族大学祁庆富教授、北京市文史馆馆员赵书先生、中国艺术研究院音乐研究所所长田青研究员、中国非物质文化遗产保护中心副主任吕品田研究员、中国艺术研究院戏曲研究所副所长刘文峰研究员、北京师范大学萧放教授、北京福人福地文化发展有限公司高磊总设计师、《中国文化报》理论部徐涟主任、北京大学陈连山副教授、王娟副教授等。会议由课题组负责人之一、中国艺术研究院图书馆常务副馆长李心峰研究员主持。《人民日报》、《光明日报》、《中国文化报》、《人民政协报》等媒体代表及课题组同志参加了研讨会。

（一）为什么要深入探讨节日符号与仪式

研讨会的焦点首先集中到为什么要深入探讨传统节日的符号与仪式的问题。

研讨会一开始，主持人向大家介绍说：有关传统节日的符号与仪式问题在学术界已探讨多年，发表了相当数量的有关研究成果。目前学术界及社会上围绕传统节日的讨论越来越聚焦到传统节日的符号与仪式这样一个问题上来。但是，有关媒体对于传统节日的文化符号与仪式的探讨，仍相对零散，也不够深入具体。我们今天召开这样一个专题研讨会，意在对这样一个节日文化研究中的重要问题重新作一次相对集中的思考，将有关的探讨引向深入，甚至可以在建设方面提出一些更加切实具体的办法来。总之，我们应该努力探讨的是，在今天人们的精神文化生活日益丰富、多元以及全球化进程明显加快的大语境下，我们究竟应该用什么样的节日符号与仪式吸引更广大的民众积极参与传统节日，过好我们自己的传统节日，传承和弘扬中华民族的优秀节日文化？这个问题显然已经成为当下弘扬传统节日文化关键之所在。在春节即将到来之际，孜孜关切传统节日、传统文化命运的诸位方家学者，一定在深切关注和思考传统节日的现状以及如何才能让我们的传统节日过得有滋有味、红火热闹、富有内涵？

孔繁灼在发言中指出：这个课题和这个研讨会的召开，对于弘扬传统节日文化，对于促进精神文明建设都具有积极意义。我们也很高兴地看到课题组 2010 年 6 月立项以后做了大量的工作，已经按照预定的计划完成了全部九个子课题的研究和调研报告的写作，其中提出一个非常重要的观点，就是传统节日符号与仪式问题已经成为当下弘扬传统节日文化的关键所在。这个问题的确具有重要的现实意义，需要很好地研究和探讨。

张庆善指出：传统节日文化符号与仪式的问题，是节日文化一个很关键的东西。我们自己也感觉到，现在过年应该怎么过法？怎么才能体现一种传统文化的精神？怎么样使我们过年更像年？这是大家所关心的。但实际上，现在过年很多地方尽管很重视，但似乎缺少点什么东西，特别是仪式感。我觉得传统节日、春节对于中国人的精神来讲是一个符号。我觉得把这个情况搞清楚是非常有意义的。我前不久看到一个材料，说中国宋代的时候过春节就特别讲究，光放假的时间来说，宋代就有“黄金周”，不过那个黄金周比咱们今天的科学。它是过年前的三四天放假，过年后的三四天上班；元宵节必须要好好地热闹一场。所以我觉得那时的黄金周挺有意思。我觉得，任何一个国家、民族对体现自己民族精神的节日文化符号都给予重大关注是有道理的，因为它牵涉到一个民族的精神，一个民族的凝聚力。

于平在发言中说：传统节日文化仪式和文化符号，确实抓住了我们要讨论的核心。任何东西一讲到符号，我们就会想到符号学当中所说的符号的能指和所指。那这样的传统节日的符号的能指和所指是不是也发生变化了？以前的符号肯定沉淀了以前的东西，今天的符号是不是有所发展变化？一讲到文化仪式，就会想到它的仪规和仪态，就会想到这些相关的东西。这个仪轨是不是也一成不变？中国有许多传统节日，其中春节是最为重要的节日。在中国传统节日当中，是不是可以春节为统揽？春节能不能作为统揽性的节日，还是和清明、中秋是一个等列的关系？可以肯定的是，这么多节日，必定在功能上是有所区分的。当然这些看起来不尽相同的功能，其旨归又是一致的，无非还是要凝聚民气、集聚民力、合聚民心，要达到这样的目的。我们有时也可以站在另外的角度思考：假如只要能达到这样的目的，也就是凝聚民气、集聚民力、合聚民心的目的话，我们也不妨在时代的变化当中找到这样一种东西。我觉得今天提出这样一个关注文化仪式和文化符号的问题加以探讨，可能更重要的是寻找传统文化仪式和文化符号当中更有生命力的东西，不排除它在新的历史时期发生的变化。我也看到有些专家谈到，好多节日的形成，和我们这样农耕文明大国的节气有关系。它们肯定在今天这个时候会有转型。“转型”这个话好说，但究竟能不能转？转的必要性在哪？应该如何转？都需要认真探讨。

吕品田认为，当代的节日文化建设问题已经迫在眉睫，这个问题跟我们国家的文化发展战略关系重大。从符号的角度探讨节日文化问题，是一个很有意思的问题，也很有意义。

祁庆富先生也认为节日符号与仪式问题是一个聚焦点，并指出这个聚焦点是很长一段时间以来人们包括学术界一直在探讨的一个问题。今天有必要将这种探讨引向深入，引向具体化的层面。

萧放在发言中认为，对于我们自己的传统节日怎么去复兴，从符号和仪式这个题目入手思考是非常合适的。有些学者讲到，过节的时候，老百姓都知道用哪些符号，怎么用符号，但其实在很长一段时间里面，我们是忽略了符号，把很多符号禁止了，或即使还残留一部分，也是不很系统的、不成系列的、零散的，或者在今天商家的炒作之下，虽然对个别符号有所凸显，但这个节日整体系列的符号，并没有得到充分的重视。因此，应该特别重视符号的探讨与重建。

（二）关于节日符号的内涵与形式

在探讨传统节日文化的符号与仪式问题的必要性和重要意义问题上

达成共识的基础上，大家的讨论自然会聚焦到有关节日符号与仪式本身的另一个问题上来，即究竟应如何理解传统节日的符号与仪式？或者说，所谓传统节日的符号与仪式所指者何？

实际上，任何节日的符号与仪式，都存在着两个基本的方面：一为它们所蕴含的精神文化的内涵因素；一为体现这些精神文化内涵的符号与仪式的外在形式与物化的载体。今天提出节日的符号与仪式的问题，就是要将它们的精神文化内涵与符号仪式的形式方面予以通盘考虑，不要顾此失彼，将二者割裂。

吕品田着重从符号学角度，分析了节日符号的特性。他认为，节日，包括它所有的静态的形式和动态的形式，都可以从整体上把它作为一种符号形式。他将西方著名语言学家索绪尔有关语言符号的描述同我国传统节日符号形式相对比，指出了中国传统节日在符号呈现形态上的若干特点。根据索绪尔的观点，语言符号有一个显著的特征，就是它的所指和能指的关系是任意的，即它的能指与所指的关系具有任意性。但是，节日这种符号形式，它的所指和能指之间的关系不是任意的，而是特别地有规定性的，有其内在的规律性。从中国的节日来看，很清晰，中国的节日是贴合着中国的农耕、农业的生产节奏、人和大自然基本关系来设节的，它的节点往往同时是社会生产实践的关键点、转折点，或者说是与人的生产实践有重大意义关系的节点，所以。节日作为这种时间的节点，以及它的一系列的仪式，作为能指，它和这种社会实践、社会生活的利益关系、它的内涵，它的所指之间的相互关系绝不是任意的。

吕品田进而从符号的时间性与空间性角度分析了中国传统节日符号的独特规定。他说，索绪尔在论及语言符号的特点时，还指出了它具有时间性。与语言符号的这一特点相比，节日符号在这一点上也是毫无疑问的。我们的传统节日从年初到年尾，从大年初一到除夕，在这整个365天的时间过程中，我们的节日均匀地、有节奏地安排在这一年的四季，所以说它的时间性过程是很强的。如果我们不能从头至尾地完整地过节，我们很难把握节日符号的完整意义。这一点在节日符号上表现得很明显，符合语言符号的时间性特征。但节日符号又不局限于这一点，节日符号还有它的空间性质。它有空间的延展性。比如从春节到除夕，这么 365 天的时间周期，它有大量的视觉形态，还有大量的交融了时间空间的行为艺术，从贴春联、剪纸、年画种种，一直到张灯结彩、划龙舟、除夕祭祖等等，这一套具有大量的空间形态，或者说造型因素的介入。这种造型因素把空间的东西介入以后，使得我们的节日符号具有很强的感染力，它既在时间中展开，也在空间中展开。我们今天在认识节日符号的时候，更大程度上、更多的场合是从这种空间维度上来展开。

通过与索绪尔关于语言符号的两个基本特征作对比研究，吕品田揭示了中国传统节日符号在能指与所指关系上的非任意性及符号的时间性与空间性有机统一两大基本特点，认为，通过这样的对比，我们能够比较清晰地认识到我们的传统节日符号的一些特点，它的优势和它的不同点。由此来看我们的节日符号，可以说，我们的传统节日是一个非常精密的、非常系统的符号体系，是一个完整的符号体系，它在上千年的文明发展过程中，非常稳定、非常深入人心，而且很多符号形式传承久远。他以“鞭春牛”这种习俗的流传为例，指出：直到上人世纪的 80 年代，山西还有这种习俗保留下来，而这种习俗最早可以追溯到先秦时期出现的“土牛”这样一种习俗，后来在隋代作为国家制度化的一种符号仪式一直延续到今天。我们不知道现在山西还有没有。20 世纪 80 年代我们在编《中国美术全集》的时候，我们还有当地“鞭春牛”习俗的照片。这是一个政府和百姓共同参与的一个行为：到了立春日，官府要和当地的百姓一块来玩这个文化游戏，把它作为一种官方制度，是有很强的所指意义的，其一是祈福，还有一点，也是更为重要的，它是一个“春耕动员大会”。我们现在的动员大会往往是领导在那儿念一些毫无审美感染力、而且很不好玩的现成的稿子。而古代的这一仪式，官员和老百姓一起参与，有一整套的仪式，先是吹吹打打热闹一番，然后把一只纸塑的或者泥塑的土牛抬到广场上，由官员执掌鞭子把土牛击碎，刹那间五谷洒满大地，那种感觉特别诗意，也特别有震撼力。这个制度在中国延续了2000多年……为什么我们不能把这么好的传统、这么好的节日符号仪式继承下来呢？还有很多很多这样的习俗，它是非常体系化的，它的每一个节日的符号仪式都既有生动而富有感染力的符号形式，同时具有丰富的所指文化内涵，承担着一定的文化功能。比如除夕的祭祖，它是一个向祖先汇报，同时汇报来年的一种安排，它很有意思，让我们不断地在时间的历史的进程当中，不断地返回到我们的文化认同、我们的价值体系当中。我们今天特别讲文化认同，祭祖就是加强文化认同的最好的一个办法，最好的仪式，而且贴近民众。每个人都是从贴近的亲属这样一种血缘关系的角度来认同这样一种宏观的、文化上的价值体系。所以说，中国的这种节日符号，它有自身的体系，非常系统。我们今天应该弘扬它，而不是简单地说这些东西是落后的，而应该真正地去研究它，传承它，弘扬它。

（三）应如何传承、建设节日符号仪式

吕品田在发言中，由节日符号的能指形式与其所指内涵之间的非任意性关系，得出了应遵循文化自身的规律而不是违背其自身的发展规律来建设我们的节日文化包括节日文化的符号与仪式这样一个重要结论。他认为，鉴于节日符号的非任意性这样一个特点，我们来看当代的节日文化建设，我们绝不应该随意而为，而应该强调这种规定性，要遵循文化的这样一种规律。我们往往会任意地给我们的节日增加很多随意性的东西，我觉得这是不尊重文化规律的表现。我们在探讨节日文化符号建设的实践当中，一定要遵循规律，这是必须要达成的认识前提。如果没有这个前提，那么我们的节日文化建设是不可能成功的，可能会出于很多善良的愿望但是做很多坏事。其实在过去一段时间内，在推动移风易

俗的过程中，我们在强调破“四旧”、立“四新”的时候，犯了很多的错误，实际在搬起石头砸自己的脚，自掘坟墓，对于我们的文化来说，我们做了很多蠢事，所以今天应该重新回到一种正确的认识道路上来，遵循文化的规律，来把握节日符号的建设问题。

吕品田具体地探讨了今日节日符号实践应重点关注的三个大的问题。第一个问题是能指和所指的关系。现在人们谈起节日符号，往往只是关注能指，也就是符号文化的符号形式，我们过于单方面地考虑文化形式这一块，而对于所指意义很不重视；也在这个问题上，我们过于任意、过于主观、过于不尊重民众的选择。今天任意一个节日的符号形式都应该是有深切的所指意义的，而这种深切的意义必须与老百姓的文化认同紧密关联。比如年画的一些所谓的形式创新是没有什么意义的。如果老百姓不张贴年画，不对于年画所赋予的这种驱邪避害的这种文化的所指意义有所认同的话，年画是没有意义的。所以，我们今天特别要重视，如何真正地把节日符号的能指和所指共同加以关注，使它真正变成一种有机的、不可分割的、完整的符号，而不是一个没有实际内涵的、空洞的、实际上也不成其为符号的符号。第二个问题，是符号本身的认同关系。我们单方面在符号本身做文章，却不在符号的认同这一块做文章，这是不对的。节日符号的符号认同实际上就是民俗。如果我们没有了民俗，一切符号介质都没有意义。所以今天，怎么能把民俗激活，使得传统延续了几千年的一些习俗能够在今天继续活跃，继续有生命力，继续得到政府的重视，继续得到社会公众的一种深切的认同，这个是将来节日符号建设的工作重点。也就是说，我们要关注的不只是符号本身，而是要重视符号的认同。再一个问题，就是符号化实践要考虑它的广泛的社会效益。节日符号作为一个符号化实践，我们要兼顾到方方面面的利益。比方说剪纸，它在北方是作为春节的一种特定的节日化的符号形式。这种符号化实践在老百姓那里具有广泛的社会效应，许多老百姓共同参与，而不是像今天批量生产一批剪纸出来。我们要考虑到这种节日文化形式真正让老百姓得到利益。还有很多手工生产，比如年画，为什么要用机器来生产呢？就应该让老百姓有手工作坊，自己创造，在创造的过程中得到精神的享受和物质的利益。所以，我们对这种节日化实践，要完整地考虑它的广泛的社会效应，要强调它的群众性，今天依然不能脱离这种群众性。

萧放认为，当前的节日文化面临着一些传承的困难。我们今天开会研讨这个符号问题，是因为感觉到这个节日传承是有危机存在。还有一点，是我们生活环境的改变，这也是一个现实。那么在这样的情况下，我们想重建我们的节日，让老百姓很好地享受自己的传统生活的话，当然就需要我们政府、媒体、学者多方参与、推动，使我们非常优良的生活方式能在今天的社会得到传延。这是我们应该做的事情。为此，他主张我们应该从三个方面着力。第一，要形成家庭生活和公众生活相衔接的节日传统。我们的传统节日主要是家庭节日，这是非常有积极意义的，但是现在仅仅靠家庭不够了，我们很多时候是要面向社会，所以我们的传统节日里应该增加由家庭向社会转移的这部分成分，这方面我们需要加强。第二，应该强调节庆的娱乐因素。我们的传统节日大部分都跟神灵祭祀有关系，祭祀是我们最大的传统，家祭是我们春节的根本，这是不能动摇的。但这并不是说，我们所有的节日都要过分地强调信仰这一部分。它很重要，但不能太过分。实际上，娱乐是节日的灵魂。过节就是玩嘛。如果没有玩，没有活跃的活动，没有调动人们情绪的东西，这个节日也就很干巴，没有什么生命力。刚才有老师谈到，中国的几大传统节日，只有一个“闹元宵”，其他节日不能“闹”。这有一定道理。但我想说的是，任何节日都应该是有娱乐的就要娱乐。过节是一个社区、家庭调整情绪的非常好的时机，我们不应该忽略节庆的娱乐因素。第三，我们今天在过传统节日的时候，应该持有一种开放、包容的节日传统。我们都知道唐朝，它就很包容，有很多从西域过来的东西，很多因素进入到了我们的传统节日之中。包括我们说的四月八号的浴佛节，便来自印度的佛教。未来是不是会有更多的外来节日像浴佛节一样进入到我们的节日体系中来呢？未来有这种可能。但我有信心说它们不会成为中国主体节日的一部分。它可能会是我们节日体系的一个补充，或者说像佛诞节那样的一种节日形态。对此，应予以包容。我想，这三个方面的传统在我们今天的节日建设当中，是应该重视的。在这个问题上，我们能够保持一种既传统又现代的姿态比较好。

具体来说，我们应该如何重建节日符号体系？萧放认为，有三个大的节日要素是必不可少的。第一是节日需要可以直接品尝、观赏、把玩的某种节日物质产品和寄托某些精神内涵的象征物。我们不光要味觉，我们还要美感、观感，其次还有体感（手感）的东西，而这些东西就是具体的节日象征物。比如春节，有条幅、春联、窗花、门神画、彩签、花炮、烟火、灯笼；清明节，有风筝、空竹……端午节，有龙舟、彩旗、舞剑、扇子、把门猴等，这些节日饰物、道具、用品都是节日活动里面必不可少的，往往在我们的节日活动过程中，就是这些象征物的一个有机的展示，象征物不能和节日活动分开，它实际就在节日活动、仪式活动中扮演一个重要的、推进的角色，或者给你直观的视觉冲击。我认为这是一个非常重要的东西。当然，我们在今天，很多商家在生产方面做得很好。但我们看东南的沿海地区，很多厂家是给西方的圣诞节提供产品的生产，外国的圣诞树、圣诞老人，很多都是我们中国的民工、廉价的劳动力提供的产品，其实他们的收入是非常少的。那么，是否中国的商家、民工可以用更多的精力来为中国的节日市场生产更多精美的产品？为此，应该有几个方面共同的努力。比如说，应该有民俗文化工作者，与有关的商家通力合作。这样我们的节日市场才能更加丰富。因为我们看到，不管是西欧，还是日本，他们节日气氛的营造，很大程度上就是通过节日物品来呈现的。日本元旦的时候卖各种象征物非常多。当然我们也有很多东西，但还很不够。这是第一点——节日的物品。第二，节日需要仪式和庆祝活动。中国人在传统社会里面是有仪式感的，特别强调不同场合有各种仪式。但是我们在近代以来，对这些东西都认为是封建迷信，都是“四旧”，旧风俗、旧习惯，全部要把它剥除掉。所以我们今天的人就很少有仪式感、仪式的表达。而我们看西方的节日，圣诞节就有很多的仪式。比如它要营造圣诞气氛，就有点灯的仪式。中国春节的仪式情况不一样，是从腊八开始，喝腊八粥，从吃开始。中国社会长期物质匮乏，吃是非常幸福的事情，今天人们能够吃饱，只是近几十年的事情。所以，我们不要简单地否定节日食品。因为这里面有很多的文化内涵，阴阳五行的东西都在里面，是一个载体。它不仅仅是味道，它是一个精神的象征物。说起节日的仪式，当然春节是非常重要的，辞旧迎新是春节的节日类型，此外，其他的节日里都有很多仪式，它们是我们节日的呈现，还是历史传承的方式。我们通过仪式的记忆，通过仪式来传递一种传统，父辈怎么做我们就怎么做，这是一种记忆延续的方式，这个是非常重要的方面，仪式和活动都应该恢复，这点应该强调。第三，就是要高度重视传统节日精神核心的建设。节日作为集体共享的特殊时间，它需要特定的精神核心。精神是文化的核心，节日精神是凝聚整体、组织群体活动的心理保障，如果节日失去精神核心，节日就成为没有意义的空洞的符号。我们讲符号、仪式，讲到后来，最根本的东西就是精神。符号和仪式都是精神的体现。假如没有精神内涵，节日可能行之不远，传不下去。所以我们要强调节日里对祖先、对自然的信仰，这成为我们节日重建的核心。那么从节日物质体系、节日仪式活动到节日精神核心，我们看到传统节日自身是一个有机系统，它是一个相互关联、充满生机的生命机体，它既是民族文化的集中体现，也是民族文化传承的载体，同时又是培植、滋养民族精神的重要方式，在全球化的时代，在多元文化的冲击下，要保持中华文化的本位，就必须重视传统节日建设，只有从增强民族立身之本的高度认识传统节日，并在社会实践中真正重视传统节日，传统节日的地位才会牢固树立起来，也就不会产生由于黄金周的经济效益，而要重新考虑传统节日假期的问题。因为真正有价值的不是“黄金”，是比金子还要珍贵的民族心灵。

（四）关于节日符号的一与多的问题

刘魁立先生的发言，一开始便提出了一个在当前的讨论中充满争议的问题，这便是传统节日符号与仪式的一与多的问题。他指出：关于传统节日的符号与仪式，我想提三个问题供大家思考。第一个问题，关于节日的符号与仪式，我们常常会想到要找出一个非常集中地反映节日内涵的符号形式的体现。但是，节日到底是不是只有像西方的圣诞节那样只有一个突出的表现符号（如圣诞树）才好？一般地说，像我们中国的节日，都有非常多的一群符号。这种符号的丰富性和多元性究竟在咱们的年节中是怎么体现的？第二个问题，是总的中华民族的文化传统与地方的个性之间的关系。符号对于一个群体来说，当然十分重要。在中国，当然有一个总的中华民族的传统。但中国这么大一个国家，中华民族共有五十六个不同的民族构成，各个省区，各个地域，各不同民族，都有各自不同的文化，有各自的传统，都体现着一定的地方性，也就是个性。通过这些丰富的地方性和个性所呈现的多样性在节日符号仪式上会有怎样的体现？第三个问题，正由于在节日符号仪式这一问题上，情况极其复杂，让我感觉到在处理这个问题的时候，要非常认真地去想；十分认真、慎重地去对待，切不可简单化地草率行事。过去，我们曾受委托做一个有关假日改革的课题，为政府提供咨询意见，有的领导曾希望我们的中国民俗学会，能不能把每一个节日究竟应该怎么过，用现在的话说就是有什么样的仪式，列出一个清单？但是我们感到这个问题做起来非常困难，所以没有做。因为这是一个非常复杂的问题。

李心峰补充说：关于节日的符号与仪式，实际学术界是有争论的。就是有人觉得一提起西方的圣诞节就想到圣诞树、圣诞老人和圣诞礼物这些东西，节日符号非常鲜明、突出。而中国的传统节日，像春节，好像有很多很多的符号表现形式，却又很难找到像圣诞树、圣诞老人和圣诞礼物那样鲜明突出的、唯一的有代表性的节日符号。所以，这就需要我们深入研究和思考：我们的传统节日与西方节日有很大的不同，我们不必轻率简单地硬性地去寻找某种唯一有代表性的节日符号与仪式，可是，我们能不能在我们很多的节日符号当中找出一些，不是一个两个，而是一组最鲜明、最有代表性的节日符号，再通过各种手段予以突出、强化？总之，这是一个值得认真探讨的问题，

祁庆富赞同刘魁立关于中国传统节日符号具有复合性、多样化的特点的看法，认为我们的春节有很多符号。它是一个文化空间，不是用某种单一符号来代表的。像圣诞节，它是以圣诞礼物、圣诞老人、圣诞树为符号的，它基本上是单一化的。但是我们这个节日，因为它是个“年”，所以它是一种符号的集合。像贴春联、福字、年画、放鞭炮、吃团圆饭，这些都是符号，另外，就仪式性的符号来说，则有敬祖先、迎财神、祭灶神、拜年等等。总之，我们的春节符号是极其丰富的。

（五）关于春节符号与仪式的探讨

在中国传统节日中，春节无疑是一个最为重要、最具代表性、也最有影响力的节日；此次研讨会又恰在春节即将到来的时刻举办，因此，专家们的发言常常会聚焦到春节的符号与仪式上来，提出并探讨了许多重要的问题，发表了不少有价值的看法。

祁庆富认为，传统节日是非物质文化遗产中最具象征性的，这是毫无疑问的。他的发言着重探讨了春节的象征符号以及是否应该由政府组织设计春节标识的问题。

他说：我想谈一个比较具体的，也许是一个可操作性的问题，就是春节的象征符号的问题。首先，春节在我们的节日体系中处于什么样的地位？祁庆富认为，在我们目前的节日中，其他节日和春节没法比。它们不是一个档次。春节是最大的节日，是统帅，是总司令，这是没有异

议的。在他看来，节日其实主要的还是体现在精神上，也就是中国人的精神。在一定意义上说，节日是中国人的魂。春节是最大的魂。如果春节没了，中国人的身份就没了。

其次，春节符号是强化了还是弱化了？他认为，关于现在春节节日符号的弱化和强化问题，从现实来说很难用一句话来概括，因为这是很复杂的。现在春节符号也不全是弱化。随着现代化进程的加速，有些方面确实强化了。强化有几个表征：一是春节过年强化了，这和时代有关系。因为以前在农业社会流动性很小，而现在这个流动性很大。现在，想买一张春节期间的火车票太不容易了，快赶上评一个职称了。所以这种强化和现代社会经济的发展，也和人们的传统、潜在的观念有关，这个观念就是要回家过年。客观上也有法定假期的因素，但最主要的还是回家过年这种意识在中国人的心里是根深蒂固。尽管现在的有些年轻人愿意过圣诞节，其实有些是好奇，但圣诞节没有归家的概念。另外，从现代符号来说，"春晚"你不得不说是一个春节符号，而且现在已经成了中国最大的春节符号。现在"春晚"不但在大年三十了，近来每晚中央三套都在播《我要上春晚》，这也是一个新的符号，也是一个春节的内容。现在还没到春节，商品、广告已经铺天盖地了，也就是说现在春节的商业运作和炒作强化了。当然春节符号也有弱化的一面，弱化在精神上。也就是说，现在春节的强化很多体现在物质性上，有物化倾向。现在一过节，就变成了月饼节、粽子节等等。所以我觉得我们必须看到春节符号强化和弱化问题上是一种复杂胶着的状态。我们必须承认，春节的传统符号和仪式，也就是精神这块弱化了，这是我们现在面临的主要问题。所以我们这次会议就集中谈这个问题，其实就是谈传统文化精神的传承和继承问题。我认为，作为我们国家来说，特别是非物质文化遗产这个领域，在强化节日符号方面做了两件大事，或者说采取了两个措施。一个是 2007 年把清明节、端午节、中秋节和除夕定为法定假日，这个是非常重要的。当然这件事是全社会的力量，而我们的非物质文化遗产工作在里面起到了很大的作用。第二个是重大的传统节日都进入了国家级名录，不只是第一批和第二批国家级名录中有传统节日，在第三批中又上了一些传统节日项目，一个是中元节，即民间所谓的“鬼节”；还有一个是中和节。中和节是二月二。这样，我们便有了九大传统节日。如果说传统节日里面哪个最重要，当然是春节。如果要分出第一个档次的、五星级的节日，那就是五大节日：春节（当然除夕包括在春节之内），清明、端午、中秋，还有元宵节。中宣部和文化部，还有其他几个部委，包括旅游局，曾发了一个关于过好我们的节日的方案。我认真地看了，它对春节的主题，概括为“辞旧迎新、合家团圆”。我认为这次的定位，定得非常准确。春节，就是个辞旧迎新节，它是个“年”啊。就像刘魁立先生说的，它是个“年关”。辞旧迎新，这是它的一大主题。但是，春节这个活动，真正的表现形式是“合家欢乐”。也就是说，春节尽管也有社会性的活动，但是最重要的还是以家为主的这种活动形式。而“辞旧迎新”呢，我认为是这个节日的一个最主要的内涵。国家法宝假日的调整，对于春节及其他传统节日符号的强化是有益的。

具体到春节的符号仪式的问题上，祁庆富虽然赞同大家关于春节的符号仪式具有丰富性、多样性，但他也谈到，在各种春节符号中，是不是有一个最重要、最具代表性的，或者至少我们可以提炼出一个最重要最有代表性的东西？祁先生认为，可以把十二生肖作为春节最大的符号。他说：现在的十二生肖，与干支纪年有一种共生关系。而这个十二生肖，在民间文化中是根深蒂固的。十二生肖文化，不只是在汉族，在中国，基本上所有的少数民族都有这十二生肖。也就是说，它和每个人，和每个民族，和整个中华民族，是息息相关的。它也传播到了海外。日本每年都出生肖邮票，韩国和越南也讲生肖，它们都源自中国。现在印度尼西亚的华人也开始用这个十二生肖。所以，现在我们如果要找一个最具代表性的春节符号，应该找“十二生肖”。如果我们现在要弘扬或者是强化春节的符号，我们要做的事，就是应该在十二生肖上下力气。

祁庆富认为，现在的十二生肖，有点被社会淡化、边缘化，往往把它当做算命的，因为它和干支有关系。对于老百姓，你说甲子、壬辰……他也许不明白，如果说狗啊、虎啊、龙啊，这个他能明白。但这并不是它的主题。十二生肖，真正主题是我们这个年的象征意义。现在，十二生肖本身，有被十二星座取代的迹象。对十二星相，我还真说不清楚。我来开会前，我还问我的女儿："西方的这个星座也是十二个吗?"她说："也十二个。"我认为，十二生肖应该引起我们的注意。因为在数千年中国文化的干支纪年历史中，使用十二生肖纪年是民间的一个惯习，与芸芸众生的生命息息相关。以前的春节就是农历年，就是元旦，但是辛亥革命把这个变了。现在这个公历年，也就是公元一月一日是元旦。这个变化，我想是任何力量也没有办法把它再改回去了，因为社会已经变了。但是，年，我们的农历年，这是我们传统文化之根。我们的二十四节气仍然在现实生活中起作用。我们应该弘扬这一部分，而且让这一部分适应现代社会。

根据上述认识，祁庆富先生与刘魁立先生在研讨会上，联合提出了一个有关春节符号的具体建议：希望由国家较权威性的机构组织联合设计和发布十二生肖农历年吉祥标志，每一个生肖设计一个符号，就是弄一个 LOGO，并将其固定下来，作为春节的节日符号，以政府力量来强化这个节日文化记忆，作为一个年到来的象征、一个标志。

对于上述建议，田青在发言中表达了自己明确反对的意见。他不同意由政府出面组织节日符号的设计，主张还节于民。他认为，政府、学者和民间在过节这个问题上，各自应扮演不同的角色。政府唯一要做的，就是应该给大家放假。至于怎么过节，我觉得是民间的事情。如果由国家每年出一个十二生肖的标准图样，就完全违背了现在的文化多样性观念。别的不谈，光说一个剪纸，一个生肖该有多少种不同的表现形式啊？我认为政府没有必要做这个事。而我们学者最大的任务，是讲清楚这些节日的来源，鼓励在节日当中恢复传统的精神内涵，而不是告诉老百姓怎么过节。应该怎样过节，老百姓比我们更清楚。我们在城市里没有春节味，可是你到农村去看，它还是按照过去的传统在过年。所以我觉得在这点上，学者的任务没有完成。最近，离我们时间最近的两个节刚过，一个是圣诞节，一个是腊八节。这两个节，我有两个感受，可以说是一则以喜，一则以忧。今年的圣诞节，我有一个明显的感觉，就是与前几年，尤其是五年前、六年前相比，城市青年那种盲目的、一窝蜂地过圣诞的热劲，今年来看是过去了。我听学生也给我讲，今年包括到教堂的人数，都比前几年有所下降。为什么我听了以后挺高兴，因为咱们中国，尤其是很多青年人过圣诞节，其实也不是理解圣诞节的概念，只不过是求洋、求新，盲目地过节。另外，我们的传统节日过去没有被重视，逐渐地淡化，所以青年人去过圣诞。到了今年，那种盲目过圣诞的情况有所减弱，我觉得这个现象是个好现象。这也和我们这些年对非物质文化遗产的宣传有很大关系。但是刚刚过去的腊八节，又让我觉得有点失望，或者说我们做的这个工作，尤其是宣传工作没有做好。就是咱们的一个电视台在介绍腊八节的起源的时候，根本不讲它跟佛教的关系，跟浴佛节的关系。只是说腊八节是劳动人民干了一年活了，然后把各种粮食放在一块，大伙就在一块熬粥。这就把这个节日的精神内涵和来源，完全模糊了。而且一直到今天我们的电视台还做这样的虚假的宣传，还在用文革时期的语言介绍传统节日，所以觉得很失望。我觉得，对于传统节日的正确宣传这一点倒是我们学者应该做的。而且我们的符号太多了，我们没必要非得找出一个符号。过节是要让大家过得愉快，过得高兴，而且这个节日真正能起到一个民族的凝聚力的作用，让我们想到传统，想到祖先，想到我们古老的文化，包括想到亲情。我觉得，只要我们给老百姓一个宽松的环境，尤其是要给他假期，传统节日文化会慢慢地恢复，而且这些符号会越来越多，会越来越好。

针对田青提出的不同意见，祁庆富作了回应，认为由政府组织十二生肖标识的设计，是为了强化春节的符号，这与“还节于民”并不矛盾。他说：我同意田先生说的，要还节于民，还年于民，让老百姓自己去过好自己的节日。但是同时，我们政府在这里面可以起到一个标志性的作用，发挥一种引领性的作用。由政府组织这种节日符号标识的设计，是要强化这种符号。所谓“强化”，从非物质文化遗产角度来说，也就是“弘扬”嘛。因此，我提出这样一个设想。如果这个设想成立，那么政府在设立这个标志的时候，就应该在全球进行一次这样的活动。而这次活动本身也是一次深化“年”、“节”的教育。当然，谈虚的好办，要是具体去做，该如何实施呢？现在，我们有很多大奖赛这样的活动。如果我们的春节十二生肖标识的设计也搞这样的活动，就能够让农历年更加深入人心。十二生肖作为一种吉祥标识，它的用途主要在哪呢？就是作为一个年来到的象征，一个标志。

对于十二生肖这一春节符号标识的设计，祁先生还提出了一些具体的设想，如这种设计从什么时候开始为好？他认为，这种标志可以有一个使用的起点。我认为现在是 2011 年，是兔年，明年是 2012 年，是龙年。最好就是从明年——2012 年龙年开始。中国要是从甲子来看呢，是从鼠年是最好的。但是我觉得对中国的文化来说，从龙年最好。再如，如果我们能设立这样一个标志，它主要用在哪些场合呢？祁先生认为它们主要用在重大的春节活动中。比如春节时，国务院举行团拜会，就可以挂这个标志。另外，如果办春节联欢会，只要是国家办的，也应该挂这个标志。同时，还可以向美国学习，可以由中国人民银行发行这种纪念币。生肖邮票就不用说了，你不提醒它，它每年也在继续出。他还认为，要是设计十二生肖标识，可以一次性地把十二个生肖都设计出来，向社会发布，把它固定下来。就是说，这十二个生肖动物，一次设计好了，今年用这个，明年用那个，后年用那个，十二年以后，还得用这个。这样，我们能使农历年的符号标识固定下来。

刘文峰的发言也集中到春节的符号仪式问题上来。他接过祁庆富讨论的话题，认为：最鲜明地代表春节的符号有三个，即贴春联、挂灯笼、贴年画。他指出，我们中国人，作为华人，作为炎黄子孙，再没有比春节更大的节日了。而这个叫法其实是有一点问题的。在老百姓习惯的称呼，都是叫过年。“春节”是有了西历，有了阳历传到中国以后才有了这么一个称呼。关于春节的内涵、意义暂且不谈，我想讨论的就是这个符号的问题。就我自己的感受，这些年，我们搞非物质文化遗产，以及戏曲民俗学，到过一些地方，每年过春节，也几乎都到各地去了解过春节的一些活动。就我的感受，我非常同意祁老师的意见，就是说，我们春节有许多的符号，但是确确实实还没有形成一个大家一致的共识。就是说，没有找到一个能够代表春节的大家公认的符号。所以，我觉得探讨这个问题还是很需要的。当然，这个符号究竟是什么，这是可以讨论的。我觉得，春节的符号很多，像刘魁立老师说的，每一个地区，每一个民族，在过春节的时候，都有他们自己的符号。但是，我认为，过春节，有这么几个符号，是非常有代表性的。一个是贴春联；还有一个，是挂灯笼；还有一个，是贴年画。有没有过春节的气氛，这三个是最鲜明的代表性的春节符号。当然放鞭炮这一系列的活动，它都和春节有关系。但是，从符号的角度来讲的话，我认为，这三个符号是最有标志性的。如果过春节不贴对联，这恐怕不算过年。过年要不挂灯笼，过年的气氛就没有了，当然这是我们汉族地区的情形。还有，家里面要是过年不贴年画，那这个家里面也不像过年。当然，随着社会的发展，现在贴春联、挂灯笼、贴年画的习俗，是弱化了。过去我们是在农耕时代，没有电灯的时代。那时油灯、蜡烛是必须要有的。而且从年三十开始，一直要到正月十五以后，才不挂了。那么现在我们有了电以后，城市的这种用电的景观，实际上有代替灯笼的味道。但是，这个贴春联呢，我觉得，特别是在改革开放以后，被弱化了。我记得，过去我们这个年龄，包括在文化大革命当中，农村里的老白姓不要说了，机关、学校，都是要贴春联的。那么，现在呢，好像这个传统，好多地方都不贴了。这个我觉得是我们应该提倡的。还有这个年画，年画现在的含义，也是随着时代的发展，我们居住条件的变化，也弱化了，特别是我们生活在城市里面的居民。现在大家好像都挂点字画啊，摆点工艺品啊，拿这个来美化居室。但是呢，在传统当中，再穷的人家，过年的时候，也得买几张年画。这个年画，是一个代表春节的，代表迎新的一个非常重要的标志。我觉得呢，能不能在这些方面，一个是贴春联，一个是挂灯笼，当然这个灯笼现在随着电气化的改善，我们当然可以更好，比那个农耕时代的那个蜡烛、煤油灯的灯笼样子弄得更好，但是这个形式是不能丢的，就是说，我们可以利用现代化的科学技术把它提高、提升，但是现在不能取消。还有年画，这个也是非常必要的，这个年画的内容，是非常丰富多彩的。既有民族的特点，又有地域的特点。我们要是用一种新的方式来弘扬的话，也是加强我们中国人对春节的认知，提高春节的文化品位，这是非常重要的。还有一点，我觉得现在的春节的弱化，有它的时代发展的必然性。为什么这么说呢，我们知道春节的诞生与中国的纪年有关系，与农耕时代有关系，与我们中国过去的这种社会的结构有关系。我们过去的春节，一个是家庭，一个是种族，一个是村落，它是与这个社会的环境密切相关的。许多的春节的活动，都是由家庭，由族姓，还有村落为单位来组织的。我记得小的时候，我们那个地方过春节，初二开始闹秧歌，秧歌队到每家每户里面都要拜年、唱秧歌。上午拜年，下午在一个大院子里面，或者在一个广场里面，演出民间小戏，娱乐，然后，由村里面好的秧歌队，到公社里面去比赛，大概在初十左右比赛，然后公社里面选出好的来，再于正月十五元宵节那天到县城里面比赛。到县里面比赛的时候，这个秧歌队主要去县里面的那些机关去拜年去。县里面的这些机关也要招待秧歌队，至少烟、茶这两样是不可缺少的。但是现在这些活动很少了。那么现在我们是新农村建设，过去的自然村落越来越少，这些年我也很少回去过一次春节。现在我们那个村完全就跟县城连在一块儿了。村里的概念现在没了，完全就跟城市一样了。所以你现在要组织原来的那种民间的艺术活动，已经组织不起来了。我觉得，政府应该根据我们现在时代的发展，起到一种主导的作用。我们过春节的一些仪式，带有当地民族特点、地域特点的一些东西，应该通过政府的行为予以提倡。西方过圣诞节送给小孩礼物，其实我们中国也有类似的习俗，比如给小孩压岁钱。我记得我小时候过春节的时候，大年初一起来，先给家里的老人爷爷奶奶磕头，爷爷奶奶爸爸妈妈给我压岁钱。之后再去同族的家里，也要给长辈磕头、行礼。他们也要给没结婚的晚辈压岁钱。就算是给一毛钱，那会儿也是要给压岁钱的。那是一个礼节，其实跟西方圣诞老人送礼品是一样的道理。问题在于我们怎么把这些东西根据现在生活的需要，把它做得更规范化，成为不可缺少的一个环节。说句实话，现在每年，由于我们家兄弟姐妹多，父母的居住条件也不是很好，我是非常想回去。但回去没有居住的地方。但是我每年必须在过春节之前给家里老人寄钱。这也是我们中国人一个传统的礼节。但是以前我没结婚的时候，我父母每年春节，都会给我压岁钱。我结婚有了孩子后，他们就给孙子压岁钱。孙子现在结婚了，他们有了小重孙子了，还要给小重孙子压岁钱。昨天我收到了我爸寄来的500块压岁钱。我的意思是说，这是中国的一种传统，我们的学者、政府，要把春节的这些好的东西，怎么样进行强化、规范化，引导老百姓不要忘记我们过去的传统。我觉得这是我们非常需要的。至于说这个标志，我同意祁老师的看法，还是应该有一个标识性的东西。过去老百姓在过春节的时候，是有十二生肖这样的标志的，但不像贴春联、挂年画、挂灯笼这么明显，但春节的标识这个概念还是有的。

（六）关于传统节日仪式的思考

关于节日仪式的问题，田青认为这是一个重点。他说：所谓仪式，就是礼仪。我们过去讲中国是礼仪之邦，非常强调礼仪，强调仪式感。而礼仪的核心是什么呢，是“敬”——敬祖先、敬神明，这都是

"敬"。但是我觉得最重要的问题就是我们的"礼"的丧失,"敬"的丧失,这点是文化大革命的最大的后遗症。所谓"过革命化的春节",见了长辈不必鞠躬了,更不要磕头了,祖先排辈这一套"礼"都没有了。这种"礼"的丧失、"敬"的丧失,造成我们民族很大的一个负面的东西。有一次,我的一个学生无意中说的一句话我觉得很有意思。他说:老师,像我们这代人,我是最讲礼貌的人,但是我发现我见到老师,见到长辈,我忽然不知道如何行礼。他就讲到我们在"礼"的培养这方面,不但缺少一个"仪式化",也缺少一个"连续性"。他说:我们少先队只会行队礼,就把我们中国的传统礼仪给丢掉了。我说:"什么意思呢?"他说:从小应该学"礼"的时候,老师叫我们行队礼,我们很习惯就接受了。可是小学一毕业,到了初中,我再见到老师,我忽然不会行礼。我再行队礼就不对了,我长大了。但是应该再行什么礼?我不知道了。——这就是一个简单的标志尊敬的仪态,在我们今天就没有连续性了,丧失了。我们古代不是这样的,见了老人你可以鞠躬啊、作揖啊。那么现在鞠躬的礼在中国没有了,谁一鞠躬,一看就是日本人。这个"礼"的丧失,让我们的孩子,确实有一个断层。就是小学之后,少先队的红领巾摘了之后,他见到长辈,他不知道怎么行礼。因为我们没有从小教。所以我觉得这样的东西啊,叫符号也好,叫什么也好,我觉得很重要。这个东西要一贯的,从小告诉我见了长辈要鞠躬,我不管到多大年纪,甚至到了六十岁,我见到九十岁的,还得鞠躬。你从小就教他一个行少先队的队礼,摘下红领巾以后,他不会行礼了。所以也由此想到我们的仪式感的丧失。现在我们还有什么仪式呀?小学我们有个仪式——升国旗,升国旗的时候也是行队礼。这套仪式,只停留在小学阶段。到了初中,没有"礼"了,没有仪式了,什么都没有了。包括到现在,一说唱国歌,很多人站起来不张嘴,不会唱国歌。所以中国仪式上的丧失,尽管不是完全和节日有关,但是节日应该是仪式充分展示的时间。讲到为什么仪式感丧失,为什么"敬"的这个传统丧失,这跟我们这些年对宗教的批判有关系。你比如我们刚才讲的“腊八”，腊八节就是从一个佛教的节日演变过来的。你包括圣诞节，其实圣诞节也是个宗教的节日，但是我们现在把这个东西的内涵都去掉之后，它就不可能再有仪式感，也不可能再有“敬”的概念在里面。所以我就觉得对中国的传统节日，应该恢复它的仪式，恢复它“敬”的本质，包括年三十，我们为什么要吃年夜饭，为什么吃年夜饭之前要给祖先牌位行礼？这里面既有对祖先的尊敬，也有对亲情的一种阐发。前几天我看报纸又在讲春运，每年中国的春运是一个世界的大看点，也是一个奇迹。上亿的人在短时间内，大量人口的大迁徙。世界为它震撼，整个国家的交通为它几乎瘫痪。现在我们倡导的是倾全国之力保证春运。那么很多人就提出来：“为什么非要回家？”我倒是觉得，这些事情，对这些，尤其有一年南方雨雪，电视上，拍出成千上万的人在广州火车站的冷雨、冷雪之中，排着长长的队。那时候有种感动，我想，只有一个东西可以和它比，就是麦加的朝圣。所以，春节对于中国人来讲，是唯一的丧失了宗教的，却带有宗教性的一种群体行为。它不是一个宗教，但是它带有宗教性。这么多人，冒着这么大的，从自然的，到各方面的困难，一定要回家，一定要和父母团聚。我觉得这点是中华民族可以感天动地的东西。如果说想取消春运，就更是对中华民族残存的一点精神联系的一种消灭。我是感觉到，再有困难，甚至倾全国之力，也要把春运搞好。至于那些民工是否可以自愿地留在那个地方不回家，我觉得可以自愿，我们每个地方城市也应该做各种活动。但是，要看到，这种成亿的人，他们的回家的过程，这个行为，不仅仅是回家，他有咱们民族千百年来积淀的一种感情，一种浓浓的民族感情。前些年我曾经写过一篇文章，就是北京市政府恢复放鞭炮的时候我写的一篇文章，题目叫《非物质文化遗产的胜利》。这篇文章中，我认为北京市政府作了一个很好的决定。那篇文章我讲：为什么当年北京市政府，包括北京市人大，这么多人大代表都举手同意禁止放鞭炮呢？那只是一个时代，也是一个过程。当时的提案在学新加坡，但是完全不知道新加坡它的这个背景。所以我写到，当时禁鞭炮，就像曹操禁酒一样，孔融说禁酒好，你不但酒误国，女人也误国，建议曹操连女人也一块禁了。曹操一想，女人不能禁，所以酒也没有禁。所以，认为放炮一定崩瞎孩子眼，这完全是一种不合实际的说法。……去年一年好像中国死于交通事故的，死亡的是二十三万。死了二十三万人，没有一个人说，要禁机动车。为什么呢？他认为这个有用，认为鞭炮没用。这是现在的我们中国人的那种物质至上，和那种实用主义造成的对精神的漠视。一年啊，没有这个鞭炮，我们先不讲鞭炮的产生和意义，就是我每年要放炮，就是北京不让放，我上天津放去。这一放炮我高兴啊，我心里痛快，这一年什么别扭事我都忘了，一放炮都崩走了。我需要这个，老百姓需要这个。至于这个放鞭炮崩瞎孩子眼睛，没有任何必然的联系。所以当年北京市政府恢复放炮那一年，我记得第二天，春节的报纸专门登了，北京几万医生值夜班在那等着崩瞎眼睛的孩子，结果一个没有，那一年。就是说你政府应该做的是什么？控制你鞭炮生产的许可证——安全生产，控制运输，控制销售。然后，对孩子们进行教育。你甚至可以法律规定，几岁以下的孩子没有大人陪着不许放炮。这都是政府应做的事，而不能因噎废食。而不是禁止，不能放炮。当然，让人高兴的是这一段过去了。北京市禁了十五年，十五年的北京城没有鞭炮。从北京城建成以来，就我们那十五年没有鞭炮，我觉得这也是很可笑、很可悲的一个事情。所以，我觉得，我们今天讲传统节日，最重要的是讲它的精神内涵。要看到传统节日和我们民族的深层的关系，所以我觉得我们学者的最大的任务还是要讲这“腊八节”怎么回事，要讲这个。

赵书的发言也聚焦到节日仪式上来。他说：没有仪式，你怎么能够使人有所依从呢？所谓仪式是什么呢？就是要用有形、有色、有声的文化形式度过无形、无色、无声的时间。这就是仪式的作用。要不你怎么过节呢？当然，我们现在的节日跟过去有一个很大的不同。过去呢，春节是一个年增岁月人增寿。大家都长一岁。所以节日的感觉很强。可是今天，要对重要的民俗现象进行解释，这个现在很重要。比如，最近我在一些场合对年二十三、年三十的一些民俗进行解释，很多青年人听了都很惊讶，明白原来是这么回事。再比如刚刚有的专家讲到的对联的问题。在北京来说，有“八大红”。第一个是红灯笼。为什么把灯笼摆在第一个呢？因为平日里纸包不住火，过节呢，纸就能包住火。平日无法实现的愿望在节日里能够实现。所以灯笼放在第一个。第二是红蜡烛。就是在灯笼中点燃的红蜡烛。点上红蜡烛就显得喜庆。第三、第四是门神和年画。门神是辟邪的。在里边贴年画。年画里面讲各种故事。第五、第六是对联和二门的那福字斗方。斗方可以写各种文字，比如“黄金万两”、“日进斗金”、“招财进宝”等。第七、第八，是挂件和窗花。挂件儿是防穷的。然后就是剪纸，剪纸是贴在窗户上的窗花，代表你家里的人手巧不巧。这八大红，老一辈的人都要算的。年二十四扫完房子之后，是要算的，要买什么鸡，买什么肉，买什么红。八大红，它这种形式，从北京来说什么节日放什么灯，都是有规定的，它有这一整套仪式。你比如说二十七，洗久积，有的地方也叫宰公鸡。这告诉你什么呢？家里的主要男人那一天要放假，他要在家。这是一种孝顺。不管你当多大的官，那一天回到家都要给你的父亲洗澡。所以叫洗久积。尤其给老人要剪指甲。出门的话，鼻毛、刮脸等等，这些都要修。这代表你的孝顺。为什么叫洗久积？要把这个讲清楚。至于年画、对联，有趣的东西太多了。所以啊，要从描述，到解释，对于“为什么”，要把这些说清楚。我们今年在北京要准备一次中国红展。为什么要“八大红”啊？因为中国在东方，太阳出在东方，出在中国的东方。大海里出太阳，照得满世界红彤彤。所以，春节放红色，它有温暖、正义、光明的寓意。中国一切的幸福愿望都集中在这红色里。所以我们这次在首都博物馆展这个中国红。不是简单的一个大红的展览，而是告诉你为什么中国人爱红。总之，我主张民俗学要从描述阶段进入解释的阶段，然后再进入应用的阶段。对于春节的仪式，也应如此。

赵书先生还将他参与设计的一幅《兔儿爷（扳不倒）》的吉祥标识图案在研讨会上向大家作了展示，并对其设计构思及丰富内涵作了详细的阐发。他介绍说：这个吉祥物，“上下都是兔，左右推不倒。福寿当头照，兔爷乐逍遥。如意本是祥云头，玉兔行空任自由：如意本是灵芝草，造福人间身体好；如意本是一条龙，月宫玉兔显神通。”这个扳不倒的作品设计中有一个寿字、二个兔子、三个蝙蝠，三朵如意祥云和寿山、福海。主图为月宫玉兔用石捣制灵丹妙药造福人间，给人们带来祥瑞。作品的寓意是祝福人们和属兔的人。时逢兔年福运当头、福福双至、福寿双全、吉祥如意、宏图（红兔）大展、福如东海、寿比南山。整个作品造型为扳不倒兔爷，意为兔子是小者、弱者，但他不畏惧任何强者、困难。这个扳不倒呢，原本是过去庙会上有的。哪一年是什么生肖，就造什么样的扳不倒。目的是连着那条红色的腰带，送给这个扳不倒的人。再强的压力，如何地挤你，都扳不倒。这些都是历史上，庙会为本命年的人来预备的。春节还有一些突出的特点。第一是时间长。春节的历史，长达三、四千年。它本身延续的时间也长，从腊月二十三到正月十五。第二它是圆的，是循环的。六十年一甲子一循环。第三它是方的，非常稳定。为什么呢。因为它负载着教育的功能：第一是可以对人们进行伦理教育。第二是生命教育。第三是审美教育。第四是道德教育。

（七）关于传统节日符号仪式传承与发展、变与不变

在讨论传统节日的符号与仪式问题时，不少专家都不约而同地谈到了传统节日符号与仪式的变与不变、也就是传承与发展的关系问题。刘魁立谈到，我们的节日符号体系经过这么长的历史时期应该说有非常多的变化。那么，现在沉淀下来的这些符号形式和过去在不同历史时代的符号形式都有怎样的历史关系？有时，符号本身也会发生变化。比如说

月亮，过去我们叫蟾宫，里面有个蛤蟆。但是后来有了另外的象征——玉兔。像类似这样的符号，它本身的深层意义、历史意义和今天的意义，这种沉淀关系是怎样的？这都需要好好研究。

祁庆富在谈到拜年这种春节仪式时也谈到，拜年这一仪式应该说目前还被传承着，但它的具体形式变了。从我的个人经历说，我在念研究生的时候，大概三十年前，要挨家走，去给老师拜年；后来有了电话，就开始电话拜年；现在，就开始手机拜年。这既是一种变化，也是一种传承、延续，其中，有变化，也有不变的因素。变的是具体的拜年的形式，不变的是不同的拜年形式所表达的内涵。

高磊的发言更是从他所从事的节日民俗产品的设计、开发与营销的实际经验入手，集中地探讨了传统节日文化的传承与发展的问题。他认为，中国传统节日文化的传承与发展是不是可以分成三个部分，一是形式的传承与发展；二是内容的传承与发展；三是传承与发展自身的社会意义和它的合理性。所谓形式，我想可以用四个字来表示，就是："约定俗成"。如何的约定，怎样的俗成，这应是历史学家、社会学家、民俗专家们关心的内容。所谓内容，我以为只有两个字，就是"吉祥"。在中国传统文化载体中，有一种表现主义的原则，就是：图必有意，意必吉祥。节日也是一样，没有哪一种活动没有意义，也没有哪一种意义不包含吉祥的祈盼。从丧葬文化到婚庆文化，从皇家文化到市井文化，从年节文化到宗教文化，无一例外。皇家文化还可能因为各代帝王好恶的不同而出现文化断代，而在民俗文化中，远古的先民和现代的我们唱的是同一首吉祥歌。他的生命力像 DNA 的遗传基因，顽强地表现着中华民族对美好生活的吉祥祈盼和需求。这就是我们常说的民族文化是一个同心圆，他不会因时代的变迁而改变圆心，但它可以因时代的发展而伸长这个圆的半径。所以我们说越是传统的越是现代的；越是民族的越是世界的。民族和世界之间的连线就是我们民族文化对世界影响的半径。这也是传承与发展自身的社会意义和它的合理性。所以我想说传统节日的符号应该把握住“吉祥”两个字。大家都在谈文化，我想说说生意，因为传统节日符号的确立是无数个文化创意产业的商机。你比如年节文化中最被人们关注的饮食文化；由季节自然更迭而形成的俗信宗教心理构成（香火、祭祀、礼拜）；各种自发的带有不同地域特色的民间演出（闹社火、高台百戏、各派民间花会、赛龙舟、灯会）；传统节日中家家户户挂的、贴的对联、年画等等，都有非常大的商业机会。同时构架这些传统节日的载体也面临着传承与发展的巨大的挑战。我只以中国传统年画为例说一下它的现状。月初我随中国文联到朱仙镇参加全国年画节，在研讨会上我和各位专家有过一次比较激烈的交锋。专家在讲“保护”，我在讲“发展”。诚然，现在传统年画作为旅游产业红红火火，作为收藏热点也是一浪高过一浪，但我们的传统年画原是贴在我们的家门上的，它的社会影响和商业机会远不是旅游和收藏所能够比拟的。所以我那次发言的题目是：《如何把传统的年画贴上我们21世纪的家门》。张灯结彩迎新春，欢欢喜喜过大年，是中国人传承了几千年的文化习俗，也是中国文化永不作古、永远鲜活的见证。千百年来，年画作为年节文化的主要载体，他不仅是对年节的形象的一种点缀，它还是文化流通、道德教育、审美传播、信仰传承的载体和工具；年画中所蕴含着的中国民俗文化真实地反应着中华民族文化的本体；同时，他还是一部地域文化的辞典，我们从众多的年画作品中可以找到鲜明的地域文化特点。年画始于汉，兴于唐，盛于宋，普及于明清，随着工业革命的进程机械印刷逐渐代替了手工印刷，年画作为一个产业进入了衰落期，从原来的年节的必需品逐渐地向收藏品、旅游纪念品转化。我跟他们说：同志们千万不要说年画没有市场需求了，我是做春节文化产品设计的，我在市场的最前沿，我给大家一些数据供大家参考。我所在的公司在北京市场，每年春节产品中纸质品的销量约400万，可是我的公司在北京春节市场所占的份额只是2%。大家算一算，2个亿！这还不是市场终端的数字。这是批发价。市场终端的数字要乘以4。全国市场怎么算我不会，我想大家一定会。遗憾的是我在北京偌大的春节纸制品市场没有见到过一张真正属于你们年画摇篮中的作品。21 世纪我们有多少扇家门？每个家门里又有多少个房门、户门、院门？这些门上年节时都贴的什么？这是摆在我们面前的课题。“传承”在字典里是这么解释的：更替，继承。传递，接续。一般指承接好的方面，和继承相区别。我以为传承应是一种进步，不是踏步，更不是退步。“传”应是由历史学家、民俗学家、老艺人、老学者等专家们要做的事，是政府、博物馆要做的事情；而“承”是要由企业家、艺术家、经济学家、老艺人、专业的营销团队、专业的策划机构共同来完成的。政府的支持固然重要，市场的杠杆更为重要。但这里有一个结点，它表现在传统工艺与现代技术的矛盾；传统画面与现代创作的矛盾；传统的售卖形式与现代集约式营销的矛盾。这里我想说明一下，传统年画的收藏品、纪念品，作为鲜活的历史见证，与我们根据市场需求重新建立年画产业并不矛盾，只是一个更关注“传”；一个更关注“承”而已。多少年来，艺术的进步始终遵循着螺旋式上升的规律，我们这代人也在这个圆里，但我们一定要比过去的那个圆高，我们这一代人留给后人的应是我们这代人的文化辉煌。被历史记住的文化经典永远是前无古人的创造，对于后来者即便是你有十八般武艺你也要有创造经典的环境才行。我们又说到春秋战国的青铜器，汉代的漆器，唐诗，宋词，元曲，明清小说这些带有鲜明时代特征的文化现象，请问清代没有青铜器吗？没有漆器吗？清代没有诗和词吗？一个乾隆爷就做了四万多首诗，而我们知道的又有几首呢？我们要解决这些矛盾，就要创新！就要和着时代的节拍，适应时代的需求，不能站在对立的立场考虑问题，要学会发现对方的先进性和对方的与众不同。你比如：丝网印刷、电脑、扫描仪的合理利用可以不走样地复制传统的木板年画；纸是木板年画的介质，可不可以用布，用绢，用合成皮革，用瓷板，用木板，让传统年画多一些姐妹、兄弟？台湾有个杨莉莉，她有一个青花工作室，她把青花的色彩图案画在服装上，画在家具上，画在办公用品上，画在屏风上，甚至画在鞋上，画在文身上，使原来只在瓷器上出现的青花多了许多姐妹，你能说她不传统？你能说她画的不是青花？但是就是这些青花的姐妹赢得了大把的时尚人群的青睐。我们的年画何尝不能借鉴，何尝不能尝试呢？这是创新一说。适应时代需求又是一说。我发现市场上有太多的人喜欢红底图案的年画。我们知道红色是很挑的，他会抢画面的主构图，我们就想办法把墨线全让它起鼓，大量地使用对比色，加七彩，加金、加银，总之让主画面从红底中跳出来。其实我个人很喜欢传统的白底，但不要和市场需求对着干。因为市场需求和个人好恶的比例是一百比一。另外我还想借这个机会谈一下传统节日和所谓封建迷信的关系。这是一个敏感的话题。这也是传统节日在特别时期因为政治因素发展受限的原因之一。中国传统文化起源于占卜术这是不争的事实。从伏羲八卦到阴阳五行，从太极到周易，无一不是以占卜吉祥祸福为发端的。几千年来智者用它迎福避祸，愚者用它庸人自扰，最可恨的是一群不学无术的坏人故弄玄虚骗人钱财。把原本一个演算世间万物规律的万能公式庸俗化，神秘化。其实在春节，张灯结彩，除旧迎新，追祭祖先，是中华民族传统美德，也是中国人对自然更迭最大规模的祭拜。他是中华民族共同的庆典。它的影响超越了地域、民族、文化，甚至超越了宗教的感召。就是在今天高速发展的经济社会里，人们对美好生活的心理期盼和对传统信仰的善良主张也从未中断过。心理学家告诉我们良好的心理暗示有助于人的心理健康。我们不能也不愿意松开从远古传过来的文化链环，更何况这许多冥冥之中的不解也许会在未来科学的发展中找到答案。计算机 0 – 1 码、门捷列夫元素周期表、64 对人体基因码、量子力学、统一场论，这些现代科技研究的成果都和我们祖先演算的那个世间万物规律的公式相关联。也许在不久的将来，量子场论可以还原一个秦始皇在长城上挥舞宝剑的本相。请相信不管在什么样的社会结构里邪恶永远惧怕正义，吉祥和睦、健康平安永远是人们渴望的生活环境。我的主张是：把中国传统节日的吉祥祈盼与现代都市人的怀旧情结相结合，把现代技术与传统形式相结合，以传统节日文化元素为素材，以表现吉祥、祈福、平安、喜庆的美好愿望为宗旨，把民俗文化的精髓作为主要载体，作到事必有意，意必吉祥。我们的文化进步一定不是原地转圈，而是在不丢失传统文化链环的同时续接成一个属于今天的新的文化链环。我们盼望着在大家共同的努力下，使我们传统节日的符号与仪式成为一种民族的自觉与荣耀。

徐涟在发言中重点讨论了传统节日文化如何融入当代生活这一重要主题，认为：包括节庆文化在内的传统文化怎么样来融入当代的都市生活，其实也就是融入当代社会，这些是我们关注的焦点。其实各位专家也都说到了，不管是政府、专家、媒体，还是我们的商家，包括我们每个人在内，其实就是各司其职的问题。比如说政府，他们通过一些公益广告、电视报道宣传，通过资助一些设计大赛，这些是政府可以做的。特别是在重要传统节日给大家放假，是政府做的。此外，政府可以资助做一些宣传。现在各地政府都在做一些文化的讲座。我觉得政府可以做的事情很多，这些就是一个最好的倡导、引导。对于专家来说，刚才听赵书老师讲的，就觉得特别有意思。非常希望您多写一些这方面的文章，告诉大家以前过年过节都有些什么讲究。而现在的年轻人根本不知道过年过节有这么多讲究，其实有时间的时候我们真的是想要讲究，但我们却不知道该如何讲究。所以特别希望有这样的机会听专家们对节日符号仪式的系统的阐释。我们的专家，像刘魁立老师、祁庆富老师、品田老师等等，大家这么多年在非物质文化遗产保护工作中其实一直在做鼓与呼这样的工作。刚刚赵书老师说到，民俗应该更多地介入到社会当中，从描述到解释，再从解释到应用。专家就应该起到这种研究、传播、解释、介绍这样的作用。这样的任务呢，又通过政府提供的一些渠道、平台，像媒体、电视等各种平台，让更多的老百姓能够知道这样的事情。至于人们是不是这样做、是不是喜欢，那是每个人自己的事情。

对于商家，我个人倒觉得，不但不要惧怕商家的介入，而且还应该欢迎商家的介入和对资源的开发。当然在这方面，还应该提倡商家的产品应该更有文化品位。但是如果没有商家来制造，包括说到圣诞节，其实国内不少人过圣诞节可能更多的是因商家的热情促成。为什么？因为圣诞节买礼物送礼物这就是一个很大的商机。其实在国外每年圣诞节商家做生意，也可能要占到他年营业额的40%，甚至60%。所以有商家的介入能够更好地烘托节日的气氛。刚听到福人福地公司高磊先生的发言，我觉得真的是可以作为一个很好的案例。如果有更多的公司，现在有那么多的文化创意公司，他的文化创意，更多地从传统中来，那么就会把这个事情做得更好。同时，对于我们媒体来说，当然有义不容辞的宣传的责任，这是肯定的。包括我们刚刚说的，每个人都是节庆文化的传承人。而且我也觉得，应该相信人民群众，相信老百姓的智慧，他是能够把这个节日过好，而且各地政府这些年也做了不少工作。最近，随便举几件事情，刚才赵书老师说到的，网站用“扳不倒”做LOGO，这就是一个很好的事情。还有北京市在火车站派发新春大礼包，里边有一些对联之类的让大家带回家。还有山东邀请很多游客，包括外国的游客，按照山东的习俗来过年。这样的一些事情，实际上都已经在发挥各自的聪明才智。还有一点，我们现在大力弘扬包括节日文化在内的传统文化，背后的深层次的原因可能还是经济的发展和伴随经济发展而来的这种民族文化自信的一个重建，越来越多的人对民族文化、传统习俗恢复自信并自觉参与，这可以说是一个大的背景。这也是这些年我们非物质文化遗产保护工作取得重要进展的一个非常重要的前提。

王娟的发言则谈到了一些让传统节日符号适应今天都市生活的更为具体的途径，如：能不能设计一些不同尺寸的春联？现在过节不是不想贴，而是没有合适的尺寸；还有，比如说年画，纸质年画贴上去后不好往下取，能不能设计一些比较好贴也比较好取的年画？春联和年画，它就是在一个特定的时段里用。应让人们能够贴得上，也能取得下。应该说，这个节日的符号，并不是说我们要去建立一个。它是民间本来就有的。要变的话，就是怎么样能让老百姓在现在这样一种生活环境和生活方式下，他更容易去接受。还有窗花也是。有没有那种可以用静电贴在窗户上，过一段时间能摘下来。还有门神，是否可以把它做得特别小，再做一个象征性的门，一边一个门神，可以摆在桌子上，也可以挂在门上，挂在门口，既是艺术品，又有过年时候的特殊意义。所以说，有没有什么传统的装饰性的东西做得更适合现代人使用？可能这是一种让春节的文化符号能随意使用的方法。还有，比方说春节，老百姓和政府都要过，能不能官民同庆？比如十一的时候有时有庆祝节日的游行，那么，春节的时候能不能来一个民间的游行？不需要排练啊，专业啊，就是一些民间的、民众的歌舞、花灯、走高跷啊、花会啊、秧歌啊……全民参与，领导也一起参与，与民同乐。这当然会有安全问题，需要考虑到并妥善解决。或者领导可以通过电视之类的媒体共同参与，让所有的人都可以看得到、体会得到这种民间的节日气氛的展示。过年的时候，也可以提供一个公共的场地，大家可以随意去游行，去表演，去娱乐，这也是一种展示。中国的传统文化在这样的一个机会中全部得到展示。有没有这样一种可能性，西方搞花车游行，中国民间的类似于花车游行的节庆游行可不可以尝试？

（八）如何看待所谓的“洋节”

研讨会上，专家们在探讨中国传统节日符号与仪式问题时，还经常谈到所谓的“洋节”现象。有的同志对于人们热衷于过“洋节”表示忧虑。但是更多的专家对这一问题的看法趋于理性，认为这一现象无需过于忧虑。祁庆富在发言中，便对一些媒体将人们热衷于过洋节称之为“文化入侵”的说法不以为然。他指出，其实文化传播谈不上入侵和不入侵。就是说，一种文化和一种节日，它传过来了，被接受的，这属于正常的现象。要说入侵，中国的春节也在向美国“入侵”。美国今年居然用美元发行了春节纪念币，中国现在都没干这个事情。萧放在发言中也认为，我们不能因为洋节怎么样红火，就去抵制它。今天的社会有多种成分，除了传统的中国子民之外，还有外企等其他成分进来，他们也要享受他们的节日和活动，所以他们就带进来一些文化，而这些文化对我们来说不完全是威胁。当然对我们有影响，我想它对于我们的节日生活主要还是起到一个补充、丰富的作用。这样一来，我们的生活传统就会更加有活力、有张力，我们就可以过更健全的生活。

徐涟的发言也着重谈到了这一问题。她认为，现在有很多年轻人过圣诞节。人们对这样一些事情感觉有些忧虑。也有人对圣诞节这样一些“洋节”用了“入侵”这样一些词。与此同时，我觉得主要是在城市化的进程当中，人们对传统文化、习俗，包括节庆文化在内的这些习俗或多或少确实有些淡忘。不过，我觉得在全球化的背景下，其实像圣诞节这样的节日，我觉得首先不应该用“入侵”这样的词。因为实际上这本身就是文化多样性的一个表现。而且，国内也有很多的外国人在这儿。所以我觉得不用特别地担忧。另外，我觉得我们换一个视角来看的话，其实中国的传统节日应该是中国人内心的一个需要。实际上不论在美国还是在欧洲，在唐人街上，华人都在过中国传统节日。这早就成为了中华民族的一个鲜明的文化符号。人们是把它作为一个中国文化符号来看待的。咱们自己可能觉得没有这样的文化符号，没有这样的仪式，但是在西方人看来，咱们是有着这样一些非常浓郁的东西，比如像中国红、舞狮这样的一些东西。这些实际上就是已经是存在的。所以我想，这个方面的忧虑其实现在看来我们大可不必。那么第二个，是对城市化的忧虑。这可能确确实实是我们现在面临的更为紧迫的一个问题。非物质文化遗产保护也是在这样一个大的文化背景下提出来的。在城市化的过程中，传统的节日文化确实遭到很大的冲击，但也不必过分悲观。实际上，在我们现在的广大的农村，其实还存在着不少有着浓郁地方特色的、丰富多彩的传统节日活动。包括刚才说到的一些游行、花灯、赛龙舟，等等，其实在全国各地都有，而且都有它自己的特色。因此，对此也不必过于忧虑。

研讨会的成功举办，在媒体上产生了巨大反响。《人民日报》、《光明日报》、《中国文化报》和《人民政协报》几大媒体对专家们的研讨作了及时而充分报道。《光明日报》率先于今年春节前夕的1月31日第九版“文化新闻”专版，以“探讨符号仪式　弘扬传统文化：且听专家话过年”为题，报道了研讨会上专家们讨论的情况（记者谌强）。《中国文化报》于2月2日（农历除夕）第三版（理论评论版），以《符号与仪式：弘扬节日文化的关键》为题，用了约3/4的篇幅，报道了研讨会上专家们的主要观点（记者高昌、刘茜）。2月17日（农历正月十五，元宵节），《人民日报》在“副刊”版上，以“文化圆桌”的形式，以《过好我们的传统节日》为题，用了约2/3的篇幅，报道了专家们的精彩发言（记者刘琼）。《人民政协报》则于2月14日C1版上，刊登了记者王小宁采写的报道：《物质强化了，精神弱化了——“探讨节日符号仪式　弘扬传统节日文化”专题学术研讨会探讨节日趋势及应对》。这些大篇幅的重头报道，得到各网络媒体的热情关注和及时转载，包括新华网、求是网、人民网、光明网、中国文化传媒网等主流网站，均在第一时间转载了上述报道。有的网站还以《党报关注传统节日》的醒目标题，转载《人民日报》所作的报道。不少地方网站也纷纷转载，一时成为人们密切关注的热点。①

子课题负责人：李心峰

---

① “探讨节日符号仪式　弘扬传统节日文化”专题学术研讨会上各位专家的发言，由中国艺术研究院图书馆邵晓洁、金娟、陈雪、王晓晰根据会议原始录音整理。

附录：

至2011年6月20日，用“传统节日的符号与仪式”在百度上搜索，获得184万个查询结果，与此前2011年1月12日的查询结果相比，增加约57万条。其中，位列首页的前10条网页中，前九条均源自本课题组举办的上述研讨会。

“探讨节日符号仪式弘扬传统节日文化”——中国文化传媒网

2011年2月10日……“爆竹一声除旧，桃符万户更新”——在新春佳节即将到来之际，中国文化报社与中国艺术研究院共同主办的“探讨节日符号仪式、弘扬传统节日文化”学术研讨...

www. ccdy. cn/xinwen/content/2011 -02/10/con... 2011 -6 -1 - 百度快照

党报关注传统节日：春节符号是弱化了还是强化了——中新网

2011年2月17日……春节、元宵节接踵而至，在今天人们的精神文化生活日益丰富、多元以及全球化……目前，学术界及社会上的讨论越来越聚焦到传统节日的符号与仪式上。文化部...

www. chinanews. com/cul/2011/02 -17/2849479.... 2011 -2 -17 - 百度快照

党报关注传统节日：春节符号是弱化了还是强化了——中安在线 - 主页管理

2011年2月17日... 目前，学术界及社会上的讨论越来越聚焦到传统节日的符号与仪式上。文化部“弘扬节日文化研究”课题组2010年6月正式立项，该课题以“春节”为核心,...

www. anhuinews. com/zhuyeguanli/system/2011... 2011 -5 -28 - 百度快照

“探讨节日符号仪式、弘扬传统节日文化”专题学术研讨会举行

2011年1月31日... 当代的节日文化建设问题已迫在眉睫，这是个与国家文化发展战略十分相关的重大课题，在节日文化建设中应遵循文化规律、弘扬传统节日符号，应回到尊重民众...

www. culturalink. gov. cn/portal/pubinfo/023... 2011 - 1 - 31 - 百度快照

(文化圆桌) 过好我们的传统节日——莆田新闻网

2011 年 2 月 17 日... (文化圆桌) 过好我们的传统节日... 赵书：随着春节等传统节日列入国家非物质文化遗产保护... 盼望在大家的共同努力下，使传统节日的符号与仪式成为...

www. ptxw. com/wentiwmxf... /122886_ 2. shtml2011 - 6 - 2 - 百度快照

符号与仪式：弘扬节日文化的关键

2011 年 2 月 2 日... 在新春佳节即将到来之际，本报与中国艺术研究院共同主办的探讨节日符号仪式、弘扬传统节日文化的学术研讨会于 1 月 25 日在北京举行。文化部文化科技司...

epaper. ccdy. cnhtml2011 - 02/02/content_ 44... 2011 - 2 - 9 - 百度快照

党报关注传统节日：春节符号是弱化了还是强化了

目前，学术界及社会上的讨论越来越聚焦到传统节日的符号与仪式上。文化部"弘扬节日文化研究"课题组 2010 年 6 月正式立项，该课题以"春节"为核心，着重对列入第一...

www. qthdaily. comnewscontent/2011 - 02/17/... 2011 - 3 - 8 - 百度快照

文化圆桌：过好我们的传统节日传承民族节日文化

目前，学术界及社会上的讨论越来越聚焦到传统节日的符号与仪式上。文化部"弘扬节日文化研究"课题组 2010 年 6 月正式立项，该课题以"春节"为核心，着重对列入第...

www. chinajilin. com. cn/content/2011 - 02/17/... 2011 - 2 - 17 - 百度快照

十二生肖和春节节日符号——中新网

2011 年 2 月 23 日... 如何通过节日符号和仪式来弘扬传统节日文化，是很长一段时间以来包括学术... 与之相对的是，现在春节节日符号也有弱化的一面，就是在精神上弱化...

www. chinanews. com/cul㊣02 - 23/2862970.... 2011 - 2 - 23 - 百度快照

传播仪式观中传统节日文化的传播_ 新华网

2011 年 1 月 7 日... 传统节日文化传播：应以传播仪式观为指导，积极策划，主要采用现场直播、现场... 多数电视观众“观过即忘，与我何干”，遑论传统文化符号在民众中的还原...

news. xinhuanet. com/newmedia/2011 - 01/07/c_ ... 2011 - 1 - 7 - 百度快照

1 [2] [3] [4] [5] [6] [7] [8] [9] [10] 下一页找到相关结果约 1，840，000 个

下篇　青年学生接受传统节日符号与仪式的当代现状与对策报告

（一）导言

传统节日符号与仪式由无形的传统节日内涵和它的物化载体所构成。中国传统节日的显著特点，在于其历经千百年后仍然活在民间，并体现出巨大的传承活力。因此，当代中国传统节日文化研究的首要问题，不是关注作为“文化遗迹”的节日文化样态，而是要呈现作为“文化传承”的节日文化样态。但在当下，节日文化的传承却面临着很大的困境：传统节日在现实传承中经常是内涵丧失，形式走样，致使大量传统节日的“节味儿”越来越淡，功利色彩越来越浓。这一现象已成为中国当前传统节日传承中的头等重要的问题，也为众多节日文化研究者所关注。

传统节日内涵丧失的主要原因，在于承载节日内涵的节日符号与仪式在当代社会中的衰落。节日内涵是节日文化中的无形层面，它包括节日文化中的精神、价值与记忆层面，是节日文化的精髓，它的传承必须依托物化的节日符号与仪式的载体才能实现。传统节日内涵的文化传承应建立在传统节日符号与仪式传承问题的基础之上。

青年学生是节日文化实现传承的主要人群之一，青年学生对传统节日符号与仪式的接受现状是传统节日文化实现传承的关键问题。“青年学生接受传统节日符号与仪式的当代现状与对策调研”的宗旨，是以青年学生为调研对象，通过严格的社会调研，把握当代青年学生对传统节日符号与仪式的关注与认知程度、对传统节日符号与仪式实现现代传承的基本判断、对传统节日符号与仪式多样性与一致性问题的看法，以及他们对传统节日符号与仪式未来发展的看法，以此把握当代青年学生接受传统节日符号与仪式的现状，并在把握现状的基础上提出提升青年学生关注传统节日、参与传统节日仪式活动，构建青年学生形成节日文化理性的对策。

本调研的学术研究理念，坚持以“文化自觉”为指导。著名社会学家费孝通先生，于 1997 年在北京大学社会学人类学研究所开办的“第二届社会文化人类学高级研讨班”上首次提出了“文化自觉”这一观念，以此来描述不同文化群体在文化冲突中文化的自我觉醒与自我创建。青年学生是正在成长的文化人群，其对传统节日符号与仪式的关注与判断正处于启蒙阶段，考察他们接受传统节日文化的现状，关键在于把握他们的看法与观念中包含生机与理性的因子，进而从社会教育、学校教育、自我修养、社会实践等各方面提出建议，使蕴蓄在青年学生精神中健康的节日文化理性因子得以培育生长。

本调研要解决的问题主要包括：

——青年学生对当下传统节日符号与仪式的关注与认知度如何？

——青年学生对当下传统节日符号与仪式现代传承的看法如何？

——青年学生对当下传统节日符号与仪式多样性、一致性问题的看法如何？

——青年学生对春节符号与仪式的接受现状如何？

——青年学生对传统节日符号与仪式未来发展的看法如何？

（二）调研方法

1. 调查对象

此次调研对象设定为北京市大学与中学高级阶段的青年学生。随机抽取对象的学校包括中国人民大学、人大附中、北京师范大学、北师大二附中、中国青年政治学院、中国传媒大学、北京第二外国语学院、中国政法大学共八所大、中学校。此次调查对象男性292人，女性300人。调研对象年龄主要集中在16－28岁之间，其中19岁、20岁和21岁的大学生分别占总调查对象的25.7%、29.3%和25.3%。家庭居住在城市中心区的青年大学生为208人，占总调查对象的69.3%；城乡过渡区的59人，占19.7%；农村的31人，占10.3%；缺失2人，占0.7%。

2. 资料收集方法

本调查采取问卷法收集资料。问卷由23个问题构成，分别涉及人们需不需要传统节日符号与仪式，政府、学者、民众等各种因素在传统节日符号与仪式中的作用，人们对春节的节日符号与仪式的态度倾向，以及传统节日符号与仪式的未来建设等问题。本调查问卷的发放与回收均由课题组成员完成。

3. 资料整理与分析

全部问卷资料由调查员检查核实后进行编码，然后输入计算机，由课题组成员利用SPSS分析软件进行统计分析。分析类型主要是单变量的描述统计。

（三）结果与分析

1. 青年学生对传统节日符号与仪式的认知与关注现状

认识与关注是接受的前提性心理动机。本调研主要从对传统节日符号与仪式“是否需要”、“够不够鲜明”以及“有什么意义”三个角度来对青年学生进行询问，考察其对节日符号与仪式的认知与关注现状。

（1）在是否需要传统节日符号与仪式问题上，青年学生的认知明确，态度鲜明。

如图2－1显示，青年学生在回答“您认为传统节日是否需要一定的仪式或符号来体现”时，认为“非常需要”、“一般需要”、“需要”的分别占到39.5%、26.1%和25.1%，三者相加，显示对象在传统节日“是否需要一定的仪式或符号”问题上达到了90.7%的“需要”认同比率。这说明青年学生在传统节日符号与仪式“是否需要”的问题上认知明确，态度鲜明，这是在青年学生群体中推广传统节日符号与仪式的必要前提。

（2）在判别当前传统节日符号与仪式是否鲜明的问题上，青年学生的认知相对模糊。

如图2－2显示，青年学生在回答“您认为目前我们传统节日的符号与仪式够不够鲜明”时，认为“非常鲜明”的占7.3%，“非常不鲜明”的占到了10.3%、“不鲜明”的占31.0%，两者相加，显示有41.3%的青年学生立场非常明确地认为当前传统节日符号与仪式不够鲜明。与之相比，认为“一般”的占到了48.7%，也就是说有将近一半的人对“当前传统节日符号与仪式是否鲜明”的问题认知态度不够鲜明，采取的是模棱两可的回答，显示出认识相对模糊的特点。

与前此“是否需要传统节日符号与仪式”问题上的鲜明态度相比，

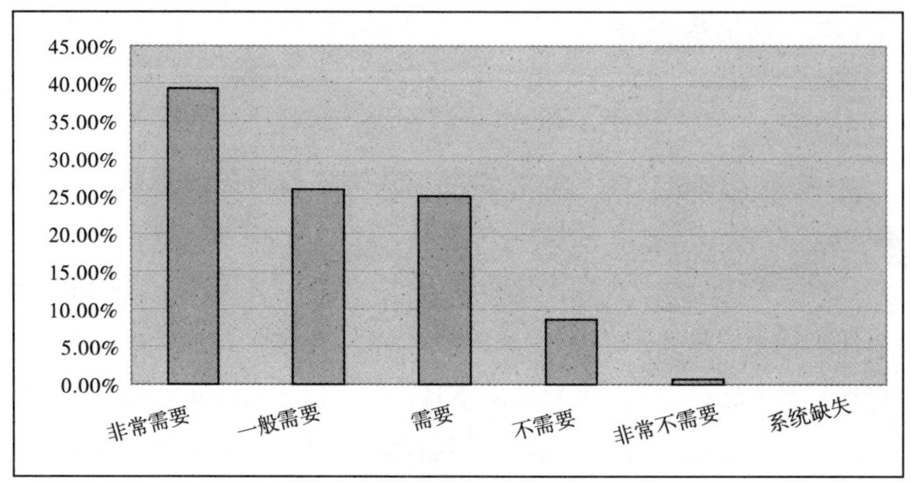

图2－1　青年学生对“传统节日是否需要一定的仪式或符号来体现”的回答情况

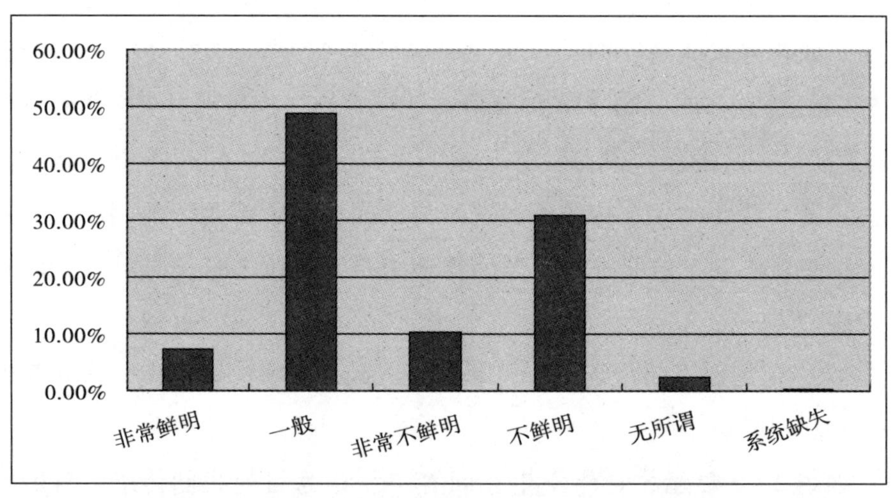

图2－2　青年学生对“目前我们传统节日的符号与仪式够不够鲜明”的回答情况

青年学生对当下传统节日与符号鲜明度的认知判断相对模糊，两者形成了一个错位。原因在于：青年学生因其社会历练相对简单，家长与学校的教诲使其对传统节日仍抱较大的文化热情，但正因为青年学生的节日认知大部分来自家长与学校教诲，再加上一些较为肤浅的节日体验，所以就出现了在“需不需要节日符号与仪式”这一问题上态度明确，而对当下“传统节日符号与仪式是否鲜明”的理性判断上则模棱两可的现象。

（3）从关注的层次上来看，青年学生对传统节日符号与仪式的感性关注超过内涵关注。

如图2－3显示，在回答“您觉得传统节日符号与仪式对过节有什么意义”的问题时，认为“增加过节的兴致”的占29.3%，“加深对节日含义的理解”的占35.9%，而“用来更好地表达情感”的占28.9%。在这一组数据中，“增加过节的兴致”与“用来更好地表达情感”两者涵括的是青年学生对传统节日符号与仪式的感性关注，而“加深对节日含义的理解”则凸显的是青年学生对节日符号与仪式的内涵诉求。以此来看：“增加过节的兴致”与“用来更好地表达情感”两者百分比相加占到了58.2%，较高于“加深对节日含义的理解”占35.9%的百分比。

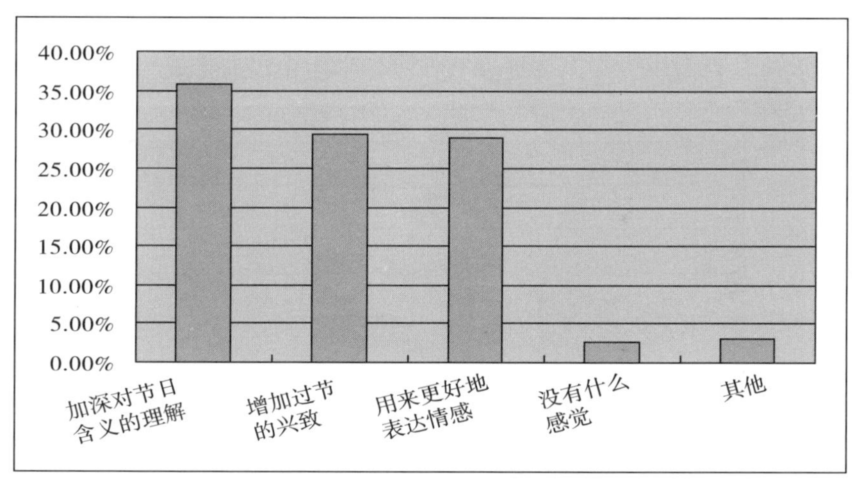

图2－3　青年学生对“传统节日符号与仪式对过节有什么意义”的回答情况

青年学生对传统节日符号与仪式内涵关注较低的现象，同样说明了这样一个问题：传统节日符号与仪式对于青年学生而言，其认知与体验渠道大部分来自家长与学校，包含较大的被灌输性成分，因此他们对传统节日与仪式更多的是抱着被动接受、消极理解的态度来面对的。这与前面他们在“需不需要传统节日符号与仪式”与“传统节日符号与仪式是否鲜明”两个问题上的认知错位所显露出的问题是一致的。

2. 青年学生对当下传统节日符号与仪式现代传承的看法

（1）在政府是否需要引导老百姓过节的问题上，青年学生抱较复杂的看法。

如图2－4显示，在对“政府是否应该引导老百姓如何过节”的回答上，认为“老百姓如何过年，与政府关系不大”的占到了48.3%，而较极端的“老百姓如何过年，与政府没有任何关系”占到了6.7%，两者相加，显示出倾向于政府无需引导老百姓过节的意见占到了55%；认为政府在引导老百姓过节上“有必要”和“很有必要”的百分比之和为40%。两者相比，两种意见存在差距，否定政府引导性的意见略高，但并没有形成绝对差距，表明青年学生对政府是否需要引导老百姓过节的问题上没有鲜明的倾向，政府是否需要引导老百姓过节在青年学生中没有形成主流意见。

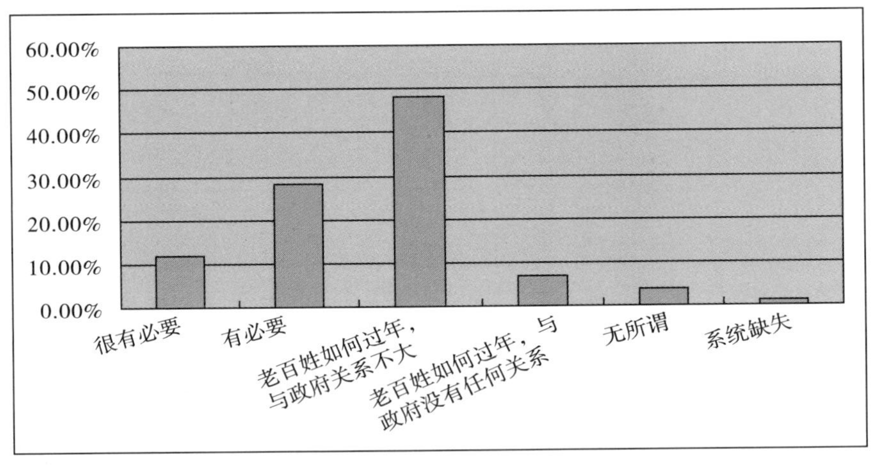

图2－4 青年学生对“政府是否需要引导老百姓过节”的回答情况

与之相比，认为政府应该创新节日符号与仪式以增加节日气氛的意见则占到了绝大多数。如图2－5所示，在回答“您认为政府是否应该创新一些传统节日符号与仪式以增加节日气氛”时，认为“应该”的占到了43.7%，而认为“非常应该”的占到了16.7%，两者相加显示出，倾向于肯定的意见占到了60.4%；而认为“不应该”和“非常不应该”的比率之和仅为23%，肯定意见占到了主流意见。

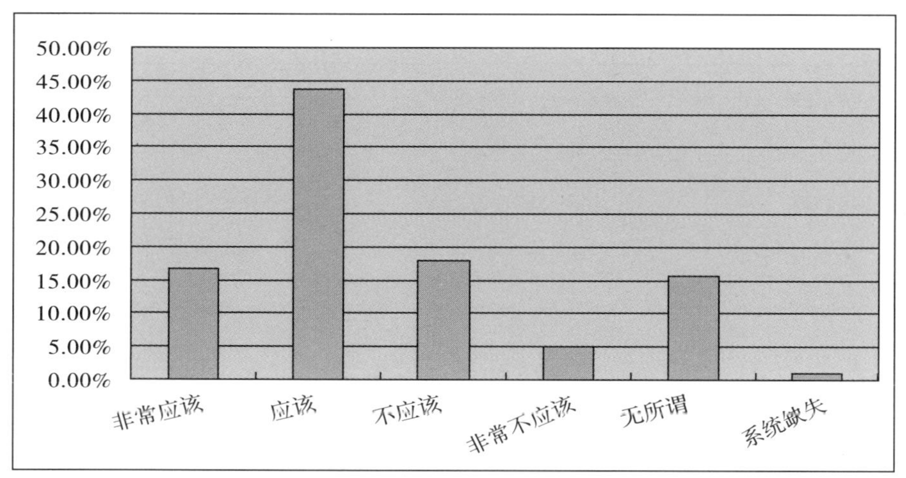

图2－5　青年学生对“政府是否应该创新节日符号与仪式以增加节日气氛”的回答情况

两组数据相比显示出，政府的节日调控行为在青年学生群体中有较为复杂的看法：一方面认为民众的节日实践是首位的，另一方面，对政府的节日调控又抱较大期望，认为政府应担负节日符号与仪式创新的较大责任。调研之外的田野调查中，显示青年群体对政府节日调控的期望与信任值高于社会其他群体，这与青年学生在节日文化的认知上较多受主流教育有关。

（2）在确认传统节日符号与仪式的传承责任问题上，现代传媒被认为比政府引导、传统教育担负更大责任。

对青年学生而言，主流文化（政府引导）、家庭教育与学校教育是养成其节日认知的传统渠道，传媒则构成了青年学生节日认知的现代渠道。调查显示，在确认传统节日符号与仪式的传承责任问题上，现代传媒被认为担负了更大责任。

图2－6显示，在回答“要想加强大家对传统节日符号与仪式的了解，您认为谁的责任更大”时，认为“传播媒体”的占到55.0%，这说明青年学生对现代传媒在传统节日符号与仪式的传承上有着很高的信任度。究其原因，

这与青年学生是伴随着现代传媒成长起来有关。与之相比，认为“政府部门”应担负责任的达到了 15.3%，而对于“专家学者（教师）”与“父母”的信任率各是“5.7%”，与对“传播媒体”的较高信任度都不能相比。

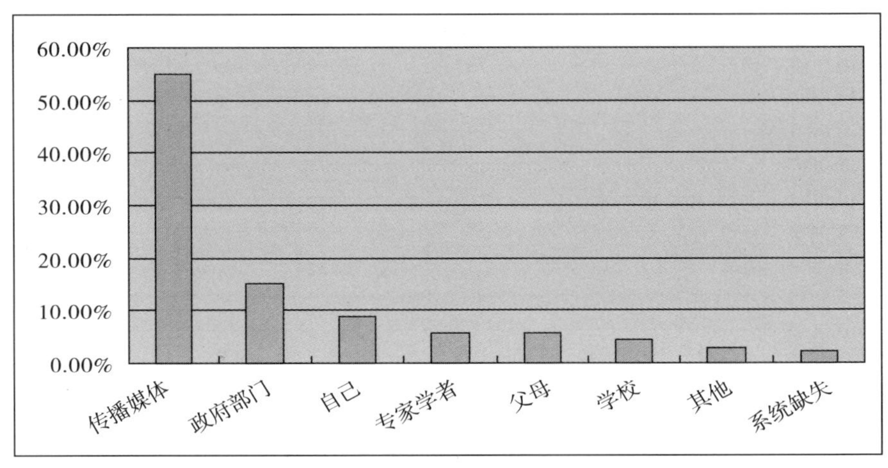

图 2－6　青年学生对“要想加强大家对传统节日符号与仪式的了解，您认为谁的责任更大”的回答情况

青年学生对“传播媒体”的信任高于传统教育，其实质是他们节日文化自主意识的体现。与传统教育相比，“传播媒体”在青年学生的节日认知中是更为自主、体现出认知主动性的渠道，它与传统教育灌输式的节日教育形成了对比。青年学生倾向于认为“传播媒体担负较大节日文化传承责任”，其实是对自身节日文化自主性的表白。从另一方面看，传统教育的不被认可，显示出传统教育的节日文化教育存在较大的问题。

（3）青年学生的节日文化自主意识特别值得关注。

在以“您觉得通过什么方式最能充实传统节日符号与仪式所体现的含义”为引导问题的调查中，同样显示出“现代传媒被认为比政府引导、传统教育担负更大责任”。如图 2－7 所示，认为“媒介宣传”能够充实传统节日与仪式含义的占 44.7%，而选择“政府组织活动”的占 17.8%，选择“专家讲座”与“学校开设的课程”的分别占 4.2% 与 6.4%。这与前述调查结果是一致的。

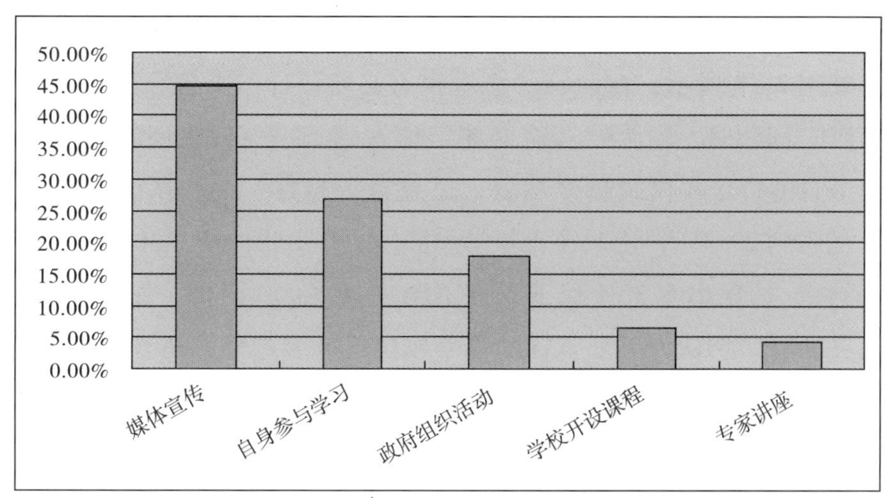

图2-7　青年学生对“您觉得通过什么方式最能充实传统节日符号与仪式所体现的含义”的回答情况

在图2-7中，尤其值得关注的是青年学生的节日文化自主性的问题。青年学生倾向于选择“传播媒介”为传统节日符号与仪式传承的较大信任对象，这显示出他们的节日文化自主诉求。在此项调查中，认为“自身参与学习”能够充实传统节日符号与仪式所体现的含义的占到了26.9%，尤其值得关注。

在传统节日符号与仪式内涵的习得问题上，传统教育的灌输式模式已引起了青年学生的不满，通过饱含自身参与体验的形式来习得节日内涵，已经成为青年学生的强烈诉求。在这一问题上，为青年学生所信任的现代传媒可能并不能独荷重任，主流文化引导与传统教育应通过转变节日文化教育方式，使青年学生参与节日文化的热情得以表达和释放。

3. 青年学生对当下传统节日符号与仪式多样性与一致性问题的看法

（1）在传统节日符号与仪式的多与少的问题上，“主张多样”与

“主张一致”都没有形成主流意见，“无所谓”成为主流意见。

如图 2 -8 所示，在回答“您觉得有必要设计一个统一标志来代表春节吗”问题时，认为“很有必要”的占到 22.7%，在回答“您认为一个节日的符号或仪式越多越好，还是越少越好”时，认为“越少越好”的占到 29.3%，说明在青年学生群体中，主张传统节日符号与仪式“一致性”的比率在 30% 以下，占不到三分之一；同样，如图 2 -9 所示，在回答“您认为一个节日的符号或仪式越多越好，还是越少越好”时，有 18.7% 的学生回答“越多越好”，也就是说主张“多样性”的比率不到 20%。所以，在青年学生群体中，传统节日符号与仪式“是多样性还是一致性”的问题没有形成主流意见，也从侧面说明了这一问题在青年学生群体中关注度的缺失。

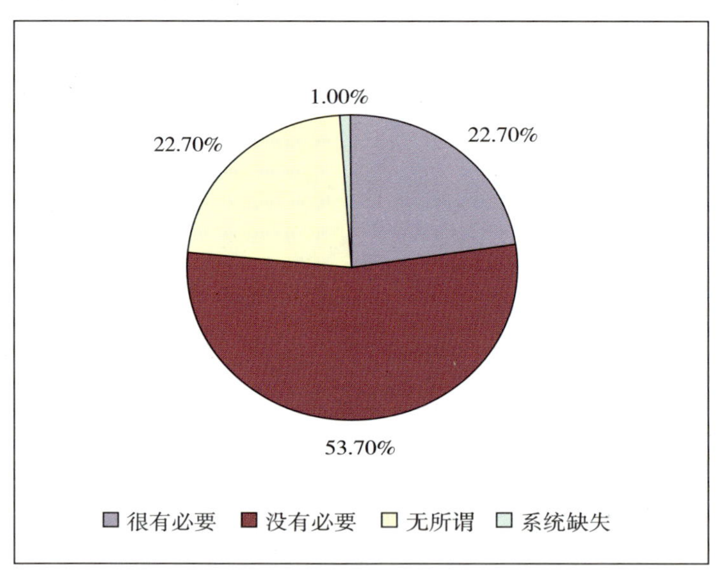

图 2 -8　青年学生对“您觉得有必要设计一个统一标志来代表春节吗”的回答情况

传统节日符号与仪式的多样性与一致性问题，是传统节日文化中的重要问题，但青年学生对此问题缺乏关注，反映出当下青年学生对传统节日文化的关注是浅层感性的。如图 2 -9 所示，在回答“您认为一个节日的符号或仪式越多越好，还是越少越好”时，50.3% 的青年学生选

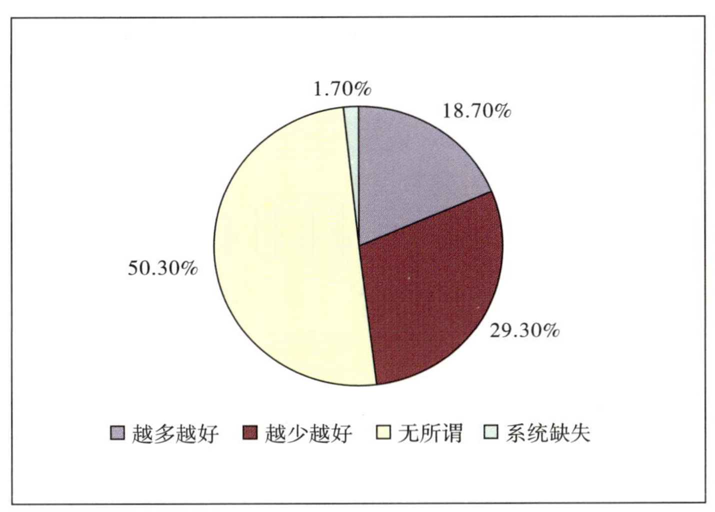

图2-9 青年学生对“您认为一个节日的符号或仪式越多越好，还是越少越好”的回答情况

择了“无所谓”，大大超过了“主张多样（18.7%）”与“主张一致（29.30%）”的比率，成为主流意见。

青年学生为什么对传统节日符号的多样性与一致性问题“无所谓”？原因可能有两点：一是传统教育对传统节日符号与仪式的教育不到位。在传统教育的节日文化教育中，传统节日通常被展示为模式化、僵化的形象，这在青年学生的心目中造成了先入之见；二是当今多样的其他文化符号对节日符号与仪式的问题造成了巨大冲击。青年学生是当代多样文化符号的追逐者，与节日文化符号相比，由当代娱乐文化、消费文化所产生的符号影像更加多元，这使青年学生对节日符号与仪式的多元与否并不抱热切态度。

（2）在传统节日符号与仪式的现代创生问题上，青年学生持理性的态度。

如图2-10所示，在回答“如果政府和相关专家为春节制作了一系列过年的符号与仪式，您会认可吗”时，简单的“认可”或“不认可”分别占到12.3%与14.7%，而较为理性的“不好说，这要看其中的内容”则占到66.3%，可以看出青年学生在政府与专家引导传统节日符号与仪式的现代创生问题上并没有简单肯定或否定，理性较强。在回答“有人认为老百姓自己会创造、选择适合传统节日的符号与仪式，无须政府、学者给予引导，对此您怎么看”时，有58.0%的人选择了“认可，老百姓有自己的判断和选择”，同样显示出青年学生对传统节日符号与仪式的现代创生是有较为充分的理性准备的。

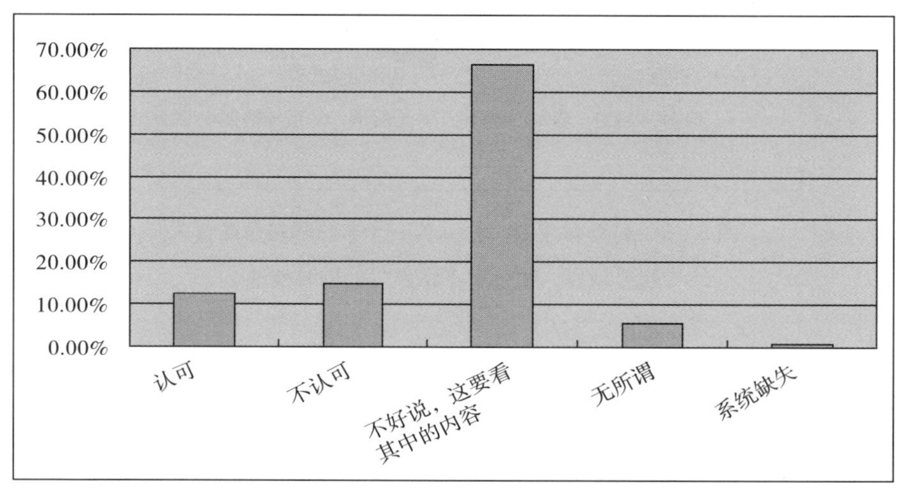

图2－10　青年学生对“如果政府和相关专家为春节制作了一系列过年的符号与仪式，您会认可吗”的回答情况

传统节日符号与仪式的多样性与一致性问题，以及传统节日符号与仪式的现代创生问题，是传统节日实现当代传承的核心问题，青年学生对这一问题的看法至关重要。调查显示，青年学生对这一问题的关注与看法正处于“无所谓”与“有理性”的摇摆边缘。如何在当代多元符号的冲击语境中唤起青年学生对传统节日符号多元性问题的关注，如何改善传统教育的节日引导模式，使青年学生从较浅层的节日感性深入深层的节日理性的层面，是青年学生节日符号与仪式问题的焦点。

4. 青年学生对春节符号与仪式的接受现状

（1）从对春节符号的认同来看，包含亲身参与经历的节日符号获得了较高认可。

如图2－11所示，调研对象对春节意象的认同由高到低依次为“春联（81.2%）”、“鞭炮（76.80%）”、“红包（74.80%）”、“春晚（68.10%）”、“福字（64.40%）”、“烟花（53.70%）”、“水饺（35.60%）”，认同度最低的三项依次为“庙会（23.80%）”、“生肖（20.50%）”和“门神（17.10%）”。

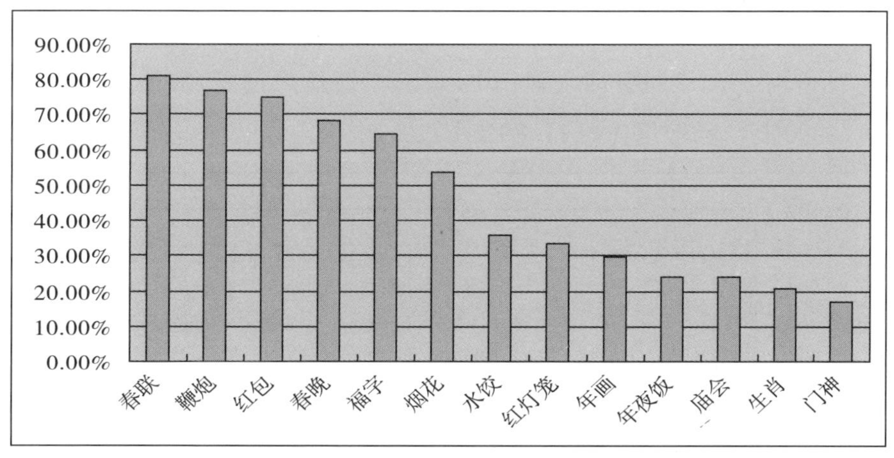

图2－11　青年学生对“哪些概念最能使您想起春节”的回答情况

认同度最高的前两项是“春联”和“鞭炮”。“春联”与“鞭炮”为什么会成为青年学生对春节实现符号认同的首选？原因存在于两个方面：一是“贴春联”、“放鞭炮”是当下春节习俗中最普及、认同度最高的春节习俗，青年学生的认同包含有被社会、家庭引导的因素；二是“贴春联”、“放鞭炮”对青年学生来说是参与最为方便的春节习俗，参与性以及由此造成的节日记忆是其认同的重要原因。

“红包”与“春晚”位列三、四名，这更体现出“参与性”是青年学生对春节符号认同与否的重要标准。尤其是对“春晚”，青年学生是伴随春晚成长起来的，“春晚”成为了他们切身参与的完整节日记忆。

认同度最低的三项依次是“庙会”、“生肖”和“门神”。“庙会”因为失去了青年学生切身参与的特点而变得逐渐失去了认同性。“生肖”作为年节符号，在传统社会中是相当重要的节日认同载体，但对青年学生而言，“今年是什么年”在公元纪年的冲击之下已变得相当模糊，不具有切身参与的性质。“门神”如同“庙会”，参与性较低，同样不能获得他们的认同。

（2）从对春节仪式的参与来看，家长引带与参与吸引是青年学生实现参与的组合原因。

如图 2－12 所示，对春节仪式的认同，由高到低的排列依次为“拜年（89.60%）”、“迎财神（21.20%）”、“祭灶神（20.50%）”、“逛庙会（14.90%）和敬祖先（11.80%）”。

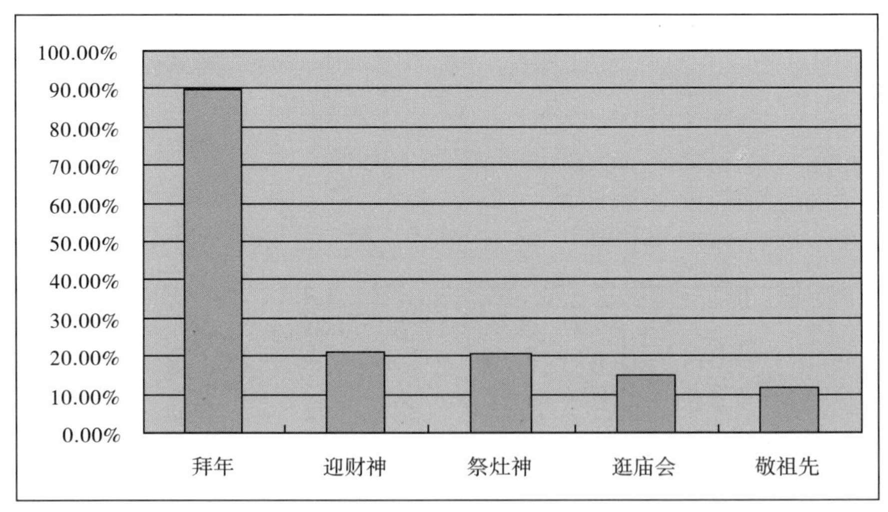

图 2－12 青年学生对“您在春节一定要参加的活动”的回答情况

“拜年”为什么成为青年学生参与度最高的节日仪式活动？原因有两个方面：一是家长的引带与督促。“拜年”在中国家庭中往往是家长对孩子进行伦理教育的重要方式，家长引带与督促孩子“拜年”成为青年学生参与“拜年”活动的重要原因；二是“拜年”具有较强的参与吸引力。“拜年”简单易行，包含亲情，因此对青年学生具有较强的吸引作用。

与之相比，“迎财神”与“祭灶神”对青年学生而言，家长引带的因素明显降低（在城市中有绝大多数家庭已没有“迎财神”、“祭灶神”习俗），同时其参与吸引力也大大降低，明显不能成为青年学生积极参与的对象。

“逛庙会”本身包含较强趣味性，为什么不能吸引青年学生参与？因为“逛庙会”已没有了家长引带，同时现代“庙会”的定位不清使其对青年学生缺乏吸引力。

（3）青年学生具有很高的节日文化自觉，“文化认知”与“文化责任”是节日文化自觉意识的两个层次。

对传统节日符号与仪式的接受必然以明确的节日文化自觉为接受前提。

如图2－13所示，在回答“春节前后的几天里都有一些讲究，对这些讲究您怎么看”时，回答“很有意思，应该遵守和依从”的占到了22.0%，回答“很有意思，一定要有所了解，但不必膜拜遵从”占到了62.7%，两者相加，显示84.7%的学生认为春节里的“讲究（传统符号或仪式）”“很有意思”，这是青年学生对春节符号仪式具有较强文化自觉的体现。

进一步分析可以发现，“很有意思，一定要有所了解，但不必膜拜遵从”的回答，其核心是“有所了解”，这是节日文化认知的自觉性；而“很有意思，应该遵守和依从”的回答，其核心是“遵守依从”，这是节日文化责任的自觉性。因此，“认知”与“责任”构成了青年学生对春节符号仪式进行接受的文化自觉性的双重要素；同时能看出，对青年学生而言，节日“认知”的自觉性要比节日“责任”要高很多。

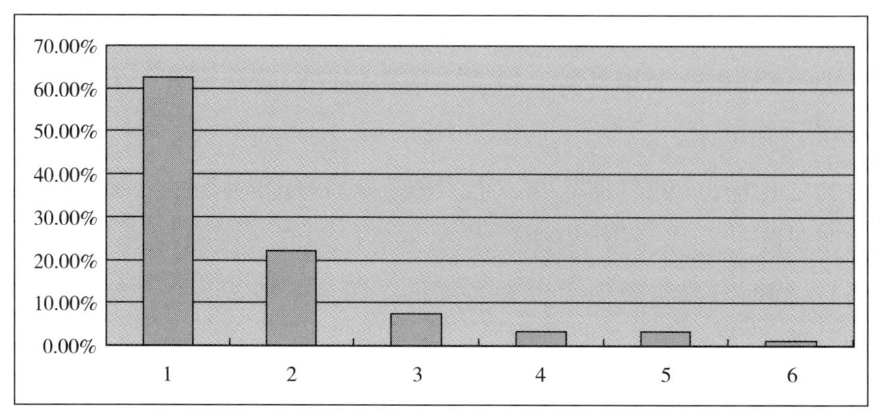

图2－13 青年学生对“春节前后的几天里都有一些讲究的看法”的回答情况

注：1. 很有意思，一定要有所了解，但不必膜拜遵从 2. 很有意思，应该遵守和依从 3. 繁文缛节，该舍弃 4. 没有多少意义，但作为一种文化应保留 5. 无所谓 6. 系统缺失

5. 青年学生对传统节日符号与仪式未来发展的看法

（1）青年学生对传统节日符号与仪式的内涵认知正处于从无知到有知的中间地带，家庭教育与自觉参与是青年学生获取节日内涵认知的两大途径。

在回答“您对传统节日里一些符号与仪式的具体含义了解多吗”问题时，回答频率从高到低依次为“非常了解（2.0%）”、“了解（13.7%）”、“一般了解（68.0%）”、“不了解（13.0%）”、“非常不了解（1.3%）”。

如图2－14所示，这一组数据在倾向上形成了一个前后对称的波浪式图像。以“一般了解”为波峰，前后波谷分别是“非常了解”与“非常不了解”的对称，以及“了解”与“不了解”的对称。这说明当下青年学生对传统节日符号与仪式的内涵认知正处于从无知到有知的中间地带：既非全然无知，也不是全然知道，而是处于似知非知的转折点上，凸显出了普及节日符号与仪式内涵的紧迫性。

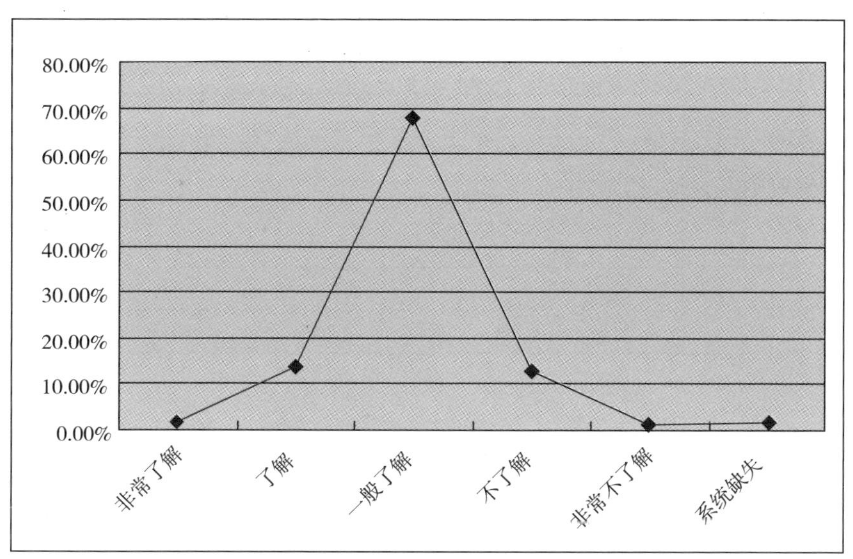

图2-14　青年学生对“您对传统节日里一些符号与仪式的具体含义了解多吗”的回答情况

青年学生实现内涵认知的途径，包含家庭教育与自觉参与两个方面。如图2-15所示，在回答“您是通过什么途径了解传统节日一些符号与仪式的含义的”时，回答比率从高到低依次为“父母告知（59.3%）”、“亲身参与（17.7%）”、“自己感悟（7.0%）”、“电视广播（7.0%）”、“阅读书籍（5.0%）”、“老师教导（1.3%）”，“父母告知”所代表的家庭教育与“亲身参与”的参与活动成为学生节日内涵认知的两条途径。数据显示，“老师教导”所发挥的作用最小。

（2）传媒制作、社区活动与政府组织活动，是实现以传统节日符号与仪式强化节日氛围的三大途径。

传统节日符号实现传承发展的目的，在于强化节日氛围。如图2-16所示，在回答“如果需要突出和强化传统节日的符号与仪式以增加节日气氛，您认为最好的方法是什么”时，39.0%的人认为需要依靠“传媒制作节目”，31.3%的人认为需要“社区开展活动”，另外有18.3%的人选择“政府组织活动”。“传媒制作节目”、“社区开展活动”

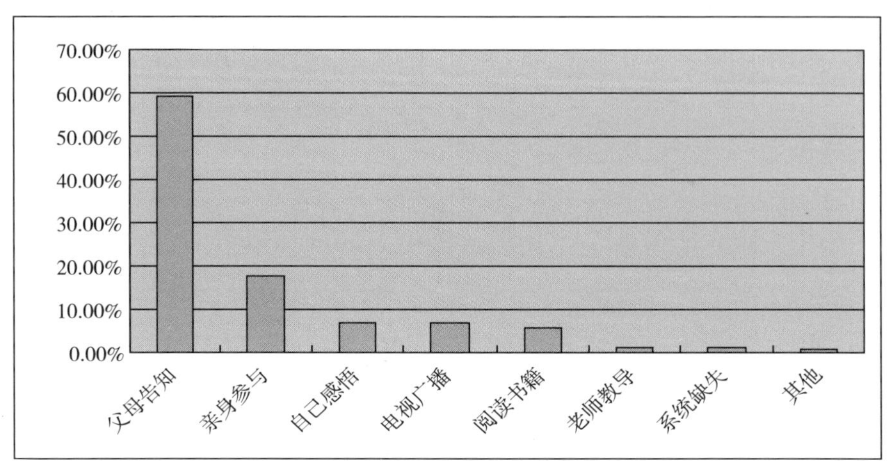

图2-15 青年学生对“您对传统节日里一些符号与仪式的具体含义了解多吗”的回答情况

与“政府组织活动”成为青年学生选定的、通过传统节日符号与仪式增强节日氛围的前三甲。

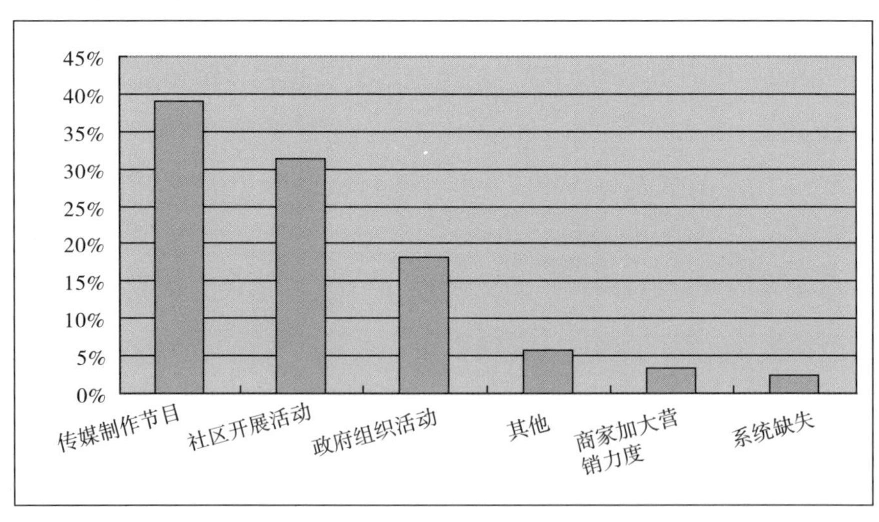

图2-16 青年学生对“您认为突出和强化传统节日的符号与仪式以增加节日气氛最好的方式”的回答情况

青年学生选择“传媒制作”、“社区活动”及“政府组织”作为增强节日氛围途径，是当代青年学生社会参与意识增强的表现。“传媒”、“社区”与“政府”，其共同特征在于特别明显的社会组织性，青年学生倾向于认同社会组织来实现传统节日符号与仪式的氛围强化，与以往通过“家庭”、“宗族”来实现节日氛围强化迥然有别，是其节日文化特征社会化增强的体现。

（3）“向外国节日借鉴”占青年学生关于节日发展观念的主流，青年学生对传统节日符号与仪式的未来发展总体持积极心态。

在回答“您认为未来传统节日符号与仪式的发展方向是怎样的”问题时，如图2－17所示，51.0%的调研对象回答“与时俱进，向外国节日借鉴，让传统节日变得更好”，而24.0%的人回答“剔除外来的影响，恢复其本来面目”，显示出“向外国节日借鉴”的节日发展观念占青年学生的主流，而“恢复本来面目”的节日发展观念同样存在，但不是主流。这与青年学生的社会阅历及价值观念是一致的。

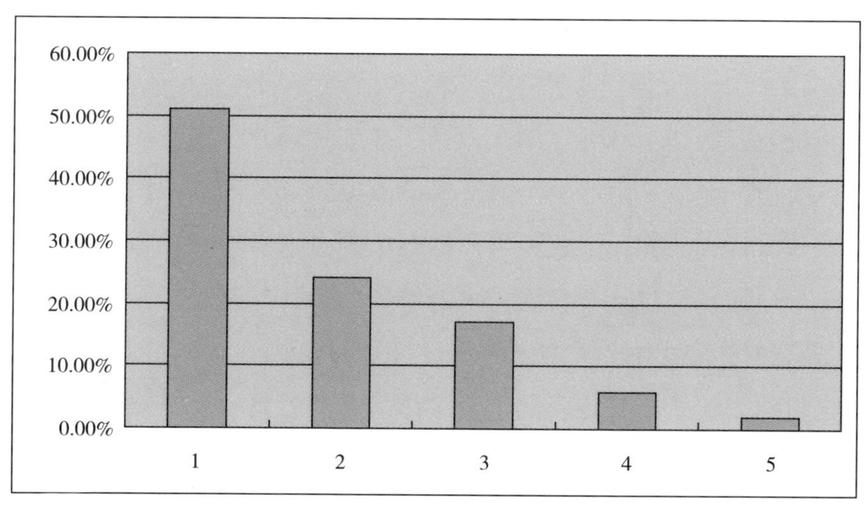

图2－17　青年学生对“您认为未来传统节日符号与仪式的发展方向是怎样的”的回答情况。

注：1. 与时俱进，向外国节日借鉴，让传统节日变得更好　2. 剔除外来的影响，恢复其本来面目　3. 该怎样就怎样，没有什么需要改变的　4. 其他　5. 系统缺失

另外，两种回答“与时俱进，向外国节日借鉴，让传统节日变得更

好”与“剔除外来的影响，恢复其本来面目”，虽然立场截然相反，但共同特点在于对传统节日符号与仪式的发展抱积极参与心态，两者相加，显示75.0%的青年学生体现出这种积极性；与之相比，17.0%的人认为“该怎样就怎样，没有什么需要改变的”，这种对节日发展的消极心态同样存在，但不到两成。青年学生对传统节日符号与仪式的未来发展总体是持积极态度的。

（四）基本看法

通过上述定量分析和描述，可以得出以下看法：

1. 传统节日符号与仪式是深厚而丰富的传统节日内涵与它的物化载体形式的统一，青年学生对传统节日文化的当代传承应从节日符号与仪式的认知和参与做起

传统节日的“节味儿”日渐淡薄，主要原因在于节日内涵在当代语境中的失语；而节日内涵失语的更深层原因，可追溯至承载节日内涵的节日符号与仪式的载体形式在当代社会中的衰落。节日内涵是节日文化中的无形层面，它包括节日文化中的精神、价值与记忆，是节日文化的精髓，它的传承必须依托物化的节日符号与仪式的载体形式才能实现。青年学生作为传统节日传承的未来主体，其节日传承工作必须从使其认知与参与节日符号与仪式做起。

2. 青年学生对传统节日符号与仪式有所关注，但普遍停留在较浅的感性层面，被动引导、缺乏体验是其主要原因

调查显示，在回答“您认为传统节日是否需要一定的符号与仪式来

体现”时，有90.7%的青年学生认为“需要”或“非常需要”，但在深入到“您认为目前我们传统节日的符号与仪式够不够鲜明”及“您觉得传统节日符号与仪式对过节有什么意义”时，近一半的人对“当前传统节日符号与仪式是否鲜明”的问题认知态度不够鲜明，采取的是模棱两可的回答；同样，58.2%的青年学生认为传统节日符号与仪式的意义在于“增加过节的兴致”与“用来更好地表达情感”，而认为其意义在于“加深对节日含义的理解”的占35.9%，显示对节日符号与仪式的感性认知大于内涵认知。

青年学生对传统节日符号与仪式的较浅认知，原因在于：对于青年学生而言，其节日认知大部分来自家长与学校教诲，包含着较大的灌输性成分，因此他们对传统节日符号与仪式更多的是抱着被动引导、消极理解的态度，而缺乏自觉自愿、丰富多彩的参与体验。

3. 青年学生对现代传媒承担传统节日符号与仪式传承责任的认同大过对政府引导、学校教育的认同，而其表现出的节日文化自主性诉求尤其值得重视

调查显示，在回答“要想加强大家对传统节日符号与仪式的了解，您认为谁的责任更大”时，55.0%的青年学生认为是“传播媒体”，认为“政府部门”应担负责任的达到了15.3%，而对于“专家学者（教师）”与“父母”的信任率各是“5.7%”；在以“您觉得通过什么方式最能充实传统节日符号与仪式所体现的含义”为引导问题的调查中，认为“媒介宣传”能够充实传统节日与仪式含义的占44.7%，而选择“政府组织活动”的占17.8%，选择“专家讲座”与“学校开设的课程”的分别占到了4.2%与6.4%。这充分说明，在确认传统节日符号与仪式传承责任的问题上，“现代传媒”获得了青年学生最大的认同。

调查显示，在回答“您觉得通过什么方式最能充实传统节日符号与

仪式所体现的含义”的问题时，26.9%的学生选择了“自身参与学习”。虽然所占比率不是最大，但这是他们节日文化自主性的诉求，应特别予以重视。

4. 传统节日符号与仪式多样性还是一致性的问题在青年学生群体中缺乏主流意见，“无所谓”成主流意见

调查显示，在回答“您觉得有必要设计一个统一标志来代表春节吗”问题时，认为“很有必要”的占到22.7%，在回答“您认为一个节日的符号或仪式越多越好，还是越少越好”时，认为“越少越好”的占到29.3%，说明在青年学生群体中，主张传统节日符号与仪式“一致性”的比率在30%以下，占不到三分之一；而在回答“您认为一个节日的符号或仪式越多越好，还是越少越好”时，有18.7%的学生回答“越多越好”，也就是说主张“多样性”的比率不到20%（五分之一）。“主张一致”或“主张多样”在青年学生中没有形成主流意见。相反，在回答“您认为一个节日的符号或仪式越多越好，还是越少越好”时，50.3%的人选择了“无所谓”，大大超过了“主张多样（29.3%）”与“主张一致（30%）”的比率，成了主流意见。

青年学生对传统节日符号与仪式多样性或一致性问题的“无所谓”，原因有两点：一是传统教育对传统节日符号与仪式的教育不到位。在传统教育的节日文化教育中，传统节日通常被展示为模式化、僵化的形象，这在青年学生的心目中造成了先入之见；二是当今多样的其他文化符号对节日符号与仪式造成了巨大冲击。青年学生是当代多样文化符号的追逐者，与节日文化符号相比，由当代娱乐文化、消费文化所产生的符号影像更加多元，这使青年学生对节日符号与仪式的多元与否并不抱热切态度。

5. 饱含亲身参与经历的节日符号与仪式在青年学生中获得了最高的认可度，家长引带与（符号仪式具有）参与吸引力是青年学生参与节日符号与仪式的两大原因，而“文化认知”与“文化责任”是青年学生节日文化自觉的两个层次

调查显示，以春节为例，青年学生对春节意象认同最高的前四项是“春联（81.2%）”、“鞭炮（76.80%）”、“红包（74.80%）”、“春晚（68.10%）”，认同度最低的三项依次为“庙会（23.80%）”、“生肖（20.50%）”和“门神（17.10%）”。“春联”、“鞭炮”、“红包”、“春晚”具有很高的社会普及性，木身具较大吸引力，因此成为青年学生参与最广的节日符号与仪式，也成为他们认同度最高的春节意象；“庙会”、“生肖”和“门神”则或者因为缺乏社会普及性，或者因为吸引力较弱，青年学生参与度较低，因此也获得了较低的认同度。节日认同的根本原因还在于节日参与形成的节日回忆，节日回忆是节日认同的情感动因。

调查显示，青年学生其实具有很高的节日文化自觉意识。在回答“春节前后的几天里都有一些讲究，对这些讲究您怎么看”时，回答“很有意思，一定要有所了解，但不必膜拜遵从”占到了62.7%，回答“很有意思，应该遵守和依从”的占到了22.0%，两者相加，显示84.7%的学生认为春节里的“讲究”（传统符号或仪式）“很有意思”，这是青年学生对春节符号与仪式具有较强文化自觉的体现。“有所了解”的自觉性是节日文化的认知自觉，“遵守和依从”则是节日文化的责任自觉，“文化认知”与“文化责任”是青年学生节日文化自觉的两个主要层次，前者在当下占据主流。

6. 青年学生对传统节日符号与仪式内涵的认知正处于从无知到有知的中间地带，家庭教育与自觉参与是青年学生获取节日内

涵认知的两大途径

调查显示，在回答“您对传统节日里一些符号与仪式的具体含义了解多吗”的问题时，回答频率从高到低依次为“非常了解（2.0%）”、“了解（13.7%）”、“一般了解（68.0%）”、“不了解（13.0%）”、“非常不了解（1.3%）”，这一组数据显示出“非常了解”与“非常不了解”，“了解”与“不了解”两者截然相反的意见是对称等值的，而“一般了解”在比率上占据了半数以上，说明青年学生对传统节日符号与仪式内涵的认知正处于从无知到有知的中间地带，抓住时机，强化内涵教育正当时。

调查显示，在回答“您是通过什么途径了解传统节日一些符号与仪式的含义的”时，回答比率从高到低依次为“父母告知（59.3%）”、“亲身参与（17.7%）”、“自己感悟（7.0%）”、“电视广播（7.0%）”、“阅读书籍（5.0%）”、“老师教导（1.3%）”，“父母告知”所代表的家庭教育与“亲身参与”的参与活动成为学生节日内涵认知的两条途径。比较而言，“老师教导”所发挥的作用最小。

（五）五点建议

文化自觉是文化发展的前提，节日文化自觉的发蒙与引导是青年学生传统节日文化传承的核心。调查显示，在以春节为个案的调查中，在回答“春节前后的几天里都有一些讲究，对这些讲究您怎么看”时，高达84.7%的学生认为春节里的“讲究”（传统符号或仪式）“很有意思”，这说明当代青年学生的节日文化自觉是相当高的，青年学生传统节日符号与仪式的传承教育应当以此为创势前提。依据青年学生传统节日文化自觉的培养，本调研报告提出如下五条建议。

1. 超越节日实用观念，培养青年学生的节日理性，引导青年

学生对传统节日的传承，要落实在对传统节日符号与仪式的内涵认知与文化责任上

节日理性是指对节日文化的理性把握，与节日实用观念相对，它包括节日文化的内涵认知与文化责任两个方面，是节日文化自觉的内涵之一。当前青年学生对传统节日符号与仪式的传承，最大误区在于仍然沿袭传统节日传承观念中的“日用而不觉”，因为在纯粹的生活实用性上，传统节日符号与仪式在今天失去了它显见的竞争力。这对青年学生而言，尤其明显。

调研显示，青年学生对传统节日文化实际上正处于选择的十字路口。在这种情况下，如果仍然灌输以节日实用观念，不具说服力。启发学生的节日理性，引导学生对传统节日符号与仪式内涵充分认知，进而使其焕发传统节日的传承的文化责任，使其超越“文化实用”观念而做出选择。

调研显示，青年学生其实具有较强的节日理性的潜质。在回答“如果政府和相关专家为春节制作了一系列过年的符号与仪式，您会认可吗”时，简单的“认可”或“不认可”分别占到12.3%与14.7%，而较为理性的“不好说，这要看其中的内容”则占到66.3%，可以看出青年学生在政府与专家引导传统节日符号与仪式的现代创生问题上并没有简单肯定或否定，理性意识较强。

2. 摈弃节日灌输观念，确立节日参与的现场观念，创造各种传统节日的社会参与平台，引导青年学生以节日文化志愿者的身份参与或组织传统节日文化活动

节口灌输，缺乏参与，是当前青年学生传统节日传承的先天病，也是他们失去对传统节日符号与仪式关注热情的根本原因。调研显示，从

对春节符号仪式的认同度来看，包含亲身参与经历的春节符号与仪式比之缺乏参与或参与度不高的其他节日符号与仪式，具有非常悬殊的认可度差异。

青年学生可以传统节日文化志愿者身份实现节日参与。青年学生对传统节日的现场体验，在幼年、少年时期多是被家庭或学校引导参与，包含较大的被动性；青年时期，青年学生的节日参与应充分彰显其主动参与意识，传统节日文化志愿者是相当合适的身份。当前在青年学生中已赢得越来越多人参与的“清明汉服祭拜”活动，说明了“传统文化志愿者”的发展是有活力的。

节日文化决策部门应当创造各种社会参与平台，为青年学生的节日志愿活动创造实现的空间与条件。设立大学生传统节日文化专项基金、组织大学生传统节日文化游行与高层论坛、鼓励大学生创办传统节日社团以及进行传统节日符号与仪式的创新实践等，是当下可行的几项举措。

3. 启动高校传统节日教育，凸显家庭教育的主导性，创立家庭与学校和社会结合引导的传统节日教育体制

节日教育是青年学生传统节日传承的核心命题。调研显示，在对青年学生的传统节日教育中，家庭教育占据首要位置，学校教育令人失望。在回答“您是通过什么途径了解传统节日一些符号与仪式的含义的”时，回答比率从高到低依次为“父母告知（59.3%）”、“亲身参与（17.7%）”、“自己感悟（7.0%）”、“电视广播（7.0%）”、“阅读书籍（5.0%）”、“老师教导（1.3%）”，“父母告知”所代表的家庭教育与“亲身参与”的参与活动成为学生节日内涵认知的两条途径。“老师教导”被显示所发挥的作用最小。

传统节日教育在当前我国高校教育中几乎是空白，在全国近两百所

各类高校中，传统节日课程没有进入必修课程体系，大部分是以选修或课外辅导的形式进行，而家庭教育一直以来成为青年学生传统节日文化的启蒙阵地。

高校传统节日教育急需启动，而家庭教育在当前应成为青年学生传统节日教育的主导。高校传统节日文化教育呼之欲出，但当前高校传统节日文化教育不宜零散施教，应在专业设置、课程设立、培养目标等方面加以明确和规范化；而家庭教育与学校教育相比，对青年学生的传统节日文化教育更具终身教育的特点，言传身教，耳濡目染，是青年学生节日理性与节日情感养成的主要平台，在启动学校教育时，应通过教育形式创新，强化学校与家庭之间的教育沟通，将家庭传统节日教育纳入学校传统节日教育的开放平台，实现家庭与学校的双轮驱动。

4. 重视传媒，善用传媒，抵制现代传媒的肤浅化倾向，推进现代传媒对传统节日符号与仪式的深度阐释

青年学生是与现代传媒共同成长的群体，他们在传统节日的传承问题上对现代传媒抱很大信任。在回答“要想加强大家对传统节日符号与仪式的了解，您认为谁的责任更大”时，认为“传播媒体”的占到了55.0%；在回答“如果需要突出和强化传统节日的符号与仪式以增加节日气氛，您认为最好的方法是什么”时，39.0%的人认为需要依靠“传媒制作节目”。现代传媒以其巨大的传播优势使人们对传统节日符号与仪式快速获知，是引导青年学生实现传统节日文化传承的优良契机。

然而，现代传媒存在巨大缺陷。现代传媒自身包含肤浅化、娱乐化的传播倾向，这使其在传播节日符号与仪式时容易削平节日内涵，凸显其娱乐化、感观化的层面，所以重视传媒，更要善用传媒。

推进现代传媒对传统节日符号与仪式的深度阐释，是善用传媒来传播传统节日符号与仪式内涵的方向。

5. 抵制单一，欢迎多样，从青年学生的节日生活实践出发，激发对传统节日符号与仪式的多样性创意

调查显示，青年学生对传统节日符号与仪式的多样性缺乏认同。在回答“您觉得有必要设计一个统一标志来代表春节吗”问题时，主张传统节日符号与仪式“一致性”的占不到三分之一；同样，在回答“您认为一个节日的符号或仪式越多越好，还是越少越好”时，主张“多样性”的比率不到20%（五分之一）。所以，在青年学生群体中，传统节日符号与仪式“是多样性还是一致性”的问题没有形成主流意见，相反，50.3%的人对“您认为一个节日的符号或仪式越多越好，还是越少越好”选择了“无所谓”。

传统节日符号与仪式的多样性是节日文化富有活力的重要表征，青年学生对多样性的缺乏认同是很大的忧患。如何重建青年学生对节日符号与仪式多样性的关注？方法有二：一是从既有传统节日符号与仪式体系中发掘资源，呈现其丰富性，吸引青年学生的关注与参与；二是从青年学生当下节日生活实践出发，激发其对传统节日符号与仪式的多样性创意。

子课题负责人：耿波

参加者：耿波、李东耀

三、传统节日新形式、新载体的调研及对策研究

中国传统节日是中华民族在漫长历史中形成的文化瑰宝，又是植根于民族民间土壤中的活态文化，其文化内涵及习俗事象都是随着社会文化的演进而变迁的。中国传统节日之所以能在几千年历史长河中生生不息，就是因其具有万古常新的文化精神和与时俱进的传承活力。中国传统节日所具有的活态流变性，决定了我们对它的研究不能仅仅固守于对其源流和古老节庆习俗的考据，更要关注它在当代社会生活和文化语境下的呈现状态，关注广大民众对传统节日的心理诉求和过节方式。所以，关于传统节日新形式、新载体的调研及对策研究非常重要，有助于我们较全面地了解和把握传统节俗在当代的演变、发展情况，了解和认识当代民众的节庆文化需求，进而更好地引导广大民众以他们喜爱的方式过好传统节日，并使传统节日在与时俱进的传承发展中，永葆其丰厚的文化内涵和引人参与的魅力。

当代中国，随着国民经济的快速发展和现代化的迅猛推进，传统的农业社会逐步让位于都市化社会。在这个过程中，传统节日中的一些农事节庆习俗已经悄然退出节庆文化舞台，一些古老的节庆事象、仪式活动、节日符号，已魅力不再。然而，在周而复始的传统节日中，人们在

传承传统节日文化时，又能巧妙地利用新载体，不断地创造出了一些过节的新形式和新习俗，使传统节日具有了新的时代内涵和生命活力。

围绕本课题，我们对一些民众进行了访谈，同时查阅了大量的有关传统节日的书籍、论文和相关报道。但发现有关本课题的材料不多，民众对一些问题的回答也比较简单。基于我们掌握的情况，对于传统节日新形式、新载体的调研进行如下综述、评析，并提出相应的对策。

（一）我国传统节庆活动中出现的新形式、新载体

中国的传统节日众多，不可能全面顾及，只能用解剖麻雀的方式，以调研春节为主，兼顾清明节、端午节、中秋节，现将这四大节日呈现出的过节新形式、新载体的情况，做一简要的综述。

1. 当代民众中流行的过节新形式

在科学技术日新月异、经济文化繁荣发展的今天，传统节庆活动的方式与农耕时代已有了越来越多的不同。人们在继承传统节庆文化时，不断地创造出一些与现代生活相交融的文化元素和新的过节方式。最显著的变化是传统节日的过节形式变得更加多样化、个性化了。

春节，人们不再以满足物质享受为期盼，而更多的是追求一种精神或文化的盛宴。因此，对于吃喝穿戴的欲求已不是春节的时尚了，合家团聚及追求身心放松、精神享受成了过年的主要目的。近些年，每逢春节前夕，许多单位都要组织团拜活动，大家欢聚一堂，畅叙友情，喜迎新春。在除夕阖家团聚时，人们除了包饺子、吃年饭、游戏聊天外，又多了一项“除夕团坐看春晚”的新风尚。自从 1983 年诞生了“春节联欢晚会”后，“央视春晚”便成了年年除夕之夜必不可少的一道精神盛宴。时至今日，收看“央视春晚”几乎成为中国唯一一个大型的、收视率极高的集体性过节的形式，年年不满年年看。2010 年央视广告部公布

的数据显示："CCTV－1、4、7、9 频道，以及湖南卫视等 23 个上星频道同步直播了 2010 年春节联欢晚会。中国网络电视台、CCTV 手机电视和 IP 电视直播，中国电视长城平台转播了晚会实况。中国网络电视台还通过台海宽频、CCTV 手机电视与台湾网、台湾移动运营商合作，成功在台湾落地，覆盖台湾网民及 400 万手机用户进行春晚直播。"① 2011 年春节联欢晚会的收视率又创新高。中国青年报社会调查中心通过民意中国网，对 1705 人进行的一项在线调查显示，今年央视春晚的收视率为 86.1%，地方卫视春晚为 33.3%，网络春晚为 28.7%。在评论 2011 年中国中央电视台举办的春节联欢晚会时，《纽约时报》称，中国这台长达 5 个小时的豪华演出，其观众人数轻而易举地超过美国收视冠军"超级碗"橄榄球赛，甚至能与 2010 年世界杯决赛一较高低，堪称真正的"超级晚"。②

在农村，传统"年味儿"更浓，舞龙、耍狮、扭秧歌、跑旱船等古老的欢庆方式依然受到民众的喜爱。在城市，年轻人更热衷于以自己喜欢的方式过年，利用年节假日去健身房健身、去图书馆畅游书海、去电影院看大片，或约上朋友去泡网吧、玩具吧、酒吧、咖啡吧等，以追求自由、快乐。众多的人走进互联网看影视剧、交流感情、玩网络游戏等。朋友相聚不再满足古老的游戏，而是唱歌、溜冰、滑雪、跳舞等等。春节期间，许多城市兴办的庙会非常红火，反映地域文化的各种花会、民间艺术、民俗活动令人目不暇接，古老的民俗文化中又融有现代文化元素，因而，逛庙会依然是广大市民喜爱的过年方式。2011 年 2 月 10 日 BTV《北京新闻》报道：据统计，今年的大年三十儿到初六，全市参加庙会、灯会、展览展示、民俗活动的人流量达到 711 万人次，表演队伍 1157 支，表演人数 21840 人，表演场次 1992 场，非物质文化遗

---

① 《2010 年春节联欢晚会圆满落幕：收视率 38.26%，收视份额 81.74%》，中央电视台广告部，2010 年 2 月 23 日，参见 http：//ad. cctv. com/specialnews20100223/107277. shtml。

② 《〈纽约时报〉评论春晚堪称真正"超级晚"》，《法制晚报》2011 年 2 月 6 日。

产项目1183项。其中，十二大庙会入园人数累计398万人次，与去年持平；庙会营业收入4137万元，同比增长3.5%。

随着人们生活节奏的加快以及思想观念的变化，当代人过传统节日越发重视娱乐休闲、轻松愉快。为了节省时间，免除劳累，并能品尝到更丰盛的美味，许多家庭的年夜饭由自家宅室挪到了宾馆饭店。为了放松身心、开阔视野，人们利用年节假日到异地他乡欣赏新奇的景物，感受不同的过节风俗已成时尚。每逢春节，不少城里人选择到郊区过年，年轻人则喜欢以出门旅游的方式过年。一项针对网民春节去向的问卷调查显示①：2010年春节选择出行作为过年方式的网民比例为32.5%，比2009年增长12.3%，旅行过年已经成为新趋势，其中高收入、高学历人群，成为旅行过年的核心群体。见图3－1显示：

在调查中，家庭月收入20000元以上的网民，近六成过年选择旅游。高学历网民，旅游出行比例高达66.7%。2010年网民的春节出行平均花费高达8065元，比2009年高出近2400元，同比增长42.3%。2010年，近7成网民春节出行费用在5000元以上，27.2%的网民出行费用超过10000万元。根据调查数据我们不难看出，传统节日的旅游选择人数在逐渐扩大。尽管“走亲访友”仍占主流，但比较2009年已经出现下降趋势，并且过年旅游费用增长近50%。

清明节，城市人祭祖扫墓的形式变化较大。现代社会实行火葬后，逝者的骨灰盒存放在“公墓”，清明时节人们到公墓祭奠，不需维修坟墓，不再挂纸烧钱，而是敬献鲜花，以示怀念。祭奠方式趋于简单、文明。身在异乡或无暇去墓地扫墓的人，可在互联网上设立“网上墓园”，可以进行虚拟的献花、祭酒、留言等。时下，数以万计的人已在网上为逝去的亲友筑起了一座座网上灵台。随着革命传统教育的开展，饮水不忘掘井人，祭奠的对象扩展到先烈英杰、先贤名士。清明节，许多中小

① 《旅行成为假日生活新趋势春节在线旅游增长迅速》，旅新社2010年3月19日讯。

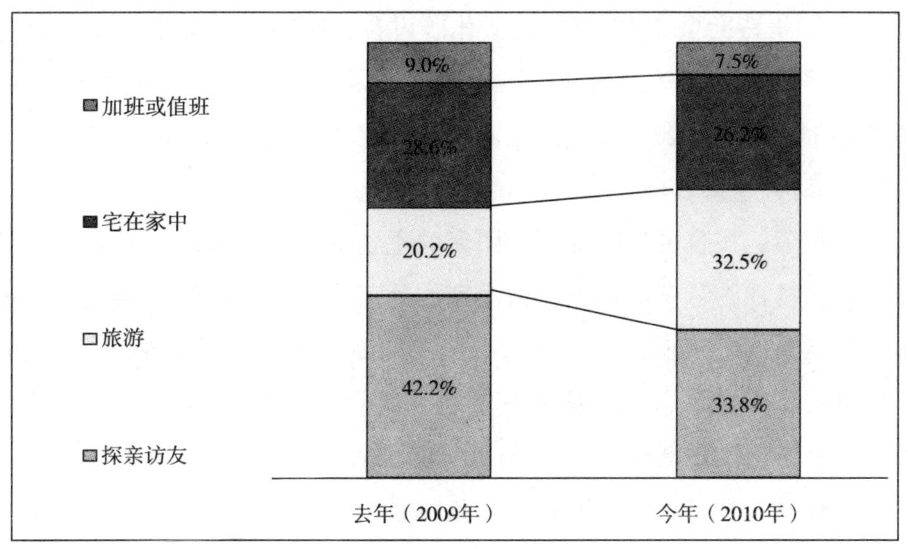

图 3－1　春节去向调查

学组织青少年到烈士陵园或墓地扫墓，到英杰纪念碑、纪念馆、故居、遗迹瞻仰献花，举行入队、入团、成年礼等仪式。同时，对中华民族共同祖先黄帝、炎帝的群体性公祭活动也已形成规模。每年清明，在黄帝陵举行隆重的祭祀大典。海内外华人到此汇聚，在庄严神圣的祭典中，增强了中华民族的凝聚力。

端午节，围绕纪念屈原的主题，文化娱乐活动不断得以拓展。其活动开展得最隆重的地区是长江中下游的湖北省秭归县、黄石市、湖南省汨罗市、江苏省苏州市等。2005 年，在汨罗江畔建成一座国际龙舟竞渡中心。此后，一年一届的全国龙舟月启动仪式暨中国汨罗江国际龙舟节在汨罗江畔定期举行，开幕式文艺演出、龙舟拓展训练营、龙舟文化寻根游、屈原文化研讨会等精彩纷呈的主题活动，每年都吸引了近 20 万民众参与。宜昌市秭归县每年举办“秭归端午文化旅游节”，通过举办龙舟竞渡、祭祀屈原、端午诗会、民间文艺调演等端午文化活动，将屈原故里端午习俗发扬光大。2010 年 6 月 12 日至 7 月 6 日举办的“屈原故里端午文化节”，节庆活动包括公祭屈原大典、全国龙舟邀请赛、

2010年端午诗会暨2010年荆楚文化研讨会、2010年荆楚非物质文化遗产代表节目展演、“传承端午习俗，弘扬屈原爱国精神”校园系列活动，以及端午民俗情景表演、龙狮巡游表演等民俗文化活动，吸引了几十万民众的参与。

中秋节，在亘古不变的阖家团聚的主题下，生发出许多富有浪漫格调与狂欢精神的月下活动，并由小家的阖家团圆，延伸到民族大家庭的凝聚与欢乐。近年来，各地政府相关部门重视挖掘中秋节的文化内涵，组织开展了丰富多彩的中秋节庆活动。如北京市2010年中秋节期间就举办了一系列文化活动：“月圆、团圆”游园赏月活动、第三届“卢沟晓月”中秋文化节、“兔儿爷”形象发布及其推广活动、“我的北京我的家——文化国门”中秋节展演活动、“全家福”中秋联欢活动、“感悟中秋节俗、共享文化遗产”中秋民俗游园会、网络中秋晚会、多样化网络中秋互动活动、“中秋团圆共享天伦”为主题的宣传片及专题片放映活动，等等，这些富有创意的节庆活动，大多采用的是新形式、新载体，深受广大民众的喜爱，人们在参与中获得快乐并充分感受中秋团圆和谐的意蕴，有效地弘扬了中秋节文化。

2. 新载体带来的新节俗

进入20世纪后，整个人类开始由农耕文明向工业文明转变，科学技术迅猛发展。在这一转变和发展的潮流中，我国也步入了高科技信息化的时代。高科技的发展催生出许多新的过节载体和习俗，使古老的传统节日焕发出新的生机与活力。新载体带来的节俗变化主要体现在节庆中人际间沟通与交往方式的变化和节庆活动的多样化、个性化。

首先，新载体的运用，使人际间的交流与交往更加省时、便捷。中国传统节日都是以人为主导，以协调人与自然、人与社会、人与人关系为目的。每逢年节，人们要互送祝福、沟通信息、交流情感，以融洽关系、促进和谐。自古至今，拜年是春节必不可少的民俗礼仪活动。随着时代的发展和载体的变化，民间拜年的形式也不断变化。古时有拜年和贺年之分：拜年是向长辈叩岁，贺年是平辈相互道贺。到了宋代，出现了投递拜年贴的风气，叫“送门状”、“投飞帖”，各家在门前挂一红纸袋，上书“接福”，用来装外人送来的拜年帖。明代人也以投谒代替拜年。

进入新时代后，拜年的新载体、新形式不断涌现，拜年的方式更加丰富多彩，除了传统的团拜、登门拜访依然存在，人们越来越多地利用新载体拜年。20 世纪 80 年代，寄贺卡、送挂历是贺年的主要方式。90 年代随着电话、寻呼机在我国城乡的普及，电话拜年、寻呼机短信息问候成为春节拜年的时尚。到了 21 世纪，寻呼机被手机代替，随着手机的逐渐普及，短信拜年脱颖而出，成为拜年方式的绝对主力。人们拇指轻按，寥寥数句，即可传递新春祝福。基于网络视频等通讯方式的迅速发展，对远在异国的亲朋而言，由于国际通讯费用较高，视频拜年颇受青睐。如今，随着网络微博的盛行，微博拜年又成为继贺卡、电话、短信后最新潮、最低碳的拜年方式，发一条微博即可将祝福送至亲朋好友。网友们还通过微博晒自己和家人的照片，进行“过年直播”，晒各地过年习俗等。全国各地不少党政领导也利用微博这个火爆的网络传播阵地给广大民众拜年。但微博用户群尚未完全覆盖实际生活中的交际范围，还只是其他拜年方式的一种补充。据《环球时报》的网上调查，截止 2011 年 2 月 5 日，参与网上调查的 59.4% 网民表示，选择以发送手机短信的形式拜年，其数据远远超过了登门拜年（19.8%）和打电话拜年（17.3%）。理由是“方便，又不繁琐”。在北京地区，三大运营商公布的统计数据显示，在 2011 年 2 月 2 日，除夕当天，北京移动手机用户共发送短信近 7.7 亿条，比 2010 年增长 12.86%；彩信发送量 2200 万条，比前一年增长 84.55%。WAP 站点访问用户数超过 4 亿。北京联通的数据显示，除夕早 8 点到大年初一凌晨 1 点，用户短信量共计 1.43 亿条。若再算上北京电信用户的短信发送量，除夕之夜，北京手机用户拜年短信发送超过10亿条。[①]

如今，传统节日中利用互联网进行贺年、祝福，已经成为愈来愈流行的新方式。很多人尤其是青少年都拥有自己的虚拟联系身份，并喜欢使用QQ、MSN、博客、邮箱等与他人交流和沟通。传统佳节中，为亲人或朋友发去幽默风趣、视听兼备的精美电子贺卡，送上一份虚拟的礼品，以表达富有个性化的祝福。今年中秋节期间，北京邮政在全国范围内首创推出了3D“中秋贺卡”，此卡植入3D动画技术，登录“邮乐趣”官网页面按照相关说明操作，就可以在线进行“快乐兔接月饼”3D掌上游戏互动，可谓新颖、别致。

其次，新载体的运用，丰富了传统节庆活动的形式。电视机走进千家万户后，“春晚”成了全民过年的一道精神盛宴。如今，“秋晚”也吸引了越来越多华人的眼球。中秋佳节历来是全球华人寄托思念、表达美好感情的节日。今年的中秋节，中央电视台举办的中秋晚会通过中央1套、4套、9套面向全球进行了现场直播。与此同时，2010年北京电视台举办的网络中秋晚会更是新意迭出，晚会以“团圆、和谐、亲情、友谊、爱家、爱国”为主题，以三网融合背景下的多种制播手段，着力打造出《天涯共此时·月上紫禁城》、《天涯共此时·月圆青春梦》、《天涯共此时·月洒万家情》三台晚会，在9月20日至22日连续三天在BTV北京、BTV文艺晚间黄金时段播出，并在各大网站、手机上实现电视的同步播出。国内最大的网络电视直播媒体PPTV推出了“花好月圆”中秋直播系列活动，其中囊括了最新的电视中秋晚会以及各大网络中秋晚会，通过网络直播集锦的方式与广大网友见面。这种网络直播的形式，免去了地域和时间的限制，为网友们送上实时网络观看的完美体验。

---

① 《新春三大看点》，《北京青年报》2011年2月16日。

影视媒体的发展，也为广大民众带来了新的过节形式。寻求快乐、放松，是民众过节的普遍心愿，因此，轻松、幽默的喜剧片和动作片一度成了人们的挚爱。自 1997 年导演冯小刚拍摄内地第一部贺岁片《甲方乙方》之后，内地贺岁片市场越来越红火。每到春节前，就会有数十部影片与观众们见面。这些贺岁片题材多与百姓节日期间喜庆、祝福的生活与习俗相关，风格轻松、幽默，具有强烈的观赏性和娱乐性，深受大众的青睐，吸引了许多人走进电影院，年年观看贺岁片成了春节里不可或缺的一项娱乐活动。还有更多的民众会选择买回一些贺岁影片的光盘，用高清播放机在家播放，与家人共同观赏。2011 年春节前后，国内贺岁片市场异常火爆，精彩纷呈的贺岁电影不仅刺激着票房，也给传统的新春佳节增添了特殊的年味儿。《非诚勿扰 2》、《让子弹飞》、《赵氏孤儿》、《大笑江湖》、《新少林寺》等国产贺岁片，受到广大观众的喜爱，票房一片飘红。据不完全统计，从去年 12 月初正式拉开序幕的贺岁档持续至春节后，共有 40 余部影片陆续上映，总票房约在 30 亿元左右。①

互联网的普及，为人们提供了一个多彩的世界。每逢传统佳节，喜欢宅在家里的人可以在网上过节。足不出户就能和朋友聊天，可以畅快地看动漫、玩游戏，观看期待已久的影视大片，可以学习各种知识，欣赏文学艺术作品……能充实愉快地度过佳节。

清明节的扫墓祭奠活动，近年来也出现了网上祭奠的新形式。一些网站设立网上墓园，网民可以在这个虚拟墓园里为死去的亲属设置墓穴；有些墓园的管理者将实地墓园与“网上墓园”互动，所有在实地墓园中安葬的死者，都可以在“网上墓园”得到一块网上墓地，死者的亲朋好友，可以在这个属于死者个人的网上专页中，为死者献上一束鲜花、留一首歌曲、点一根蜡烛、种一棵松柏或留下祭文，也可以经常在

① 《贺岁片繁荣背后的隐忧》，《北京日报》2011 年 2 月 17 日。

网上墓园给死者写信。网上祭奠既可免去车马拥堵，又避免了焚烧纸钱污染环境、引发火患等问题。同时还可以跨越时空，让被祭奠者的生命故事永远流传、精神融入永恒。这种新生的祭奠方式方兴未艾，正在极大的想象空间中发展。新颖、文明的网祭方式，必将大大减少传统清明祭祖给环境、交通、安全带来的压力。

（二）传承基础上的创新发展，是中国传统节日演进的必然趋势

中国传统节日是在历史长河中产生、演变、发展的活态文化，每个传统节日都经历了与时俱进的历史演化。由于历代统治集团的参与提倡，儒释道等文化的渗透，历史人文因素的积淀，民族精神情感的融合等，传统节日的文化内涵和节庆习俗不断丰富，节庆的表现形式不断推陈出新。如起源于古代“腊祭”的春节，在相当长的时间里，祭神祀祖、驱鬼避邪是其主要活动内容。到了汉代以后，春节习俗发生了变化，主要表现在朝廷“纵吏饮宴”，民众“美服盛饰”，并开始了拜年活动。此后，在宋代，又相继出现了投递“拜年帖”的风气，叫“送门状”、“送飞帖”。而到了明代，随着商品经济的发展，市民阶层的扩大，门神画中便出现了财神爷。人们避害趋利的心态自然发展，表现在春节习俗中的各种民俗事象也变得丰富起来。之后，随着时代的发展，春节的节庆形式也在不断地发展更新，古人燃竹庆贺新年，后人则以烟花鞭炮代之；先人以桃符避邪，后世则以对联迎春；过去拜年是当面叩头施礼，如今则是电话短信贺之等等。这足以说明，传承基础上的创新发展，是中国传统节日演进的历史必然。

发端于远古的中国传统节日，是农业社会的生活节律与农业时代伦理文化的产物。当历史的车轮进入 20 世纪后，人类社会由农耕文明向工业文明过渡，农耕时代形成的文化传统也随之开始瓦解。与这个过程相一致，传统的纯粹农事节庆习俗也逐渐退出节庆的文化舞台。如在一

些已经率先实现都市化的地区，往昔“请皇历”、“占气候”、“打春牛”、“添仓”、“祭神”等节庆事项已经消失。往昔春节各宗族普遍进行的庄重肃穆的祭祖仪式，曾经是整合族人的重要礼仪。但当代社会，宗族势力的影响已逐渐弱化，导致旧式的春节礼仪削减了许多。消失了许多旧有的节俗，而新节俗、新形式又不够丰富，传统节日在现今时代显得有些残缺不全，致使人们感到“年味儿淡了”。

当代社会，传统节日的传承主体的演变尤为突出，往昔的传承主体是农业文化背景下的广大民众，而当代社会，随着城市化进程的推进，城镇人口的比例越来越大，农业人口在逐渐减少。于是，在城市新的文化环境和空间中，在新的传承群体中，如何更好地传承和发展中国传统节日，是我们面对的新课题。当代社会，人们的思想观念及生活方式也都发生了很大的变化。在农耕社会，由于生产力低下，物质极度匮乏，人们只有在春节期间才能尽情享受自己的劳动成果。所以，在过年时“吃好饭，穿新衣”，曾经是数千年农耕社会中广大民众的享受期盼。现如今，人们的生活水平已发生了翻天覆地的变化，平常生活中的物质消费与享受和传统意义上的“过年过节”时已经没有什么差别。因此，过年节时物质享受退居其次，精神享受上升为主导地位。倘若人们对节日的物质享受期盼弱化后，精神文化享受又跟不上，就会有人感叹“过年过节越来越没有意思了”。文化能够自新方有活力。要使传统节日之树深深地扎根于当代社会的沃土之中，并在广大民众生活中开花结果，就要不断注入时代的新元素、新内容和当代人喜闻乐见的新形式。活态的传承保护与发展创新相结合，传统节日才能焕发出生机与活力。

目前，传统节庆中虽然出现了一些新载体、新形式、新节俗，但离全面振兴传统节日的目标、离民众心中对过好年节的期待还有很大的差距。所以，有的专家依然认为，民众缺少的并不是对传统节日的感情，从人们一声声“年味儿淡了”的抱怨中，便可窥见“年”的情结一直藏在每个人的心中，现如今缺少的是能使广大民众充分享受年节的无穷乐趣，过好传统年节的新方式与新载体。传统节日传承中的演变与发展主要依靠其自身的机制与活力、社会的转型、科技的发展、民众的自主选择等，但政府相关部门的主导作用还显不足。2008 年，国家将清明节、端午节、中秋节同春节一起纳入法定节假日，为这些传统节日提供了时间要素。然而，有了时间保障并不意味着就能过好节，如何使传统节日从民众生活中的必不可少，变为文化上的必不可少？如何使传统节日走出“吃喝节”、“购物节”的怪圈，产生更加文明健康的节日效应？传统节庆活动如何应时而变，在传承发展中更加贴近实际、贴近生活、贴近群众，使广大民众自觉参与、乐在其中？等等，这些问题都应当引起学术界和政府相关部门的重视。

首先，政府相关部门对弘扬中国传统节日文化的重要性要有清醒的认识，并充分利用大众传媒、学校教育等手段，加强宣传教育，努力提升广大民众对传统节日的文化自觉。要深入挖掘中国传统节日的文化内涵，使广大民众了解每个传统节日的历史及文化精髓。引导大众积极参与传统节庆活动，使其在活动中感受传统节日的文化魅力。从而，使人们对传统节日不只是文化欣赏和精神留恋，而且成为生活中必不可少的精神盛宴。要提升传统节日文化发展创新的自主能力，以发展的观点重新认识中国传统节日文化在当下存在的意义，以科学保护与传承的原则，进行传统节日文化载体和活动的创新及文化符号体系的建构。

其次，传统节日在传承中的创新发展，应该处理好继承与创新的关系，应当在保持固有文化底蕴和功能的同时不断与时俱进。在固本守正的基础上，发展创造出与现代生活相交融的节日文化元素。这种节日文化元素，必须符合中国的国情民意，必须能体现出传统节日内涵的生命基因和文化精神，如和谐的理念、浓郁的亲情、善与爱之人性美、道德良知的激励、奋发向上的追求等。在探寻传统节日新载体、新形式时，绝不可偏离传统节日的内涵精神去另辟蹊径，也不能简单地搬用某些洋节的做法。要根据时代特征及民众的需求，进行节庆载体和活动的创新。如当代社会强调“环保节能”，在进行节庆活动创新时，就应考虑这一理念。为此，葛剑雄教授提出，将中秋与环保、节能等活动结合起来。如果中秋之夜天气晴朗，不妨在保障安全的前提下，将城市的多数电灯关掉，让大家感受一下真正的月色，这样的赏月会更吸引人。对传统节日文化遗产的继承，也要剔除其封建性的糟粕，对传统节日中的一些陋俗应进行合理的扬弃，如春节不能看病、正月里不能剃头、崇信鬼神等迷信活动；对那些与时代要求不符的旧节俗，如折柳、敬香、烧纸等，可加以适时革新与改良，进而推出一些既能体现传统节日文化精神，又能符合时代要求的节庆表现新形式；对那些具有保护与传承价值的古老的节庆民俗要给予扶持和弘扬，并使其融入到当代百姓喜爱的文体娱乐民俗活动之中。

（三）传统节日创新发展的对策

中国传统节日的创新，是在传承传统节庆文化的基础上，符合其自身发展规律的演化。传统节日文化载体和形式的创新应该是全方位的，具体而言，建议从以下几方面进行传统节日文化的创新发展：

1. 节庆活动气氛与空间的营造与创新

浓郁的节庆气氛，是节日的重要因素，它能使人们融入到喜庆欢乐的氛围中，并感受到浓浓的年节意味儿。要在复兴传统节日中，营造出红火热闹的过节气氛，全面装点节日文化空间，首先，要发挥政府的主导作用，采用“民间办节，政府支持”的做法。各级政府相关部门要给予财政资金上的保障，鼓励民间以多种方式营造节庆气氛。可恢复一批过去曾繁荣热闹的老年货市场，兴建一些年货商品一条街，满足百姓寻求“年味儿”，置办年货的意愿。号召和鼓励商家，每逢传统佳节都利用与之相应的中国传统节日文化符号布置店堂和环境。其次，通过举办民间大型的节庆活动，营造节日气氛。可办好春节的新年联欢会和传统庙会、元宵节的大型灯会展、清明节的公祭、端午节的龙舟竞渡、中秋节的游园赏月活动等。

在节日活动空间的创新上，除了提供家庭团聚的各种方便之外，应当引导人们走向社会，积极参加社区组织的各项节庆活动。为此，应当努力搭建社区节日活动的平台。如冬季的各个节日，人们需要在室内娱乐、游艺、健身和交流沟通，就需要提供室内活动的条件和空间。倘若需要开展室外节庆活动时，又应有一定的设施、场地等硬件的支撑。为此，国家应该重视民众节庆活动空间的建设，增加硬件设施投入的力度，为人们提供充裕的活动场所和文化空间。对此，乌丙安教授建议："在国家级非物质文化遗产代表作名录的申报和审批工作中，应该把关注保护的重点向各民族、各地方民俗文化遗产的文化空间项目倾斜，特别是应当把早已列为全国重点文物保护单位的海内外著名寺庙的300多个庙会，以及其他密切联系着亿万民众生活和心理愿望的大型文化空间列为保护的重中之重。"①

2. 节庆活动内容和形式的创新

每个传统节日都应该依据自身的特点和发展规律，根据时代的要求和民众的需要，不断丰富发展节日的活动内容和形式。政府相关部门应研究和规范各个节日的具体理念、标识、礼仪活动等。虽然某些含有封建迷信因素且繁文缛节的旧式节日仪式不可沿袭，但重构适当而庄重的民族节日仪式、礼仪是非常必要的。因为，它是传播和强化一定社会理念的载体，是民族精神家园赖以形成的平台，也是形成节庆氛围必不可少的要素。各级政府部门还要有计划地组织开展系列的社会性节日活

① 乌丙安：《民俗文化空间：中国非物质文化遗产保护的重中之重》，《民间文化论坛》2007年第1期。

动，实现传统节日过节方式的转换，由家族式的封闭向社会性的开放转变；由关爱亲友，延伸到关爱社会；由小家的团聚和睦，延伸到民族大家庭的凝聚与团结，让人们在参与节庆活动中了解中华民族的悠久历史，深刻感受中华民族的优秀传统文化。

节日活动内容和形式的创新，要因节不同而有异。可采纳一些专家的建议，端午节，可以从卫生、体育、文艺三方面发展节俗：可以从原来的消灾驱疫的活动，发展为全民的卫生活动，把爱国卫生日设在此日；以举办各种层次、各个地区的龙舟比赛为核心，推动民间群众性的体育活动，激发节日热情；可以从吃粽子、纪念屈原发展为设立诗歌节，推动诗和歌的创作、唱诵。中秋节，不仅家庭团聚、吃月饼，更多的应发展为富于浪漫格调与狂欢精神的月下活动，如歌舞、饮酒、赋诗、游园、赏灯、逛夜市等，以增强和拓展其浪漫格调与娱乐功能。清明节，组织开展文明祭奠活动，推广敬献鲜花、种植纪念树、网上祭奠等文明健康的现代祭祀礼仪。举办好大型公祭活动。倡导学校组织青少年，开展缅怀革命先烈活动，在烈士墓前，可安排入队、入团、入党宣誓，召开主题队会，组织演讲比赛等。清明节期间，街道社区可组织居民集体文明祭扫，召开缅怀会、座谈会、家庭追思会等。建立与清明节配套的文化活动，如组织踏青郊游、体育比赛等，还可把红色旅游节、先烈纪念日、植树节与清明节相结合，丰富清明节的文化内涵。重阳节，要突出敬老的内涵，弘扬敬老、尊老、优老的社会风气，可组织系列的重阳文化活动，如登高游山会、游园赏菊、老年书画展、重阳诗歌大赛等，使更多的老年人回归自然，强身健体，陶冶情操，老有所为，老有所乐。七夕节，要继承和弘扬乞巧节俗。有些地区的做法值得推广，如广州已举办了多届乞巧文化节，将民间传说“拜七夕”演化为“摆七夕”，女子们巧手做出的工艺品，摆出一台台绚丽多彩的艺术品供案，既娱神更娱己，并深受民众的喜爱。广州举办的“乞巧文化创意大赛”，吸引不同年龄的参与者，发挥聪明才智，创造乞巧工艺品。同时七巧节俗进校园，在小学开设民间手工艺课，不仅有利于传承发展民间文化，而且能有效地开发少年儿童智力，培养他们的想象力和创造力。此外，有些学者主张把七夕节中两情相悦之事进行再造，提出创建“中国七夕情侣节”，使中国人有一个表达和抒发爱情的节日。在这个节日中，应为青年人开辟社交和活动的场所，组织舞会、联欢会、文艺演出、情歌大赛等。还可开展评选“模范夫妻”，举办“金婚”、“银婚”等纪念仪式。

3. 节庆文化符号、文化产品的创新

中国传统节日的文化符号系统非常丰富，不仅有时间与空间符号系统，而且有仪式与娱乐符号系统；不仅有服饰与饮食符号系统，而且有语言与艺术符号系统，等等。这些符号或符号系统各自都有独立的形式和意义，都能开发出特定的纪念物或产品。而节庆用具、用品、用语等，又是表达节庆精神的符号，是节庆表现形式不可缺少的构成要件。所以，节庆产品市场具有极大的发展空间。

传统节日文化符号和用品的推陈出新，要在保持传统节日文化内涵的基础上，体现出当代人的审美取向，才能广受青睐。最近几年市场上热卖的中国结、灯笼挂饰、鞭炮挂饰等，便是将传统吉符与现代时尚元素巧妙结合的商品，深受人们的喜爱。所以，本着这样的原则，可以运用现代科技手段，多开发、制作一些美观大方、富有情趣的节庆文化产品；多生产一些安全卫生、健康有益的节日食品；多创作一些易于传颂、富有真情实感的节庆用语。传统节庆新产品应具有鲜明的符号性，即具有特定节日的指意性和象征性。传统年节产品的开发创新，应从“细节”抓起，冯骥才先生曾举例说，大的门神画不好贴了，可以做个小门神牌，在门上挂起来。有点艺术性，装饰性，既美又雅，还去掉了迷信色彩，而对美好生活的愿望和情感的寄托却留在了人们心中。可以

想见，这是人们乐于接受的。此外，节庆新产品的开发，应树立产品系列化意识，并使其产品文化含量高、科技含量高，能满足当代人的节庆文化需求。节庆新产品的开发，还需有强烈的市场意识，其产品应达到广大民众买得起，家家户户都想要，男女老幼都高兴。

总之，几千年的中国传统节日能绵延至今，其生命力在于与时俱进地传承发展。如今，大众依然有着对传统节日浓浓的依恋之情，欠缺的是过好传统节日的新方式、新载体。为此，政府相关部门在弘扬传统节日文化时，应注重研究如何推进传统节日在当代社会的创新发展，并以科学发展、开拓创新的精神，不断建构传统节日文化，使传统节日文化在当代社会焕发出勃勃的生机和旺盛的活力。

子课题负责人：李荣启

参加者：李荣启、陈亦水

四、中国传统节日的传承现状与发展策略

——以鲁中寒亭地区为核心个案的调查研究

（一）引言

传统节日虽冠以传统之名，其实也是现代生活的一部分。作为人类社会中一种普遍的生活与文化现象，传统节日在构建民众生活世界和民族国家文化体系等方面发挥着不可替代的作用，而其自身也成为人类生活中的精彩华章。

在现代化、全球化的影响下，中国目前正处于社会转型期，正在经历着从已持续数千年的传统农业社会向现代工业社会的急剧转变。同时，伴随着信息产业的飞速发展，现代信息技术逐渐惠及到普通民众，传统的时空观念和交流方式也在这一过程中发生了巨大变化。以此为背景，与传统农耕文明关联密切的传统节日正面临着比较严重的传承危机。如何让传统节日面对新时代的民众需求而旧命维新、生生不已，为当今社会有机体不断注入新的活力，是弘扬节日文化这一重大课题的关键所在。

本子课题旨在研究“传统节日的传承现状与发展策略”。在研究方

法上，以问卷调查为主，以我们山东大学民俗学团队近 20 年来积累的田野调查资料为补充，对传统节日的传承现状进行实证研究；就研究区域而言，主要以鲁中地区潍坊市寒亭区为核心个案，以同属鲁中地区的淄博市淄川区、莱芜市钢城区、潍坊市昌邑市为参照个案，调查城乡传统节日的传承现状与民众的节日心理需求，通过做归因分析，理解传统节日的传承主体、社会语境、政府导向、外来节日影响等诸多因素之间的关系，为传统节日的当代传承、节日文化的创新与节日制度的改革等方面提供现实依据。在具体操作过程中，本课题突出传统节日的当代性，特别关注传统节日在现代化、全球化语境下的多样化表现、节俗变迁与区域文化认同、节日活动与诸多社会文化范畴之间千丝万缕的互动关系，针对传统节日在城乡传承中所面临的困境和问题提出富有实效的对策性建议。

（二）研究方法

本课题以问卷调查为收集研究材料的主要方法，在潍坊市寒亭区，针对不同年龄、不同教育背景、不同职业的居民，共发放问卷 600 份，收回 563 份。调查对象中，男性 240 人，占 42.6%，女性 323 人，占 57.4%；未婚的占 31.1%，已婚的占 68.9%；年龄范围从 16 岁到 67 岁不等。学历分布：初中及以下所占比例 12.1%，高中及中专 15.1%，大专及以上 72.8%。家庭月收入分布：3000 元以内所占比例 45.1%，3001－8000 元 49.2%，8000 元以上 5.7%。社区居住时间分布：居住 0－5 年占总数的 30.5%，5－10 年 27.6%，10－20 年 23.0%，20 年以上 18.9%。调查对象的职业涉及面较为广泛，有政府或事业单位人员、企业领导或管理者、企业一般员工、个体私营业主、退离休职工、无业/失业人员、农民和学生等。

调查问卷围绕“传统节日的传承现状与发展策略”进行设计，共 25 个题目，包括六个主要问题：1. 民众对传统节日的认知；2. 民众对传统节日的评价；3. 民众如何过传统节日；4. 传统节日法定化的问题；5. 民众对传统节日的期望；6. 民众对外来节日的认知、参与和评价。问卷中共涉及到10个传统节日，即春节、元宵节、二月二、清明节、端午节、七夕节、中元节、中秋节、重阳节、腊八节。我们注意根据传统节日的实际情况设计问卷，对于那些节俗活动较为隆重、文化影响较为广泛的四大传统节日，即春节、清明节、端午节、中秋节，主要调查民众对节日现状的评价和期望；对于那些影响较次的节日，如二月二、七夕节、中元节等，则主要调查民众的认知情况。

本调查问卷主要由徐悌（台湾政治大学教授）、马广海（山东大学社会与文化人类学教授）、杨文文（山东大学民俗学研究所2010级博士生）设计，发放与回收均由课题组成员完成。全部问卷资料由调查员检查核实后进行编码，然后输入计算机，由课题组成员利用SPSS软件（13.0版本）进行统计分析，分析类型主要是单变量的描述统计和多变量的交叉分析。

与此同时，我们也将民俗学的深度访谈作为重要的补充研究方法。近20年来，依靠山东大学民俗学研究所和山东艺术学院艺术民俗学专业师生的群体力量，我们持续对鲁中地区城乡居民的过节状况进行定点式的民俗志调查，调查内容涉及传统节日的现状、传承以及人们对节日的评价与期待等。这些田野调查均在民俗学教授的指导下组织实施，调查员均为民俗学专业的博士生或硕士生。田野调查结束后，先由调查人完整地整理出调查录音资料，在此基础上，分工协作完成分项专题调查报告的写作，最后由课题组负责人完成总体调查报告。由此获得的30余万字田野资料，成为这次由问卷调查所获得的资料的良好补充，共同成为本课题的论证基础。

总之，本课题研究采用了问卷调查与田野调查兼顾的方法。将不同的调查方法相结合，将同一地理区划中的不同社区个案相参照，尽量保证研究资料的准确性和典型性，同时力求研究过程的科学性。

（三）调查结果与分析

结合问卷调查的内容，本课题在以下六个方面对调查结果进行分析和评估。

1. 人们对传统节日的认知现状

节日认知，是考察节日现状的重要指标。鉴于我国民众对春节、清明、端午、中秋等重要节日的认知度普遍较高，本课题主要选取了二月二、七夕、中元节这三个影响相对较小的节日，调查民众对传统节日的认知度。

（1）农村居民对传统节俗活动的认知程度较高，城市居民则相对较低。

调查显示，城市居民和农村居民对传统节俗活动的认知程度是不一样的。总的来说，农村居民对传统节俗活动更为熟悉，城市居民的认知程度则相对较低。从对潍坊市寒亭区8个村落（寒亭一村、寒亭二村、王家道村、齐家道村、东塚子后村、西塚子后村、二戈官庄村、禹王台村）的田野调查结果来看，当地居民认为二月二、七月七、七月十五等是比较重要的节日，知悉主要节俗活动及相应禁忌与相关传说。如二月二是土地爷的生日，须到自家大门口点香焚纸祈求庇佑，另有炒豆、围囤、理发、回娘家、不动刀剪等节俗；七月七是牛郎织女相会之期，入夜可在庭院里听见他们说悄悄话；七月十五是“鬼节”，须在午饭后上坟祭拜祖先，且是已嫁女儿回娘家沟通联络感情的日子，等等。

而在寒亭城市社区中，虽然有85.4%的被访者知道二月二，但却对二月二的诸多节俗活动不甚知晓见图4－1。在“听说过哪些二月二节俗活动”的回答中，除理发和炒豆认知度较高外，其他活动并不为被访者广泛了解（见表4－1）。在对“是否过七夕”的回答中，61.7%的被访者选择不过七夕。在对“是否听说过中元节”的回答中，60.7%的被访者都没听说过。可见，寒亭区城市居民对这三个传统节日不甚了解。显然，由于城乡之间在社会环境、生活方式、文化传统等方面存在着较大差异，城乡居民对传统节日的认知也出现了明显差异。

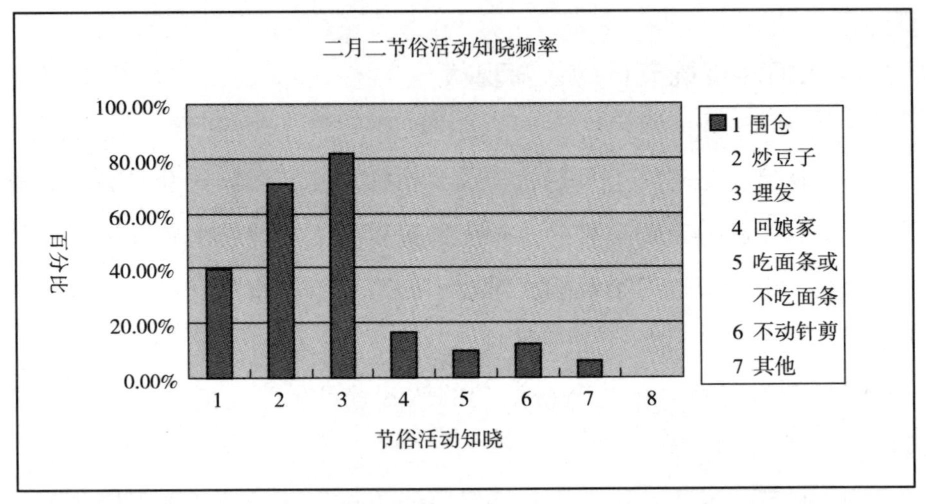

图4－1　潍坊市寒亭区城市居民关于二月二节俗活动的认知度调查结果

（2）不同地区对具体传统节日的认知度不尽相同。

调查结果显示，不同地区对具体传统节日的认知存在较大差异。以七月十五为例，在潍坊、淄博等地区，七月十五是“鬼节”，影响力并不大。而在莱芜地区，七月十五则是一个相当重大的节日，其隆重程度仅次于春节，如举行请家堂仪式时须家庭成员全部在场，嫁女不能回娘家，摆设丰厚祭品，饮食方面有午吃饺子、晚吃团圆饭的礼仪制度，且至今为当地民众恪守。类似情况如荣成市人和镇院夼村传统上重视谷雨节甚于春节，北京市门头沟区板桥、庄户、千军台三村在元宵节期间讲究阖家团聚甚于春节等等。这说明不同地区受到地理条件、生活方式、文化传统等因素的影响，在与节日时间制度、节俗活动安排、节日文化认同等方面自成传统，以满足各地民众不同的精神需求。

（3）从认知主体上看，人们对传统节日的认知与年龄、文化程度等关系密切。

①从年龄上看，年龄越大对传统节日的认知度越高。

调查显示，知道“二月二，龙抬头”的被访者，在36岁到50岁这一年龄段所占比例最高，达到88.6%；不知道的，以26－35岁和16－25岁的被访者所占比例较高，为19.1%和12.5%（见表4－2）。在“听说过哪些二月二节俗活动”的回答中，被访者年龄越大，知晓的比例就越高（见表3）。显然，节日是随着自然时间的绵延而不断地循环往复，年龄较大者因为对传统节日有更多的体验机会和知识积累，对节日的记忆就更加深刻，并赋予诸多节俗活动以更多的社会意义与情感色彩，因而有着更高的认知度。

表4－1　潍坊市寒亭区不同年龄的人对“二月二”的认知度

知道“二月二，龙抬头”吗＊年龄 Crosstabulation

			年龄				Total
			16～25岁	26～35岁	36～50岁	51岁及以上	
知道“二月二”龙抬头吗	不知道	Cunt % within 年龄	19 12.5%	31 19.1%	26 11.4%	6 31.6%	82 14.6%
	知道	Cunt % within 年龄	133 87.5%	131 80.9%	202 88.6%	13 68.4%	479 85.4%
Total		Cunt % within 年龄	152 100.0%	162 100.0%	228 100.0%	19 100.0%	561 100.0%

表 4-2 不同年龄的人对二月二节俗活动的认知度

"二月二"节俗活动知晓 * 年龄 Crosstabulation

			年龄				Total
			16~25 岁	26~35 岁	36~50 岁	51 岁及以上	
$二月二节俗活动知晓	1 围仓	Count	48	66	93	14	221
		% within 年龄	31.6%	41.0%	41.0%	73.7%	
	2 炒豆子	Count	105	103	173	16	397
		% within 年龄	69.1%	64.0%	76.2%	84.2%	
	3 理发	Count	100	146	197	15	458
		% within 年龄	69.1%	90.7%	86.8S%	78.9%	
	4 回娘家	Count	40	13	35	4	92
		% within 年龄	26.3%	8.1%	15.4%	21.1%	
	5 吃面条或不能吃	Count	20	9	21	3	53
		% within 年龄	13.2%	5.6%	9.3%	15.8%	
	6 不动针剪	Count	30	10	28	2	70
		% within 年龄	19.7%	6.2%	12.3%	10.5%	
	7 其他	Count	9	9	11	4	33
		% within 年龄	5.9%	5.6%	4.8%	21.1%	
Total		Cpunt	152	161	227	19	599

②从文化程度上看，学历较高的群体对传统节日较为了解。

调查显示，知道"二月二，龙抬头"的，大专及以上学历的被访者所占比例最高，为 88.5%；不知道"龙抬头"的，初中及以下被访者所占比例较高，为 25.8%。学历为高中及技校的被访者对于二月二节俗活动的认知最全面，其选择围仓、炒豆、理发的比例分别为 60.0%、83.5%、95.3%，均为各年龄段中的最高值。可见，文化程度较高的群体，对传统节日的认知程度也较高。这说明，近些年来国家利用各种媒介对传统节日的宣传教育是富有成效的。

但惟有一个比较特殊的节日"中元节"例外。学历为初中及以下的被访者，其认知度在各年龄段中所占比例最高，为 71.6%。这可能因为，中元节曾经在相当长的一段历史时期内被认定具有浓厚的"迷信"色彩，学历低的人对"迷信"色彩的认同略低于高学历者，同时他们多生活在社会基层，共享社区节日经验的机会很多，因而对曾经受到国家政治抑制的传统节日了解较多。

2. 人们对传统节日的评价

（1）从节日的隆重程度来看，四大传统节日在人们心中仍然是最为隆重的。

调查显示，在“给出10个传统节日，按隆重程度进行排序”的调查中，春节毫无争议地排在了第一位，在被访的562中，有546人认为春节是最隆重的节日，占97%；排在第二、第三位是中秋节和元宵节，选择它们的分别有254人（45.1%）和239人（42.5%），可谓不相上下；排在第四位的是清明节，有203人，占36.1%；排在第五位的是端午节，184人，占32.7%。可见，被访者认为较隆重的节日的排序依次为：春节、中秋节、元宵节、清明节、端午节（传统上一般将包括祭灶、春节、元宵节等节日在内视作一个完整的“过年”时段）。这说明在民众心中，五大传统节日仍然是最有影响力的。

（2）大多数人认为，传统节日有必要继续传承下去。

调查表明，在对“你觉得下列节日有必要传承下去吗”的回答中，大多数被访者都认为列出的六大传统节日有必要传承下去。认为春节有必要传承的占82.7%，二月二75.7%，清明80.8%，七夕75.8%，中秋84.5%，重阳节81.1%。从结果中可知，在民众心目中，中秋节传承的必要性居然高于春节。这可能与人们对春节和中秋节的节日感受和期望值的差异有关。就节日感受而言，春节虽然隆重，但个人在节日中要承担更多的义务和责任，如忙年、拜年、走亲戚等，过完春节往往会有疲惫感，而中秋节以团圆为主题，以赏月娱乐为内容，其家庭化、个人化色彩较浓郁，作为一个较为轻松、温情的节日更容易与现代生活对接、互补。其次，从对节日的期望值来说，人们对春节往往寄予更高、更神圣的期待，期望得到更多的精神满足，但现在春节中传统的宗教性因素越来越少，而新的神圣性因素尚未确立，难以满足当代人的心理需求。

（3）从评价主体上看，人们对传统节日的评价与年龄、婚姻状况、职业密切相关。

问卷中共设计了三道关于节日变化的题目，涉及到清明、端午、中秋三大节日，分为三个选项，即越来越淡、越来越隆重或者没有什么变化。结果显示，不同的年龄、婚姻状况和职业的被访者对传统节日的变化感受迥异。

①从年龄上看，青年人认为传统节日越来越淡，中年人认为传统节日越来越隆重，老年人认为传统节日没什么变化。

调查结果显示：认为清明节、端午节、中秋节越来越淡的，16－25岁的被访者所占比例较高，分别为45.4%、42.1%、33.3%；认为清明节、端午节、中秋节越来越隆重的，36－50岁的被访者所占比例较高，分别为31.7%、37.7%、42.2%；认为清明节、端午节、中秋节没什么变化的，51岁及以上被访者所占比例较高，分别为42.1%、47.4%、42.1%。这说明，不同年龄段的群体对节日的主观感受有较大差异。对于青年人来说，他们从出生到长大，正处于传统节日氛围越来越淡、西方节日大量涌入的新时期，从来没有感受到传统节日曾有的盛况和深厚文化内涵，因此他们对于传统节日的现实感日趋淡薄。从另外一个角度观察，近年来的传统节日承载着越来越多的社会交际功能，其间的社会交往频度与礼仪隆重程度呈现逐年递增的趋势，作为节日生活中的主体，社会赋予中年人更多的责任和义务，节日期间要忙于筹办各类活动、参与各种社会交往。这其实是传统节日的异化发展，可以说，是对于现实生存的考量让中年人感受到传统节日的强大压力，因之感到节日越来越隆重。老年人则不同，他们对以现代性、都市化为特征的当代文化接受较少，没有深刻地体验西方节日所代表的异国文化强调，同时他们已不再是社会舞台上的主角，就某种程度而言是生活在关于往昔时光包括传统节日在内的回味之中，因而他们对于传统节日的看法没有多少改变。

②从婚姻状况来看，未婚者认为传统节日越来越淡，已婚者认为越来越隆重。

调查结果显示：认为清明节、端午节、中秋节越来越淡的，未婚的被访者所占比例较高，分别为46.9%、43.4%、32.8%；认为清明节、端午节、中秋节越来越隆重的，已婚的被访者所占比例较高，分别为31.1%、38.9%、41.3%。这说明，是否经历婚姻生活，在一定程度上影响到人们对于传统节日的认知评价。作为家庭生活中的主体，已婚者是节日活动的组织者和意义赋予者，由此所体验的节日生活带有以家庭为单元的集体记忆的痕迹。未婚者则不然，往往只是被动地遵从传统节日中的礼仪传统，传统节日难以在他们的记忆中留下深刻印记。

③从职业上来看，农民或学生认为传统节日越来越淡，企业一般员工认为传统节日越来越隆重，而政府或事业单位人员则认为传统节日没什么变化。

调查显示：认为清明节、中秋节越来越淡的，职业为农民的被访者所占比例较高，分别为55.2%、45.6%；认为端午节越来越淡的，职业为学生和农民的被访者所占比例较高，分别为49.5%、46.6%；认为清明节、端午节、中秋节越来越隆重的，职业为企业一般员工的被访者所占比例较高，分别为44.2%、54.5%、47.4%；认为清明节、端午节、中秋节没什么变化的，职业为政府或事业单位人员所占比例较高，分别为39.7%、41.8%、38.9%。这说明，随着我国城乡一体化进程的加快，扎根于乡土社会的传统节日已经逐渐失去其原有的社会基础，对于农民而言，传统节日与他们日常生活的关系日益疏离，节俗趋于淡化。对于生活于城市的企事业单位的职工而言，法定节日赋予他们更多的休闲时间，同时城市文化的多样性也建构起新的丰富多彩的节日内容，流行于城市中的新的节日认同正在逐步形成，因此他们认为节日越来越隆重，虽然这种认同并不一定就是针对“原生态”意义上的节日传统。而对于政府部门的公务员来说，他们所处的工作环境跟传统节日日渐疏远，缺乏节俗活动的空间和氛围，因此他们眼中的传统节日没什么变化。

3. 人们如何过传统节日

（1）重要传统节日的主要形式得到了较好的传承。

调查结果显示，重要传统节日的基本形式都得到了有效的传承，人们对主要的节俗活动的参与度都比较高，显示出传统节日至今仍然具有较强的影响力。这些节俗活动主要有，春节祭祖、包水饺、贴春联、吃年夜饭/团圆饭、拜年，二月二吃炒豆、理发，清明节祭祖，端午节吃粽子、插艾草，中秋节吃月饼、吃团圆饭、赏月、送节礼等。可见，节日作为一种文化设置，一旦成为传统，就具有了一定的权威性或对社会成员的约束力。这说明，人们对传统节日仍然有着难以割舍的情怀，对传统节日的主要框架保持着一种基本的尊重，由此对主要节俗活动有一种普遍遵从的心态。

（2）一部分传统节日内容正在淡化或消亡。

调查结果表明，被访者对一部分传统节日习俗的参与热情并不高。比如守夜是传统春节中必不可少的活动，但现在春节期间选择守夜的人仅占50.5%，有大约一半的人都不会选择守夜。在二月二节俗活动中，选择回娘家的仅为12.2%，有吃面条或不吃面条讲究的仅为7.3%，选择不动针剪的仅为7.5%。踏青、插柳、荡秋千原本是清明节的主要节俗活动，然而被访者对它们的参与程度普遍不高，所占比例分别为45.1%、30.7%、25.9%。另外，其他节日的一些习俗活动也面临同样的困境，如端午节期间喝雄黄酒（13.0%）、用艾草洗澡（10.9%），七夕时做巧果（26.8%）、乞巧（12.2%），中元节期间驱邪祟（15.3%），中秋节时祭月（18.2%），重阳节期间爬山（25.1%）、赶庙会（28.6%）。在农村，部分传统节日的内容正在逐渐淡化或消亡。比如在寒亭的农村，元宵节期间的量月影（一种古朴的农事占卜仪式）、送灯官（一种祭祀灯官的信仰仪式）、吃巧巧饭（一种“乞巧”习俗，多为15岁以下的女孩子参加）等习俗已经消失。在过去，每到清明时节，寒亭农村几乎家家户户都会外出放风筝、荡秋千，既能锻炼身体、愉悦心灵，又有祈福禳灾的寓意，但在今天这些习俗已越来越淡漠。

传统节日与过去的农耕社会紧密相连，与传统农时节奏关系密切，但在当今的城市化背景下，整个社会的生活方式普遍发生转变。传统农时节奏已不再发挥重要作用，与农耕劳作模式相关的文化记忆渐行渐远，相关节日习俗的功能逐渐消失。另外，传统节俗活动所需要的物质材料，在居住模式日趋城市化的现代社会中已经不易获取，许多传统节日中缺少与现代生活的一种转化性介入，因此这些节俗活动正逐渐淡出人们的生活世界。

（3）人们对传统节日的参与程度与年龄、文化程度、婚姻状况、职业、居住时间密切相关。

①从年龄上看，老年人参与到神圣性节俗活动的比例较高，而年轻人喜欢参与娱乐性节俗活动。

调查结果显示，16－25岁的被访者参与比例较高的节俗活动有：春节期间放鞭炮（94.7%）、在家里做年夜饭（94.1%）、贴春联（92.8%），清明节祭扫烈士墓（53.9%）、荡秋千（28.9%），七夕时与喜欢的人约会（72.6%）、乞巧（15.1%）。26－35岁的被访者参与比例较高的节俗活动有：二月二理发（80.2%），七夕时与喜欢的人约会（76.1%）。36－50岁及51以上的被访者参与比例较高的节俗活动有：春节祭祖（82.5%和94.7%），二月二吃炒豆子（65.9%和73.7%），清明节祭祖（85.2%和94.7%）、祭扫烈士墓（51岁及以上/

73.7%）、荡秋千（51 岁及以上/42.1%），端午节插艾草（66.1% 和 63.2%）、用艾草洗澡（14.1% 和 36.8%），七夕时做巧果（51 岁及以上/77.8%），中元节祭祖（62.8% 和 55.6%），中秋节祭月（23.8% 和 31.6%），重阳节爬山（30.2% 和 57.9%）、全家一起吃饭（51 岁及以上/73.7%）。

可见，年轻人和老年人对于节日的预期和参与方式是不一样的，老年人参与神圣性节俗活动的比例较高，而年轻人则喜欢参与娱乐性节俗活动。这一倾向其实是人类社会中普遍存在的现象。只不过，以农耕生活为基础、以稳定居住为背景而定型的传统节日，更多地指向于群体凝聚意识，强调个人服从于群体，这种对群体成员尤其是对年轻人来说意味着更多的规范和约束。而在传统社会中居于权威地位的老年人，则一般会积极参与那些具有神圣性、规范性的节俗活动，借以凸显自身的权威性，稳定既有秩序。到了现代社会，年轻人已经成为整体社会生活的重要群体，他们对于节日生活的娱乐化、个性化追求也就成为影响巨大的社会潮流。也就是说，传统节日如果不能通过节俗活动形式的现代转型适应当代社会生活之需，对年轻人缺乏吸引力，其衰落将是不可避免的。

②从文化程度上看，学历较高的人更倾向于参与那些与当下生活密切关联的节俗活动；对于那些正在淡化或消亡的节俗活动，学历较低的人参与的比例要高一些。

调查结果显示，学历为大专及以上的被访者参与比例较高的节俗活动有：春节期间包水饺（96.1%）、拜年（89.3%）、守夜（54.9%），七夕节与喜欢的人约会（67.2%）。学历为高中及技校的被访者参与比例较高的节俗活动有：春节贴春联（97.6%）、吃年夜饭（96.5%）、放鞭炮（95.3%）、祭祖（90.6），端午节吃粽子（100%），中秋节吃团圆饭（91.8%）、送节礼（85.9%），重阳节看望老人、走访亲友（64.3%）。学历为初中及以下的被访者参与比例较高的节俗活动有：端午节插艾草（58.8%）、喝雄黄酒（35.3%）、用艾草洗澡（20.6%），七夕节做巧果（52.9%）、乞巧（20.6%），中元节祭祖（70.2%），重阳节爬山（51.6%）、赶庙会（48.4%）。

由此可见，不同的文化程度决定了个体对传统节俗活动的参与方式。一般而言，高学历者主要参与的是传统节日中那些能适应现代社会的节俗内容，他们需要借助这些节俗活动以实现各种社会交往，密切与其他社会成员之间的关系，以及调节自身的生活。学历较低者主要通过自身的经验积累获得节日认知，他们对传统节俗活动有一种难以割舍的情怀，因此，在那些正在淡化和消亡的节俗活动的参与者中，他们所占的比例最高。

③从居住时间来看，居住时间长的人喜欢参加那些带有深刻集体记忆的节俗活动，居住时间短的人倾向于参加个体性比较强的节俗活动。

调查结果显示：在一个地方居住 0－5 年的被访者参与比例较高的节俗活动有：二月二回娘家（16.1%），清明节踏青（51.5%），重阳节爬山（31.6%）。居住 5－10 年的被访者参与比例较高的节俗活动有：二月二讲究吃面条或不吃面条（11.%），七夕时做巧果（40.8%）。居住 10－20 年的被访者参与比例较高的节俗活动有：春节贴春联（91.4%）、守夜（57.0%），七夕时乞巧（17.7%），重阳节赶庙会（39.1%）、全家聚餐（58.6%）。居住 20 年以上的被访者参与比例较高的节俗活动有：春节贴春联（93.4%）、拜年（93.4%）、年夜饭自己做（96.2%），二月二节炒豆子（72.4%）、理发（83.8%），清明节祭祖（86.8%），七夕节与喜欢的人约会（70.6%），中秋节送节礼（82.1%）。

显然，长期在同一个地方居住的人，容易与邻近的人形成较为稳固的地缘关系，倾向于参加与社区传统紧密联系的节俗活动，借以建立与强化自己已有的社会关系，较深地融入到社区传统和社会交际圈之中。而居住时间短的人流动性较强，尚未完全融入社区传统之中，缺乏社会交往的必要资源，也就更倾向于参加适宜个体操作的节俗活动。

④从职业上看，农民更倾向于参加信仰色彩较重的节俗活动，而学生、企业员工等更喜欢参加那些参与性的、娱乐性的活动。

调查结果显示，职业为农民的被访者参与比例较高的节俗活动有：二月二炒豆子（77.6%）、围仓（56.9%），清明节插柳（46.6%）、荡秋千（39.7%），端午节插艾草（60.3%）、喝雄黄酒（32.8%）、用艾草洗澡（20.7%），七夕时乞巧（13.6%），中元节祭祖（74.2%）。职业为学生的被访者参与比例较高的节俗活动有：春节期间放鞭炮（98%）、贴春联（97%）、吃年夜饭（99%），二月二回娘家（20.2%），清明节祭扫烈士墓（60.6%），端午节吃粽子（100%），七夕与喜欢的人约会（77.1%。），中秋节赏月（69.7%）。职业为企业一般员工的被访者参与比例较高的节俗活动有：二月二理发（92.2%），端午节吃粽子（100%），过七夕（58.4%），中秋节送节礼（89.6%），重阳节赶庙会（44.7%）。

这说明，职业差异影响到个体对不同节俗活动的喜好，生活于传统乡村社区中的农民更喜欢富有传统信仰内涵的节俗活动，如在二月二时围仓、炒豆子，在端午节时插艾、喝雄黄酒等，从中寄托他们对生活的美好期盼，如通过围仓期盼实现五谷丰登，插艾、喝雄黄酒寄予对家人身体健康平安的祝愿。而生活于现代城市社区中的学生、职工等，由于受到城市居住环境的限制，导致他们没有条件参加诸如围仓、插艾草等活动，而更喜欢参与送节礼、过七夕、赶庙会等参与性、娱乐性较强的节俗活动，以实现社会交往或自身的调节。

⑤从婚姻状况来说，已婚者多选择带有交流和沟通性质的节俗活动，而未婚者多选择带有自娱性质的节俗活动。

调查结果显示，已婚的被访者主要参与的节俗活动有：二月二理发（76.6%），七夕时做巧果（32.3%），中元节祭祖（56.0%），中秋节吃团圆饭（91.2%）、祭月（20.5%），重阳节看望老人、走访亲友

(64.6%)。未婚的被访者则主要参与：过七夕（48.9%），在七夕时乞巧（15.4%）、与喜欢的人约会（67.0%），重阳节时赶庙会（36.6%）、看望老人、走访亲友（64.6%）。

这说明，是否进入婚姻家庭生活是影响人们节俗活动选择的重要因素。已婚者多选择祭祖、吃团圆饭、看望老人等节俗活动，借以维系个体与家庭家族甚至村社邻里之间稳定和睦秩序，以礼物的流动与交换活动实现个体与家庭家族等社会组织之间的情感交流。未婚者则不然，他们多选择赶庙会、约会等个体活动，以自娱为宗旨，但同时也会选择选择看望老人、走访亲友等部分节俗活动，以维系个体与家庭家族的情感联系。

4. 人们对传统节日的期望心理

（1）大多数人认为传统节日有必要传承，说明人们对传统节日的期待心理是很高的。

前文已述，大多数被访者都认为传统节日有必要传承下去，说明传统节日是现代社会生活中不可缺少的一环，具有重要的功能和意义。然而，这一问题之所以成为问题，又与传统节日在中国近现代历史上所处的尴尬处境不无关系。在我国近现代社会历史上，传统节日曾经在很长的一段时期内被视作阻碍历史前进的旧文化的一部分，除极少数节日如春节、清明等被有选择、有条件地予以“革命化”改造，因而在现代生活中具有一席之地外，很多节日都在不同程度上受到冷落、轻视甚至批判。正因如此，人们对当下的传统节日寄予了很高的心理期待，体现了日渐鲜明的文化自觉意识，这也为传统节日的复兴提供了条件。

（2）人们对部分传统节日内容表现淡漠。

结果显示：认为过春节没意思的被访者达到总数的41.5%；认为春节、二月二、清明节、七夕、中秋、重阳节没必要传承下去的被访者所占比例分别为：17.3%、24.3%、19.2%、24.2%、15.5%、18.9%；与20年前相比，觉得清明节、端午节、中秋节越来越淡的人所占比例分别为：38.1%、31.6%、28.2%；认为重阳节不重要的人占18.4%。这些数据表明，有相当一部分被访者认为传统节日的吸引力在降低，意义在消减，因此对传统节日表现出一定的淡漠情绪，认为它们没有意思或不必传承。这是传统节日在当下社会面临困境的真实反映。在传统社会中，岁时节日与民众生产、生活密切相关，是民众生活时段切分转换的标志，因而居于极为重要的地位。时至今日，已经不再与民众生活息息相关，也较少具有时间坐标的意义，人们已不仅仅依赖节日传递知识、交流感情，而是通过多重的公共活动空间来实现上述需求。一言以蔽之，传统节日与民众的生产生活实践已经不再具有深刻的内在关联，因而人们对于传统节日已经没有了传统意义上的那种浓烈情感，传统节俗内容的革新也就成为了人们普遍的期待。

5. 人们如何看待传统节日法定化的问题

调查显示，在对“是否有必要设定除夕、清明节、端午节、中秋节为法定节日”的设问中，认为有必要将除夕设定为法定节日的占94.3%，清明节占91.3%，端午节占88%，中秋节占95.9%（见表4－3－表4－6）。显然，绝大多数人都认为2007年我国政府为这些节日设定法定假期是必要的。的确，法定假期的制定对传统节日的传承有着至关重要的作用，可以使民众生活获得更多的自由空间，促进社区生活和整体社会秩序的优化，显示出目前我国在制定政策法规方面的更趋务实和合理化。

然而，在回答关于春节更改假期的问题时，赞成春节假期改动的人占46.1%；不赞成春节假期改动的占38.2%；认为改动不改动假期无所谓的占15.7%（见表4－7）。虽然赞成更改春节假期的人数更多，是一种更加合理的休假方式，但持不赞成态度的比例也较高，说明其中另有隐曲。其一，春节假期更改以后，与传统年节相关的假期总天数 7 天不变，但将原定春节假期中的最后一天取消，改为除夕放假一天，而在正月初七上班。在我国许多地区，传统上有正月初八开业的习惯，如今提到初七，使很多人感到不方便。其二，在 2007 年以前除夕虽然没有法定假期，但因为“忙年”的需要，许多单位都已人去楼空，即使仍坚持上班者往往也是“身在曹营心在汉”，形成了“事实假期”，改动后的春节放假制度其实是将人们以前的春节期间的“事实假期”渐少了一天。赞成为除夕设定假期，却不赞成从原定春节假期中的一天挪借到除夕放假，这就是绝大多数人赞成为除夕设定假期却同时又有多数人不赞成更改春节假期的关键性原因所在。

表 4－3　除夕设定假期的必要性

		频数	百分比	有效百分比	累积百分比
有效的	有必要	528	93.8	94.3	94.3
	没必要	32	5.7	5.7	100.0
	总计	560	99.5	100.0	
缺失	－9	3	5		
总计		563	100.0		

表 4－4　清明设定假期的必要性

		频数	百分比	有效百分比	累积百分比
有效的	有必要	504	89.5	91.3	91.3
	没必要	48	8.5	8.7	100.0
	总计	552	98.0	100.0	
缺失	－9	11	2.0		
总计		563	100.0		

表 4 -5 端午设定假期的必要性

		频数	百分比	有效百分比	累积百分比
有效的	有必要	482	85.6	88.0	88.0
	没必要	66	11.7	12.0	100.0
	总计	548	97.3	100.0	
缺失	-9	15	2.7		
总计		563	100.0		

表 4 -6 中秋设定假期的必要性

		频数	百分比	有效百分比	累积百分比
有效的	有必要	536	95.2	95.9	95.9
	没必要	23	4.1	4.1	100.0
	总计	559	99.3	100.0	
缺失	-9	4	.7		
总计		563	100.0		

表 4 -7 对春节假期更改的态度

		频数	百分比	有效百分比	累积百分比
有效的	赞成	258	45.8	46.1	46.1
	不赞成	214	38.0	38.2	84.3
	无所谓	88	15.6	15.7	100.0
	总计	560	99.5	100.0	
缺失	-9	3	5		
总计		563	100.0		

6. 人们对外来节日的认知、参与和评价

（1）人们对外来节日的认知程度较高，且认知程度与性别、年龄、学历和职业密切相关。

调查结果显示，人们对外来节日的认知度很高，被访者对圣诞节、

情人节、父亲节、母亲节的知晓度都达到了90%以上，对愚人节、感恩节的知晓频率也有85.4%和74.9%。（见图4－2）这表明，随着全球化一体化进程的加快，外来节日已经被我国民众尤其是城市民众所熟知。

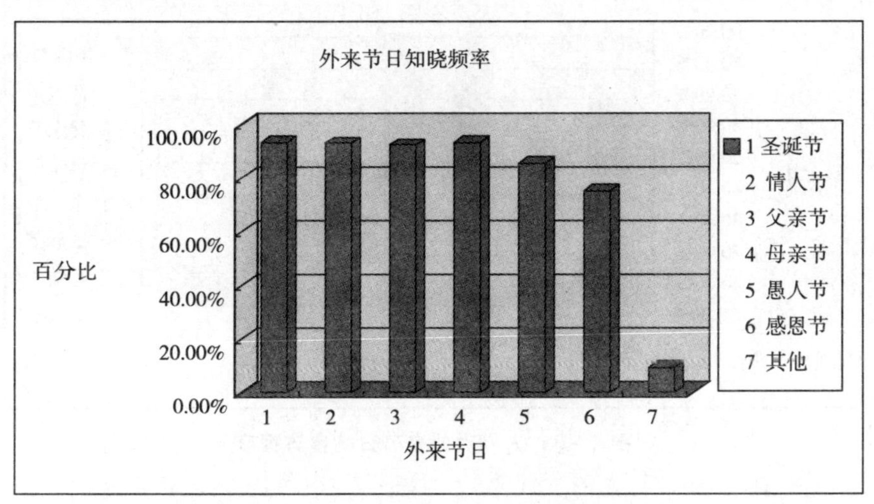

图4－2　人们对外来节日的认知程度

人们对外来节日的认知度与性别、年龄、学历和职业密切相关。从性别上来看，女性对外来节日有更多的关注和了解；从年龄上来看，青年人更了解外来节日；从文化程度上来看，学历稍高的被访者更了解外来节日；从职业上来看，学生更了解外来节日。这大致与上述群体更喜欢关注、也更容易接受外来的新生事物有关。

（2）人们对外来节日的参与程度较高，且对外来节日的参与程度与性别、年龄、学历和职业密切相关。

调查资料表明，人们参与的外来节日中比例最高的是母亲节和父亲节，参与度均在70%以上。（见图4－3）较之于圣诞节的神圣性和情人节的娱乐精神，母亲节、父亲节是凸显伦理亲情的节日，比较符合中国本土节日的传统，因而获得了民众较高的参与比例。这说明，中国民众对外来节日的参与并非盲目跟风，而是在文化传统影响下的一种主动选择，他们从自身的文化需求出发去涵化外来节日，而并非完全被动地参与其中。

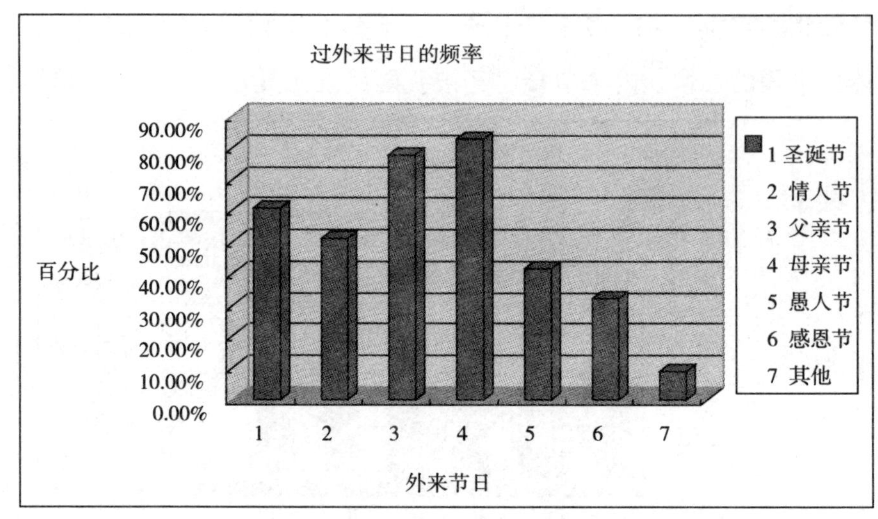

图 4－3 人们对外来节日的参与程度

同对外来节日的认知度一样，民众对外来节日的参与度与性别、年龄、婚姻状况、学历和职业密切相关，即女性群体、青年群体、未婚群体、学历稍高群体、学生群体更倾向于实践外来节日。上述群体，构成了我国参与外来节日活动的主体。

（3）人们认为传统节日比外来节日更重要。

调查结果显示：在 558 名被访者中，认为中国传统节日重要的为 483 人，占总数的 86.6%；认为外来节日重要的为 13 人，占总数的 2.3%；认为差不多的为 58 人，占总数的 10.4%；认为都不重要的为 4 人，占总数的 0.7%。（见表 4－8）由此可见，被访者中的大多数认同中国传统节日，认为中国传统节日比外来节日更重要。这说明在当今社会中，传统节日对于国人的影响力是外来节日所不能企及的。

表 4－8　中国节日与外来节日哪个更重要

		频数	百分比	有效百分比	累积百分比
有效的	中国传统节日重要	483	85.8	86.6	86.6
	外来洋节日重要	13	2.3	2.3	88.9
	差不多	58	10.3	10.4	99.3
	都不重要	4	7	7	100.0
	总计	558	99.1	100.0	
缺失	－9	5	9		
总计		563	100.0		

7. 结论

通过上述分析，本次调查我们可以得出如下结论：

（1）农村居民对传统节日的认知程度较高，城市居民相对较低。

（2）不同地域对传统节日的认知程度差异明显。

（3）传统意义上的四大节日在人们心中仍然居于神圣地位。

（4）绝大多数人认为，传统节日有必要继续传承下去。

（5）尽管部分人们对部分传统节日的节俗内容态度淡漠，部分传统节日内容正在淡化或消亡，但就总体来看，主要传统节日的节俗框架得到了较好传承。

（6）人们对传统节日的认知、评价、参与和期待与年龄、文化程度、婚姻状况、职业、居住时间等关系密切。

（7）关于 2007 年国家法定假期的调整，尽管有不少人对于更改春节假期持保留态度，但几乎都认为为端午、中秋、除夕等传统节日设定法定假期是必要的。

（8）人们对外来节日的认知程度较高，显示出我国社会较强的开放性。同时，人们认为传统节日比外来节日更加重要，而且在对外来节日的参与中体现出较强的选择理性。

（四）对策性意见与建议

1. 充分考虑不同地域对不同节日在重视程度上的差异，建议在保证国家法定假期制度不变的前提下，以省区或市为单元实施适度增量的弹性放假制度，作为目前国家法定假期制度的补充

调查结果说明，传统节日表现出很强的“在地化”特征，不同地域的民众对同一节日的认知、评价、参与和期待是不一样的。比如山东莱芜地区“七月十五”的神圣性堪比春节、荣成地区“谷雨”的隆重程度更甚春节，北京市门头沟区板桥、庄户、千军台三村在元宵节期间讲究阖家团聚而春节则不强求等现状，说明不同地区受到地理条件、生活方式、文化传统等因素的影响，在节日时间制度、节俗活动安排、节日文化认同等方面自成传统，以满足各地民众不同的精神需求。

不同地域中不同的节日传统和文化认同应予以充分尊重，建议国家政府充分尊重传统节日的历史积淀与地域特性，授权地方政府部门（省区或市区），可以根据本地区的整体社会发展状况和节日传统，实施适度增量的弹性放假制度，作为目前国家法定假期制度的补充。这一举措，对于广泛意义上的保护文化多样性、改善民生具有重要意义。

2. 以节日体验为途径，加强对青少年的传统节日文化教育

调查结果显示，青少年参与传统节日的积极性很高，但对于传统节日的认知度、认同感和参与性尚有很大的提升空间。青少年是传统节日的传承主体，是未来文化的创造者，他们对于传统节日文化的认知、态度与行为将直接影响到传统节日文化的传承与发展的前景。政府，尤其是文化和教育部门要有意识地加强对青少年的传统节日文化教育，增强他们对传统节日的认知、体验和理解，对于弘扬中华传统节日文化具有

特别重要的意义。

然而，节日本身是民众生活的一部分，节日文化具有突出的生活实践特性，因而对青少年的节日文化教育工作不应以课堂灌输的方式进行，而应探索一种以传统节日生活的体验和参与为特征的引导模式，比如为学生创造条件进行传统节日调查、组织传统节日夏令营活动、传统节俗进课堂等等。通过种种方式，让青少年感受到传统节日活动的特有趣味，积极参与到传统节日活动中来，乐在其中。同时，有意识地在传统节日的活动框架内强化节俗中的传统美德因素，寓教于乐，让青少年在体验的同时接受传统美德的熏陶，自觉担当传统节日文化传承的主人。

3. 传统节日的神圣感需要尊重，同时应积极关注传统节俗的现代性转换

传统节日定型于传统的农耕社会，与传统农时节奏关系密切，尽管传统农时节奏已不再发挥重要作用，人们与农耕劳作模式相关的文化记忆渐行渐远，相关节日习俗的功能逐渐消失，然而文化是有连续性的，中国文化更是相沿成俗的性格，传承千年的传统节日如温厚的地母一样培育着中国文化一脉绵延不息。时至今日，人们对传统节日的框架形式依然保持着足够的尊重，对主要节俗活动普遍遵从，显示出对传统节日的难以割舍的情怀。就此而言，传统节日所延续下来的神圣感需要尊重。

然而，传统节日在历史上从来就是处于不断的变迁过程之中，诸多节俗及文化内涵是在多种文化的激荡中“层累”（顾颉刚语）而成的。在当今的现代化、城市化日益推进的大背景下，整个社会的生活方式已经普遍发生转变。传统节日与民众的生产生活实践已经不再具有紧密的内在关联，许多节日因为缺少与现代生活的一种转化性介入，正在逐渐

淡出人们的生活世界。传统节日如果不能通过节俗活动形式的现代转型适应当代社会生活之需，对年轻人缺乏吸引力，其衰落将是不可避免的。传统节俗内容的革新成为人们普遍的期待，其神圣传统需要以种种方式促进在当今社会中的传承。在尊重传统节日的基本框架的基础上，积极关注其文化内涵的现代性转换，使之在当代和谐社会建设中继续发挥作用，是弘扬传统节日文化的应有之义。让人欣喜的是，人们对传统节日普遍寄予了很高的心理期待，体现出日渐鲜明的文化自觉意识，这为传统节日在当代的传承、复兴与再创造提供了深厚的社会基础。

4. 以兼容并包的开放态度对待外来节日文化

我们在弘扬传统节日的同时，也要以兼容并包、海纳百川的态度对待外来节日文化。其一，在当今时代，提倡文化多样性、强调文化包容性已经成为一种世界性的共识，绝不能一味强调对传统节日的遵从而陷入孤芳自赏的文化自恋，文化绝对主义在当今世界没有出路。节日本身一种生活文化，不管是传统的还是外来的，节日文化都应在调节民众生活、搭建精神家园的意义上被尽可能多的人们共享。过节是人们自发的选择，我们不能排斥民众，尤其是年轻人接触和享用外来节日文化。其次，人类文明中含有普适性的价值，任何一种节日所以能够源远流长经久不衰，其节俗背后一定有着足够的文化合理性基础，一定包含有值得其他国家和民族借鉴与尊敬的因素。比如，西方的父亲节、母亲节强调家庭伦理，愚人节、情人节强调娱乐精神和个性表达等，这些都与我国现代社会的文化需求相符合，是对我国现有节日体系的良性补充，应当加以合理利用。再次，目前文化界对于外来节日在我国的文化影响力普遍存在评估过高的现象。比如在我们的调查中，青年群体和高学历群体对外来节日十分熟悉且积极参与，但这并不说明传统节日在与外来节日的博弈中处于下风，因为调查结果同时显示上述群体对于中国传统节日同样有着很高的参与热情和重视程度，而且他们对于外来节日的参与心态具有明显的“尝鲜”性质，并未有深刻的文化认同产生。诚然，以传统农耕文明为基础而产生的中国传统节日正处在现代转型时期，很多节俗内容不能满足人们的需求，此时人们便会把目光投向外来节日，并在对外来节日的体验中体验生命，同时也在有意无意中为中国传统节日寻找积极的建构因素。就此而言，人们对外来节日的参与有助于传统节日的现代性转化。

在当前形势下，对待外来节日的正确做法，是先不必急于对其做价值评判，而应遵循讲究实证的现代民俗学理念，组织实施严谨、求实的社会调查，在对现状进行“深描”（格尔兹语）的基础上再予以分析评估，采取相应对策。毕竟，节日文化之间的平等交流、相互汇融，只会使节日文化更加富有生机和活力，而开放多元、安定祥和的节日生活，有利于国计民生，也是中国和平崛起的最具说服力的文化表征之一。

子课题负责人：张士闪

参加者：张士闪、马广海、李生柱

附件：城乡社区传统节日传承情况调查问卷

《弘扬节日文化研究》课题系列问卷之一

城乡社区传统节日传承情况调查

您好！目前，国家和社会各界越来越重视中国传统节日的传承与延续。为大力弘扬传统节日文化，推动传统节日在与新的时代的融合中呈现旺盛的生命活力，文化部专门设立“国家社会科学基金艺术学项目委托项目（决策咨询）《弘扬节日文化研究》”课题。

本课题由全国多个子项目团队组成。我们是来自山东大学民俗研究所的调研团队，具体负责“在当前城乡二元结构下，城市与农村人们过传统节日的差异情况的调研及对策研究”子课题，目的是想听听您的真心话，得到您的建议和意见。本次调查是匿名调查，不会涉及您个人的任何隐私，答案也没有对错和好坏之分，您只需根据您的理解填答即可。谢谢您的支持与合作！祝您身体健康、家庭幸福！

文化部民族民间文艺发展中心

山东大学民俗学研究所

2010 年 10 月

一、传统节日传承情况

1. 您认为下列节日哪些较隆重？并根据其隆重程度在选项前面以①、②、③、④、⑤标出前 5 项。

______（1）春节　　______（2）元宵节

______（3）二月二　　______（4）清明节

______（5）端午节　______（6）七夕节

______（7）七月十五（中元节）　______（8）中秋节

______（9）重阳节　______（10）腊八节

______（11）其他，请注明

2. 下列传统节日，您觉得国家有设立法定假期的必要吗？

（1）除夕　□有必要　□没必要

（2）清明节　□有必要　□没必要

（3）端午节　□有必要　□没必要

（4）中秋节　□有必要　□没必要

3. 2007 年以前，我国法定的春节假期是从初一到初三；2007 年之后，国家改为从除夕到初二。你赞成这一改法吗？

□（1）赞成　□（2）不赞成　□（3）无所谓

4. 您过春节（从除夕到初一）时有哪些活动？（可多选）

□（1）祭祖、请家先　□（2）包水饺

□（3）放鞭炮　□（4）贴春联

□（5）吃年夜饭、团圆饭　□（6）守夜

□（7）拜年　□（8）其他，请注明

5. 您家里年夜饭怎么吃？

□（1）自己做　□（2）在外面订餐回家吃

□（3）去外面饭店吃　□（4）不吃年夜饭

6. 您觉得现在过春节有意思吗？

□（1）很没意思　□（2）没意思

□（3）有意思　□（4）很有意思

7. 您知道“二月二，龙抬头”的说法吗？

□（1）不知道　□（2）知道

8. 下列二月二节俗活动您知道的有哪些？（可多选）

□（1）围仓（围屯、撒灰） □（2）炒豆子

□（3）理发 □（4）回娘家

□（5）吃面条或不能吃面条 □（6）不动针剪

□（7）其他，请注明

9. 二月二节日，您家里现在有哪些节俗活动？（可多选）

□（1）围仓（围屯、撒灰） □（2）炒豆子

□（3）理发 □（4）回娘家

□（5）吃面条或不能吃面条 □（6）不动针剪

□（7）其他，请注明

10. 清明节您个人参与哪些活动？（可多选）

□（1）祭祖 □（2）祭扫烈士墓

□（3）踏青（郊游） □（4）插柳

□（5）吃红鸡蛋 □（6）荡秋千

□（7）其他，请注明

11. 您觉得现在的清明节和20年前相比，是越来越隆重还是越来越淡了？

□（1）越来越淡 □（2）没什么变化

□（3）越来越隆重 □（4）不知道

12. 端午节您家里有什么活动？（可多选）

□（1）吃粽子 □（2）插艾草

□（3）喝雄黄酒 □（4）用艾草水洗澡

□（5）其他，请注明

13. 您觉得现在的端午节与20年前相比，是更隆重了还是更淡了？

□（1）越来越淡 □（2）没什么变化

□（3）越来越隆重 □（4）不知道

14. 您过七夕节吗?

□(1)过

□(2)不过(选择“不过”者,可跳过15题,直接回答16题)

15. 如果有时间,七夕节这天您会干点什么?

□(1)做巧果　□(2)乞巧　□(3)与喜欢的人约会

16. 您听说过七月十五(中元节)吗?

□(1)听说过

□(2)没听说过(选择这一选项者可跳过17题,直接回答18题)

17. 七月十五(中元节)您家里有什么活动?

□(1)祭祖　□(2)驱邪祟

□(3)什么也不做　□(4)其他,请注明

18. 中秋节您家里有什么活动?

□(1)吃月饼　□(2)吃团圆饭

□(3)赏月　□(4)祭月

□(5)送节礼　□(6)其他,请注明

19. 您认为现在的中秋节和20年前相比,更隆重了还是更淡了?

□(1)越来越淡　□(2)没什么变化

□(3)越来越隆重　□(4)不知道

20. 您家里过重阳节有什么活动?

□(1)爬山、登高　□(2)赶庙会

□(3)看望老人、走亲访友　□(4)全家人一起吃饭

□(5)其他,请注明

21. 您认为重阳节是个重要节日吗?

□(1)不是　□(2)是　□(3)说不准

22. 您觉得下列节日有必要传承下去吗?

春节

□（1）很没必要 □（2）没必要 □（3）有必要 □（4）很有必要

二月二

□（1）很没必要 □（2）没必要 □（3）有必要 □（4）很有必要

清明节

□（1）很没必要 □（2）没必要 □（3）有必要 □（4）很有必要

七夕节

□（1）很没必要 □（2）没必要 □（3）有必要 □（4）很有必要

中秋节

□（1）很没必要 □（2）没必要 □（3）有必要 □（4）很有必要

重阳节

□（1）很没必要 □（2）没必要 □（3）有必要 □（4）很有必要

23. 下列外来节日，您听说过的有哪些？（可多选）

□（1）圣诞节 □（2）情人节

□（3）父亲节 □（4）母亲节

□（5）愚人节 □（6）感恩节

□（7）其他，请注明

24. 下列外来节日，您过的有哪些？（可多选）

□（1）圣诞节 □（2）情人节

□（3）父亲节 □（4）母亲节

□（5）愚人节 □（6）感恩节

□（7）其他，请注明

25. 您觉得，中国传统节日与外来洋节日谁更重要？

□（1）中国传统节日重要　□（2）外来洋节日重要

□（3）差不多　□（4）都不重要

二、个人基本情况

（为了研究的需要，我们需要您填答一下您个人的有关信息，这些资料是匿名的，仅仅用于学术研究，我们将对这些信息绝对保密。）

1. 性别：□（1）男　□（2）女

2. 民族：________________

3. 年龄：________周岁

4. 婚姻状况：□（1）未婚　□（2）已婚

5. 文化程度：

□（1）小学及以下　□（2）初中

□（3）高中及中专　□（4）大专及以上

6. 您的职业是：

□（1）政府或事业单位人员　□（2）企业领导或管理者

□（3）企业一般员工　□（4）个体私营业主

□（5）离退休职工　□（6）无业/失业人员

□（7）农民　□（8）学生

□（8）其他

7. 您在该社区居住的时间：

□（1）0－5年　□（2）5年以上－10年

□（3）10年以上－20年　□（4）20年以上

8. 通常每月家庭收入：

□（1）3000元之内　□（2）3001元－8000元

□（3）8001元－15000元　□（4）15001元－25000元

□（5）25001万元以上

五、青少年节日文化认知和参与情况的调研及对策建议

（一）引　言

我国是一个有着五千多年悠久历史的多民族国家，在不断向前发展的历史进程中，形成了形式多样的传统节日文化。新中国建立后，我国确立了一套国家公共节日体系。传统节日、现代公共节日和各少数民族的传统民族节日，共同构成了我国节日文化的当代形态。

节日是中华民族精神和情感的重要载体。我国的节日文化，尤其是传统节日文化深深扎根于民众的生产生活之中，具有强盛鲜活的生命力，历经岁月的变迁，逐渐成为中华民族灿烂文化之中的一份珍贵遗产。但随着现代人生活水平的不断提高，尤其是信息化、全球化生活方式的普及，人们参与、对待节日的方式也产生了根本变化。比如有相当一部分老百姓不再固守传统的节庆习惯，开始追求一种更简洁、更休闲的过节方式，一些能够体现中国人礼仪往来的新形式进入了人们的选择视野，如网络、短信等等已经成为人们互相庆贺、表达美好祝愿的新载体。其中，我们发现，节日文化的变化对年轻人节日观念和节日行为方式的影响非常明显。

由文化部中国艺术研究院承担的国家社会科学基金艺术学委托项目（决策咨询）“弘扬节日文化研究”课题，旨在把握传统节日的当下现状、厘清节日文化存在问题的症结，并在此基础上提出弘扬传统节日的建议，为国家有关文化决策机构、公共假期决策机构提供政策咨询支持。本课题以调研为基础，由十多个子课题组成。“我国青少年对节日文化的认知和参与情况的调研报告”是其中重要的一个子项目。该课题调研对象为我国广大青少年人群（主要是指大学本科及以下年龄段人群），目的在于获取以青少年为主体的中国年轻一代对节日文化的认知、参与情况。为了对课题的客观研究提供调查问卷资料，2010 年 10－11 月间，本子课题组以抽样调查的方式，在一些学校进行了问卷调查。

以下为本次调研的“情况综述”（第一部分）、“问题分析与结论”（第二部分）和“政策建议”（第三部分）。

（二）调研对象及调研情况概述

本次抽样调查选取了中央民族大学（大一和大四两个年级）、北师大附小（六年级）、北京当代艺术学院（民办高校）、江西省泰和第三中学、江苏省海门市悦来中学、上海市青浦区实验中学、宁波市江东区外国语实验学校、华中师范大学第一附属中学、东田造型名人视线造型艺术培训学校（北京社会培训机构）、赣南师范学院、江西省赣州市赣县王母渡中学、广东省深圳市龙岗区平岗中学、中国人民大学（大一新生）、广东省珠海市第九中学等 14 个教育机构的学生样本进行问卷调查。样本分布充分考虑了学校类型、地域以及学历层次等方面的特点，总共抽取了 654 名学生。所选取的样本覆盖全国东部北方城市、东部南方城市、东部北方农村、东部南方农村、西部北方城市、西部南方城市、西部北方农村和西部南方农村八个地理区域，涉及到小学、中学和大学等年龄段。少数民族青少年主要以中央民族大学大一和大四两个年级的学生为样本，并根据数据比对，了解城市社会生活和高等教育对民族地区学生节日文化观念和行为的影响。

1. 青少年受访者的基本情况

（1）受访者的身份。

本次调查的对象中男性 337 人，占 51.9%。女性 312 人，占 48.1%。从家庭情况来看，被访者中有 60.1% 和父母生活在一起，15.8% 是三代人及以上生活在一起，22% 是过集体生活，1.9% 是独立生活或拥有家庭。年龄层次以青少年为主，其中小学生占总数的 10.1%，初中生占总数的 16%，高中或者中专职业学校以及大学的人数较多，分别占到总数的 43.7% 和 29.9%，另外还有 0.3% 是刚参加工作。（见图 5 – 1）

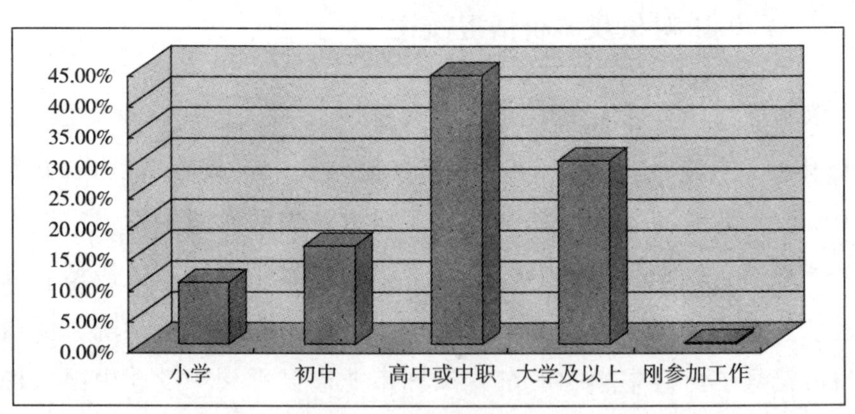

图 5 – 1　受访者的身份

（2）受访者的成长环境。

本次调查的受访者有 37.8% 现在生活在城市而且父辈们世代生活在这里。28.7% 的被访者自己生活在城市，但父辈们生活在外地城市。11.6% 的人自己在城市，但父辈们生活在外地农村。还有 21.9% 的人一直生活在农村。（见图 5 – 2）

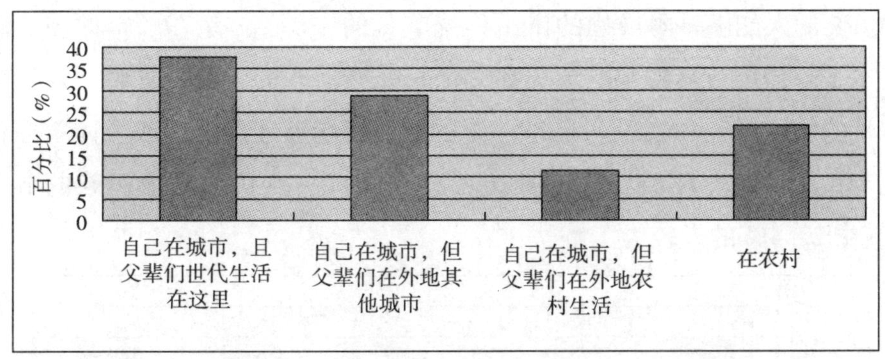

图5－2　受访者现在的生活、学习或工作地

再从受访者成长的地域环境调查分布来看，有85%受访者的成长环境是在汉族地区，成长在单一少数民族地区和多民族地区的受访者分别占总数的5%和10%。（见图5－3）

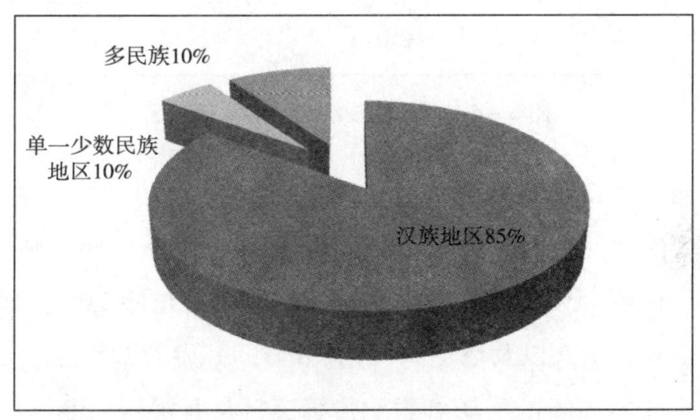

图5－3　受访者成长环境的民族分布

2. 青少年对传统节日文化的认知情况

（1）对传统节日的认知。

从图5－4中可以看出，大部分青少年对于中华民族的传统节日还是比较了解的。有99.1%的受访者表示他们至少知道一些传统节日（包括春节、元宵节、清明节、端午节、七夕节、中元节）的来历（其中

19.3%的人能够基本准确的讲出传统节日的来历)。有79.5%的被访者基本了解传统节日特定的历史和文化。有74.5%的人至少了解一点传统节日的特殊讲究和禁忌。有89.4%的被访者能够准确掌握或大体掌握传统节日的日期。有88.3%的被访者至少了解一点我国其他民族的节日(其中22.4%的人较为了解)。

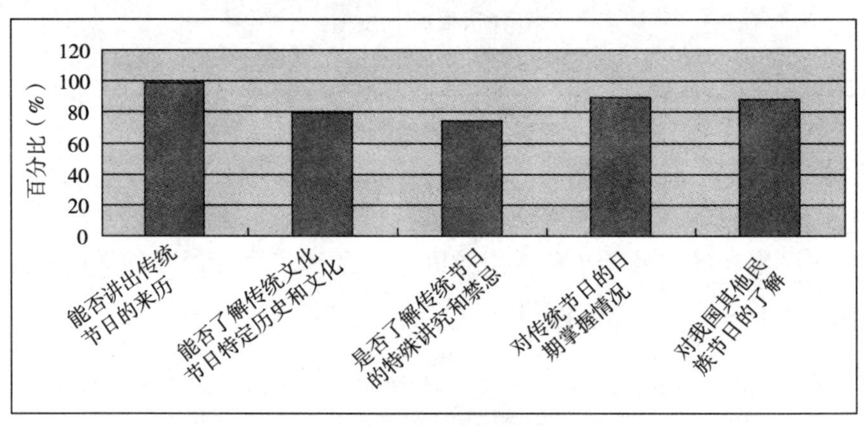

图5－4 对民族传统节日的认知情况

(2)对于传统节日的理解。

在现代社会,人们对传统节日的理解也是各不相同。从图5－5中可以看出,有64.5%的受访者表示传统节日具有情感功能,如传统节日是增进和家人、亲人以及已逝亲人情感的纽带,可以增进人与人之间的情感交流。有51.2%的受访者表示传统节日具有娱乐功能,可以提供朋友聚会、旅游等机会。41.6%的受访者认为有休假调整功能。有36.8%的受访者认为传统节日具有理性价值,如历史文化价值、社会学价值、人类学价值等。有19.8%的受访者认为,传统节日具有社交功能,可以提供办事送礼、社会交往的机会。

3. 青少年对传统节日的参与情况

(1)传统节日的参与方式。

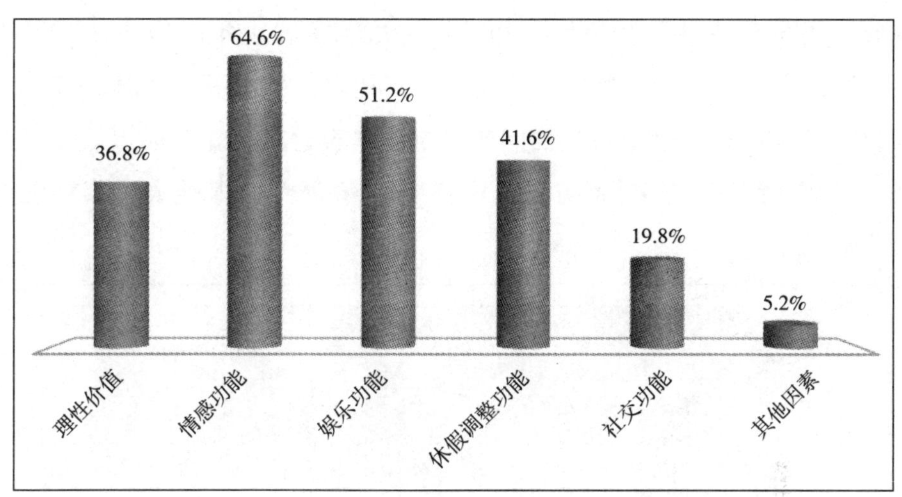

图5－5　对传统节日的理解

在过传统节日时，大部分青少年（82.8%）表示会与家庭团聚。可见，家庭团聚是青少年参与传统节日的主要方式。有7.1%的人在过传统节日时选择与朋友团聚为主。有6.1%的人选择安排旅游休闲的方式过传统节日，也有1.1%的人会和恋人在一起过传统节日（见图5－6）。

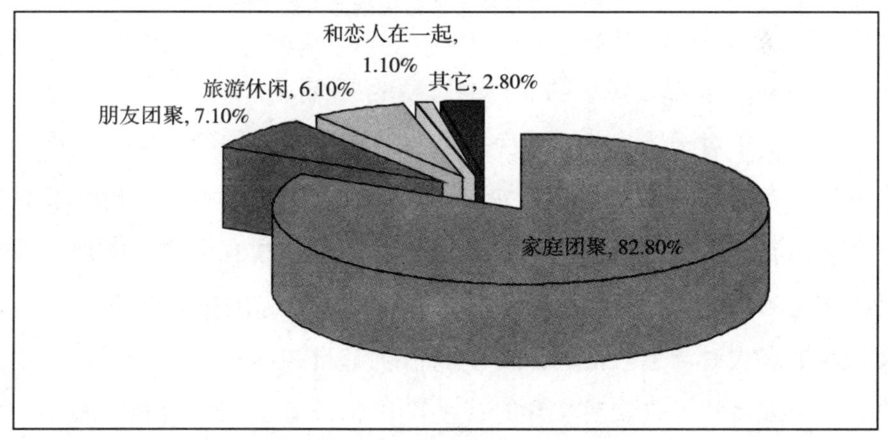

图5－6　参与传统节日的情况

在节日期间，青少年表达祝福的方式也比以前丰富了许多。随着通信技术的发展，以往在节日期间当面表达问候、祝福的方式现在已淡出主流。从图 5 – 7 中可以看出，短信已经成为了青少年表达节日祝福的最普遍的方式，有 35. 2% 的人会用短信表达自己的祝福。分别有 31. 4% 和 20. 2% 的人表示会通过当面问候和电话来表达自己的祝福。另外，有 8. 9% 的人会采用网络问候方式，还有 4. 3% 的人采用其他表达节日祝福方式。

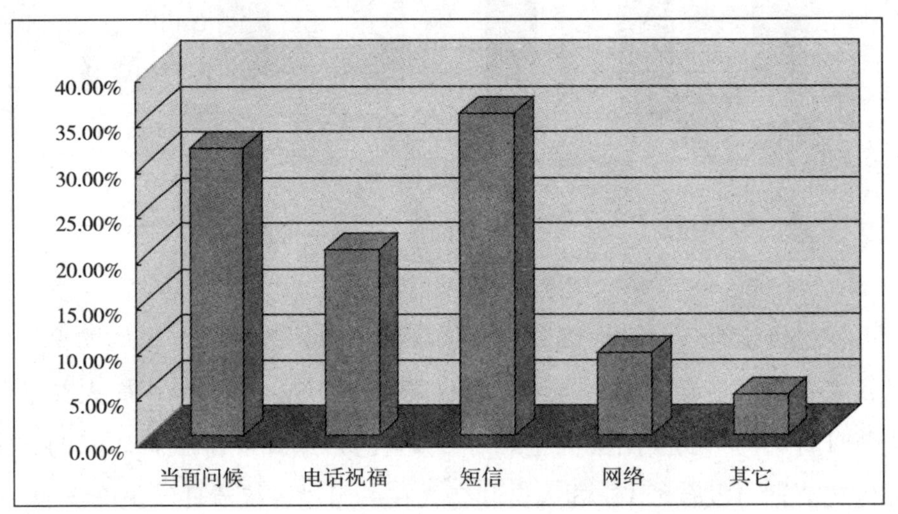

图 5 – 7 表达节日祝福的方式

（2）对于是否必要新创节日的态度的调查。

从青少年对于传统节日和西方节日的态度来看，青少年中喜欢过传统节日的人还是要多一些（占 46. 1%），这主要是因为中国传统节日更有文化内涵、讲究仪式、崇拜祖先、凸显伦理、富有亲情，体现了我们民族文化的特色，是我们文化血脉中独特的成分。但是，也有 11. 4% 的人表示更喜欢过洋节。他们认为中国传统节日趣味性不足，节日主题多数讲究回家团圆，是农耕文化时代的产物，没有吸引力。相比之下，西方的节日充满了乐趣和人情味，公共性和娱乐性强，过节的形式也多样有趣，适合年轻人的口味。另外，有 38% 的人表示同等对待中国传统节日和西方节日，还有 4. 5% 的人表示无所谓。

青少年对于新鲜事物一般比较容易接受。但是本次调查的结果显示，青少年对于由媒体创造或提议的新节日（比如 11. 11 光棍节、8. 3 男人节、女生节、男生节等）的认同程度并不高。从图 5 -8 可以看出，青少年对这类节日抱支持态度的只有 24. 8%。对于一些比较好的新节日（如“祖父节”等），也只有 51. 9% 的青少年认为值得学习和发扬。（见图 5 -9）

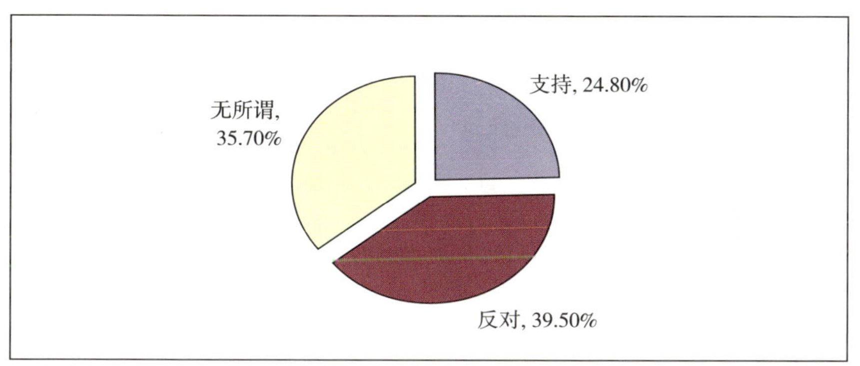

图 5 -8　您对由媒体创造或提议的新节日持什么态度？（比如 11. 11 光棍节等）

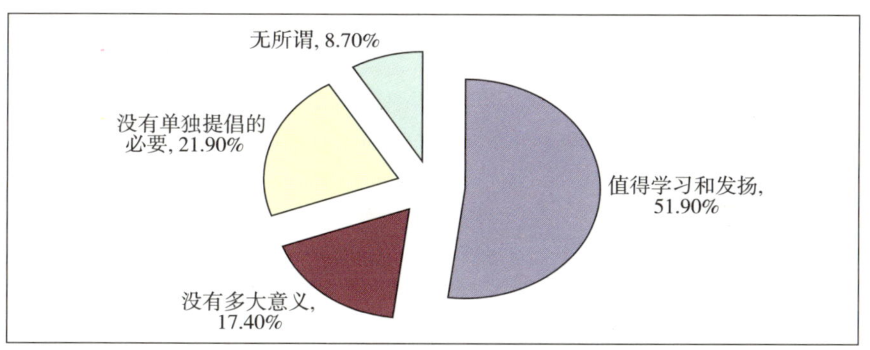

图 5 -9　您对媒体倡导一些比较好的新节日（如“祖父节”）持何种看法？

同时，青少年对这些所谓新节日的参与也较少，仅有 19. 4% 的人参加过各种新节日的具体活动。但是，对于青少年对于当前“一节两过”的现象（比如既过西方的 2. 14 情人节，也过中国的七夕情人节）有比较高的认同。调查结果显示，有 65. 7% 的青少年认为“一节两过”现象正常，有 17. 9% 的认为无所谓，只有 16. 5% 的人认为那是商家或媒体忽悠。

4. 青少年对现代生活方式和西方节日对传统节日冲击的理解

（1）现代生活方式对传统节日的影响。

传统节日首先面临的是现代生活方式的冲击。但是，现代生活方式是否与传统节日格格不入呢？本次调查结果显示，绝大部分青少年认为现代生活与传统节日风俗之间并不存在矛盾冲突（见图5－10）。有56.7%的人认为节日风俗很重要，要过好传统节日，发扬好节日风俗。有22%的人认为二者可以相互调和。也有15.3%的人认为二者并不冲突，不同的人群过不同形式的节日风俗。另有3.7%的人认为二者是矛盾冲突的，现代生活方式不利于传统节日风俗的存在。另外，还有2.4%的人认为他们没有考虑过这个问题。

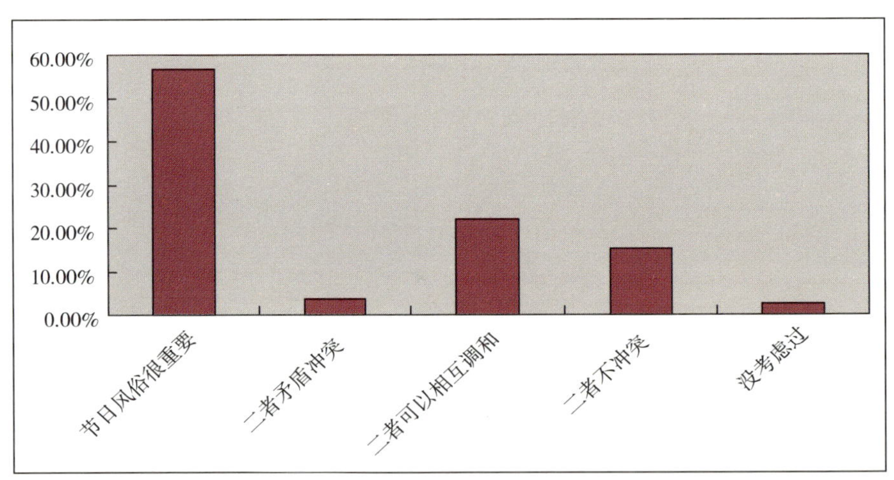

图5－10　您认为节日风俗和现代生活之间的关系怎样

商业活动也对传统节日造成了一定的影响，特别是一些商家为了营利还推出了一些所谓的“人造节日”。对此，有67.2%的青少年表示这些活动有可取之处，它使城市生活更丰富了。也有32.8%的青少年表示无可取之处，这些活动纯粹是部分商家搞噱头。

（2）西方节日对传统节日的影响。

从图5－11可以看出，青少年对于西方节日是非常熟悉的。在被列为调查对象的若干外国节日中，被访者中对于西方节日了解和部分了解的占到总数的98%，完全不了解的只占总数的2%。从这一点来看，青少年对于西方节日的了解程度完全不亚于对中国传统节日的了解（可以与图5－4进行比较）。

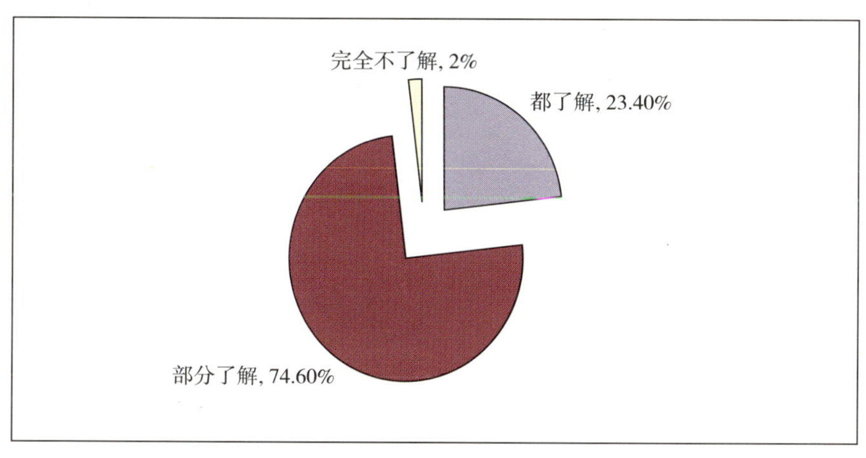

图5－11 对西方节日（如情人节、母亲节、父亲节、万圣节等）的了解程度

在看待青年人热衷于过“洋节”这个问题上，大部分人都持宽容态度。从图5－12中可以看出，有40.9%的被访者表示属于正常现象，是全球化的一种表现，应当顺其自然。有40.9%的人认为应当辩证地来看待这个问题，既要顺应又要加以适当的引导。对这一现象没看法和认为不正常的人分别只有7.4%和10.8%。

在如何看待传统节日被“洋节”排挤、取代这个问题上，大部分青少年采取了开放态度。有70.8%的人认为传统节日与“洋节”应该取长补短、共同发展。另有22.4%的人认为应该守护传统节日，抵制“洋节”。只有3%的人认为应该支持发展“洋节”，顺应潮流。（见图5－13）

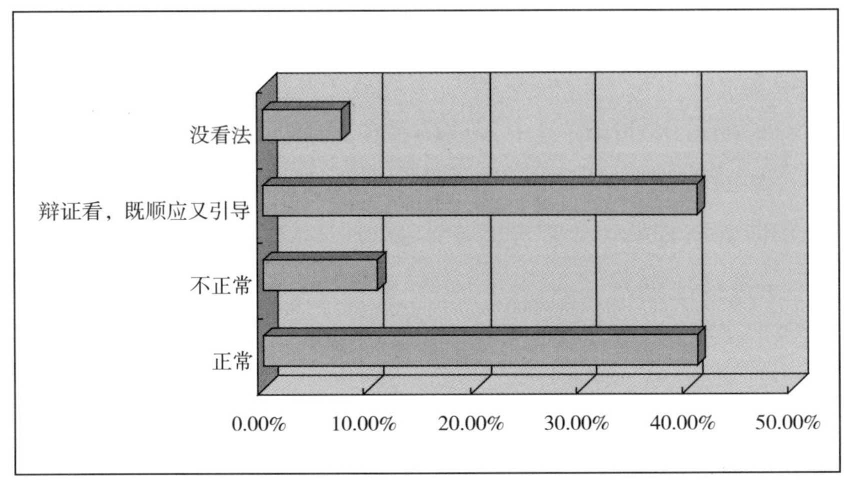

图5－12 如何看待青年人热衷于过洋节

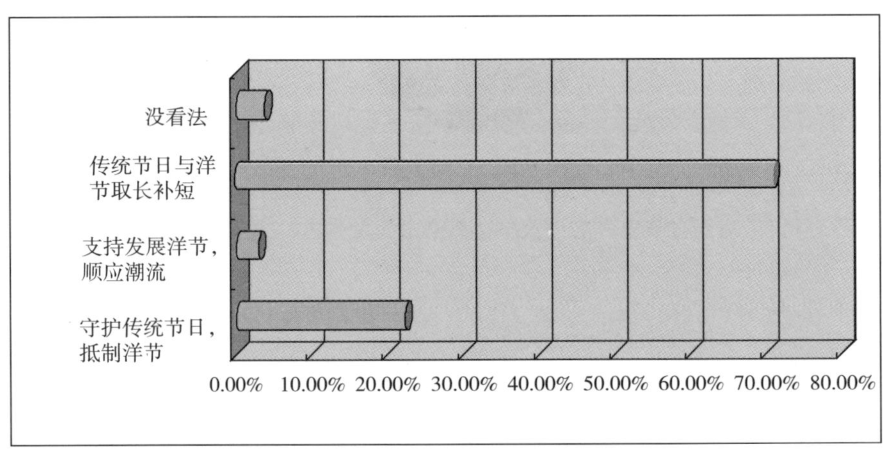

图5－13 如何看待传统节日被洋节排挤、取代

5. 不同城乡地区青少年对待传统节日的差异

（1）节日偏好与认知的城乡差异。

城市和农村青少年在节日偏好上略有差异。从图5－14可以看出，农村青少年更喜欢过中国传统节日，而城市的青少年则更喜欢过洋节。

农村青少年喜欢过传统节日的比例为53.9%，而城市青少年这一比例只有42.5%。城市青少年喜欢过洋节的比例为12.1%，而农村青少年这一比例只有10.1%。同时，城市青少年认为传统节日和洋节应同等对待的比例也比农村青少年要高得多（高出10.9个百分点）。

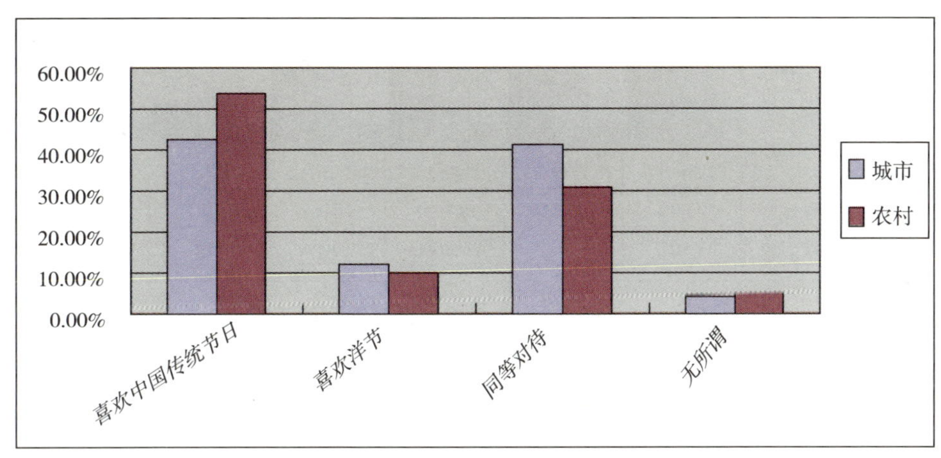

图5－14　对传统节日和洋节偏好的城乡差异

（2）节日参与方式的城乡差异。

在过传统节日时表达祝福的方式也有一定的城乡差异。从图5－15中可以看出，城市青少年在采用短信方式表达节日祝福的比例比农村青少年高出了8.5个百分点。而农村青少年在当面问候和电话祝福方式上比城市青少年分别高出了2.9个百分点和5.3个百分点。

从图5－16中可以看出，青少年通过网络游戏和媒体感受节日文化元素最为普遍，其次是广告、商业促销活动，最后是本地风俗氛围。同时，城市和农村青少年在感受节日文化元素的途径上也有一定的差异。图5－16显示，城市青少年在通过网络游戏和媒体途径感受节日文化的比例要高于农村。有39.7%的城市青少年认为他们通过网络游戏和媒体途径感受节日文化元素，而这一比例农村青少年只有35%。而农村青少年在通过本地风俗氛围途径感受节日文化元素则要比城市青少年高得多。有31.4%的农村青少年认为他们在本地的风俗氛围和活动中感受节

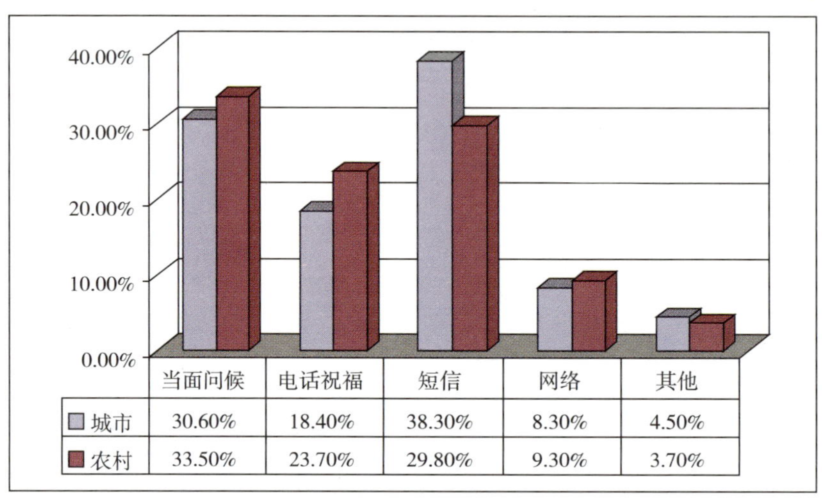

	当面问候	电话祝福	短信	网络	其他
城市	30.60%	18.40%	38.30%	8.30%	4.50%
农村	33.50%	23.70%	29.80%	9.30%	3.70%

图5－15 城市与农村表达节日祝福的不同

日文化元素，而这一比例城市青少年只有22.5%。

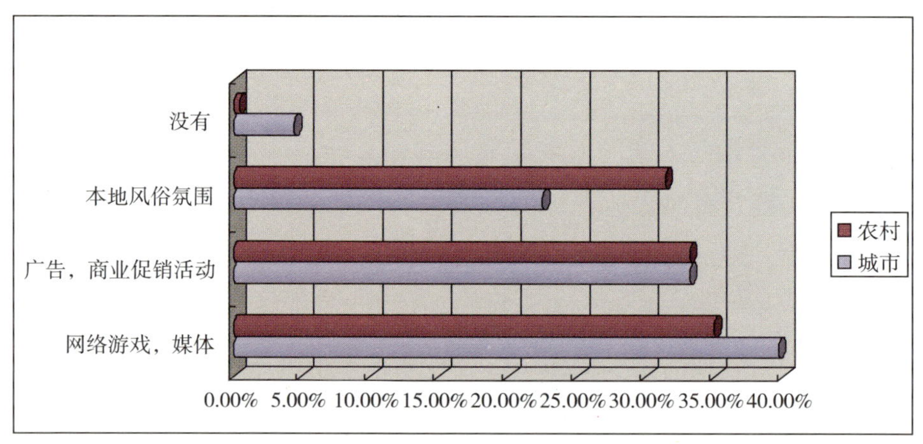

图5－16 感受节日文化的元素的城乡差异

（3）过节消费上的城乡差异。

城市的青少年在过节时的消费要比农村的稍多一些。从图5－17可以看出，农村青少年有53.2%的人选择每次过节的消费在100元以下，而城市青少年的这一比例为40.7%。每次过节消费在100到1000元之间的城市青少年比例为56.3%，而农村青少年这一比例为42.9%。而每次过节消费超过 1000 元的青少年，无论城市和农村都很少。

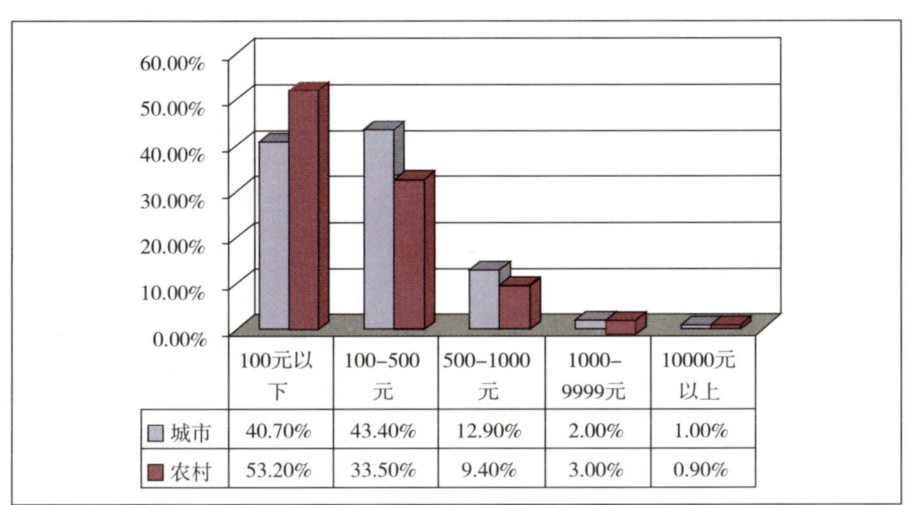

图 5－17　每次过节消费的城乡差异

（4）传统节日文化教育的城乡差异。

对青少年进行传统节日文化的教育有着重要的意义，而学校和老师在这方面能发挥重要作用。从图 5－18 可以看出，我国学校对传统节日的文化教育从幼儿园就已经开始了，并且主要集中在小学和幼儿园阶段。从城乡差异来看，在幼儿园阶段，城市传统节日文化教育要早于农村。被访者中有 32.4% 的城市青少年认为传统节日文化教育起始于幼儿园阶段，而这一比例在农村青少年中只有 24.5%。在小学阶段，则是农村多于城市。被访者中有 51.5% 的农村青少年认为传统节日文化教育起始于小学阶段，而这一比例在城市青少年中只有 43.8%。

6. 不同民族地区青少年对待传统节日的差异

（1）不同民族地区学校对传统节日文化教育的起始阶段和重视程度差异。

单一少数民族地区在传统节日文化教育方面要早于单一汉族地区和

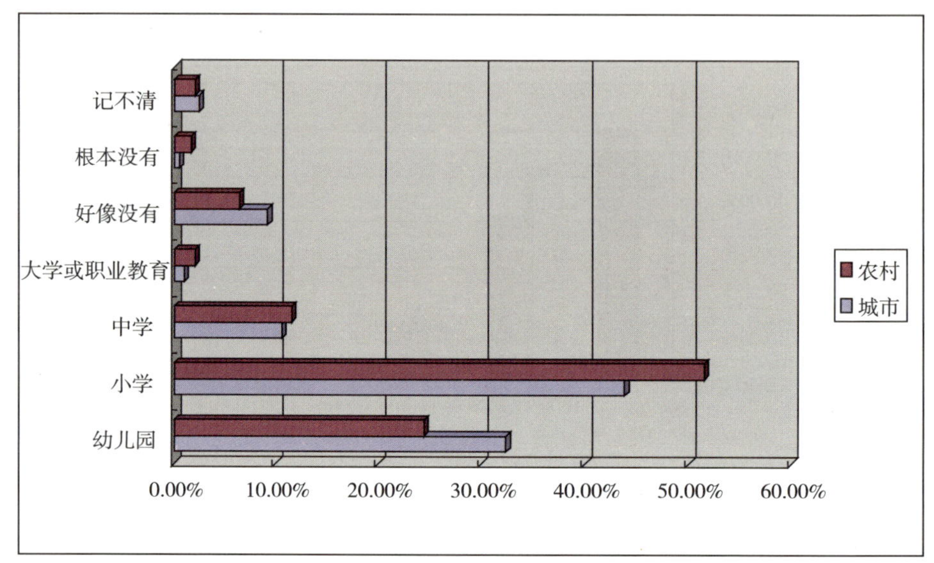

图5－18 学校对传统节日文化教育起始阶段的城乡差异对比

多民族地区。从图5－19中可以看出，单一民族地区的青少年有38.2%的人表示对传统节日文化的教育主要是从幼儿园开始的。而在汉族地区和多民族地区，这一比例分别只有29.4%和24.6%。更多的汉族地区和多民族地区的青少年认为学校的节日文化教育开始于小学阶段（其比例分别为47.3%和45.9%），而多民族地区这一比例只有32.4%。

不同民族地区的学校或老师对传统文化教育的重视程度也有一定差异的，从图5－20可以看出，青少年认为学校或老师比较重视传统文化的教育的比例在汉族地区最高（占43.5%），其次是单一少数民族地区（比例为35.3%），最后是多民族地区（比例为26.2%）。因此，多民族地区和单一民族地区的青少年认为学校或老师相对不重视对学生进行传统文化节日的教育。

（2）不同民族地区节日参与方式的差异。

节日期间人们互相表达祝福是过传统节日时的一项重要环节，从图5－21中可以看到汉族地区和少数民族地区青少年在表达节日祝福的方式上没有太大的差别。在多民族地区，有49.1%人会通过短信来表达自

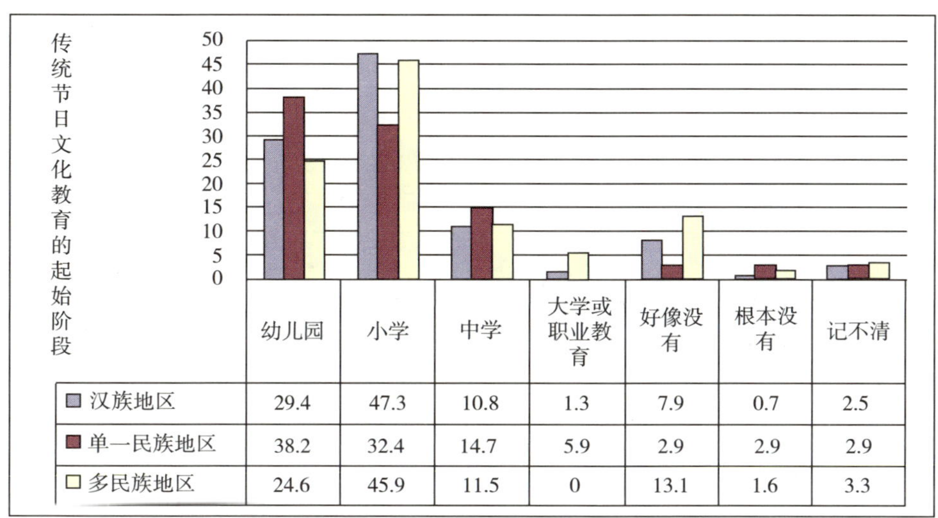

	幼儿园	小学	中学	大学或职业教育	好像没有	根本没有	记不清
汉族地区	29.4	47.3	10.8	1.3	7.9	0.7	2.5
单一民族地区	38.2	32.4	14.7	5.9	2.9	2.9	2.9
多民族地区	24.6	45.9	11.5	0	13.1	1.6	3.3

图5－19　学校对传统节日文化教育起始阶段的民族区域差异对比

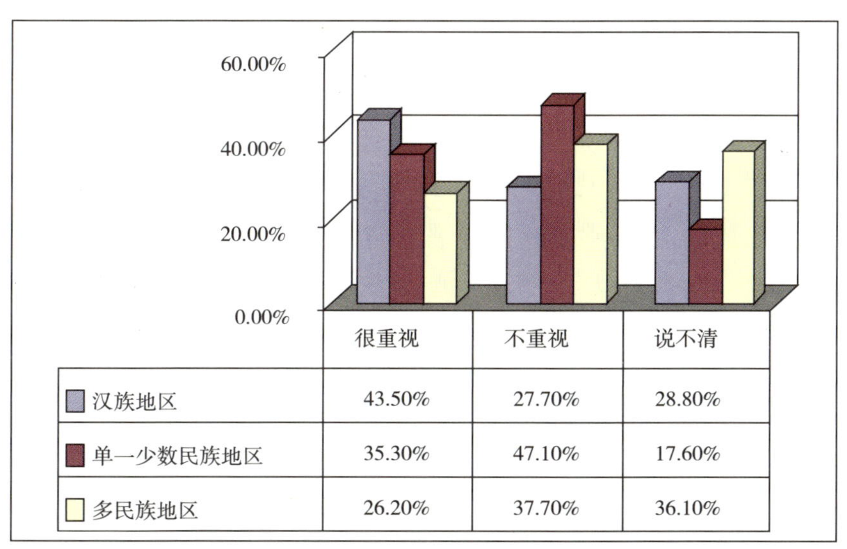

	很重视	不重视	说不清
汉族地区	43.50%	27.70%	28.80%
单一少数民族地区	35.30%	47.10%	17.60%
多民族地区	26.20%	37.70%	36.10%

图5－20　不同民族地区学校或老师对传统文化教育重视程度的差异对比

己的祝福，而单一少数民族地区和汉族地区则相对较少。青少年采用当面问候的方式表达祝福在汉族地区要略高于单一少数民族地区和多民族地区，而单一少数民族地区青少年采用电话祝福的方式表达节日祝福的比例要高于汉族地区和多民族地区。此外，青少年使用网络表达节日祝福在汉族的比例最高。

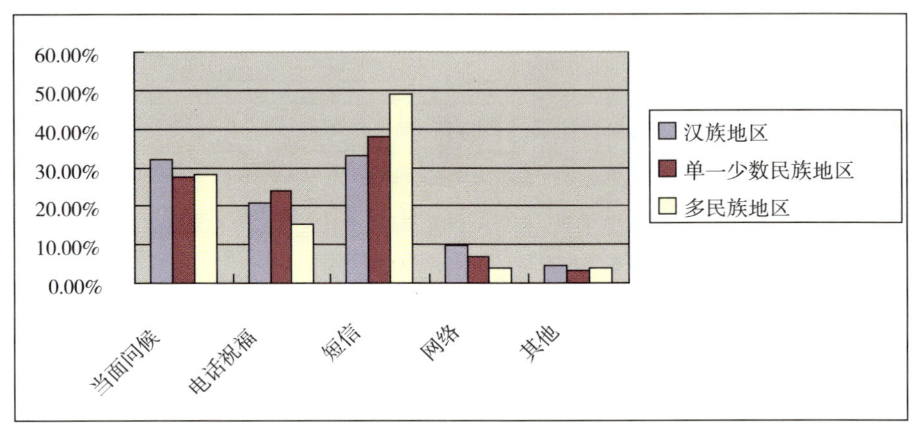

图5－21　不同民族地区表达节日祝福的方式差异

在参与特定的节日仪式方面，汉族地区和少数民族地区也有一定的差异。本次调查结果显示，单一少数民族地区的青少年在参加传统节日的特定仪式活动方面比汉族地区和多民族地区的青少年要多。有41.2%的单一少数民族地区青少年表示他们经常参加传统节日的特定仪式活动，而汉族地区和多民族地区的青少年这一比例分别只有34.3%和33.9%。有58.8%的单一少数民族地区青少年表示他们很少参加传统节日的特定仪式活动，而汉族地区和多民族地区的青少年这一比例分别达到61%和62.9%。见图5－22。

（3）不同民族地区对于传统节日被忽视原因的看法差异。

不同民族地区的青少年在理解中国传统节日正在被人们所忽视这一现象的原因时也有一定差异。首先，大多数的青少年认为传统节日被人们忽视的原因是发扬方式不当，并且多民族地区（57.4%）和单一少数民族地区（57.6%）的比例比汉族地区（32%）的比例要高得多。认为传统节日与现代生活冲突导致其被忽视的原因更多的得到汉族地区（28.1%）和多民族地区（24.6%）青少年的认可，单一少数民族地区青少年认为传统节日与现代生活相冲突的比例只有12.1%。此外，汉族

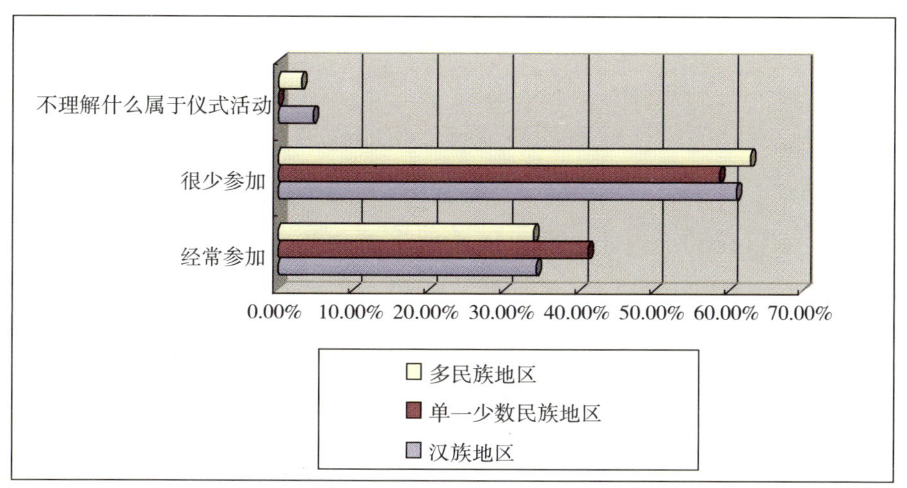

图 5－22　您是否在传统节日期间参加某种特定的仪式活动（比如清明扫墓）

地区青少年认为外来节日冲击传统节日和传统节日本身有问题的比例高于单一少数民族地区和多民族地区（见图 5－23）。

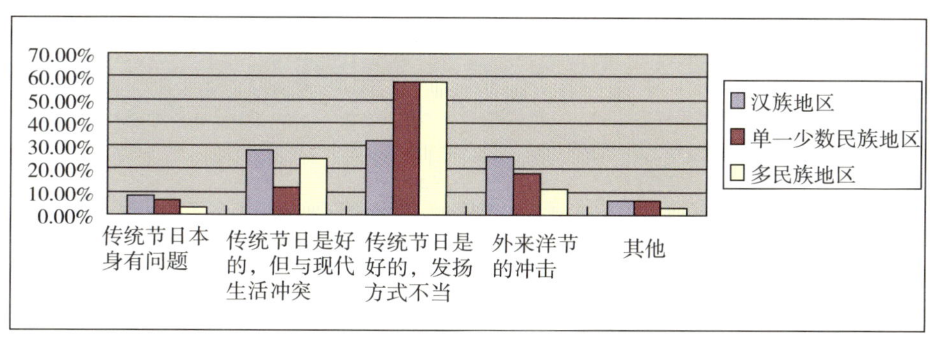

图 5－23　传统节日被人忽视的原因

7. 青少年对弘扬传统节日文化、创新节日文化的态度与认识

（1）政府调整传统节日所产生的影响。

在面临西方节日及现代生活方式对传统节日双重冲击的情况下，我国政府也采用了一定的措施在保护和发扬传统节日，其中最重要的举措之一就是将清明节、中秋节和端午节规定为法定节日。对于此种做法，

本次调查的被访者有91.1%的人认为觉得政府此举很好，很有意义，有7.8%的人认为无所谓，只有1.1%的人明确表示反对。

另外，被访者对于政府调整节日产生的积极效果非常认同。本次调查结果显示，大部分人（76%）认为国家对节日假期进行调整产生了积极效果，不仅拉动了内需，而且还能促进民生，推动经济的发展。也有21%的被访者认为积极效果不明显，另有3%的被访者认为消极效果大于积极效果。（见图5－24）

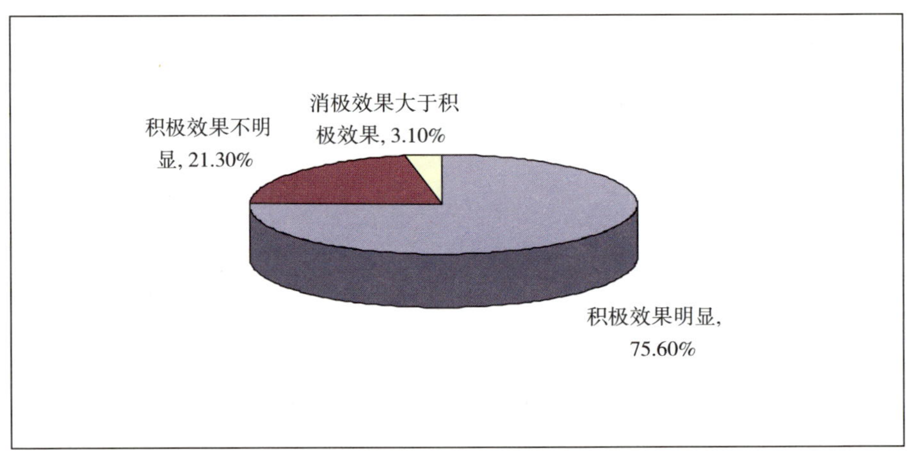

图5－24 您认为国家增设清明、端午、中秋为国家法定节假日是否产生了积极效果

（2）对传统节日创新和重建的态度。

任何事物都是发展的，伴随着时代的发展，一些新民俗、新形式、新载体的涌现，带给了人们丰富多彩的生活。人们对此的看法也各不相同。从图5－25中可以看出，有70.30%的受访者对此表示支持，10.20%的受访者表示反对，19.50%的受访者认为说不好。在看待各地花样翻新进行的传统节日开发的问题上，有47.5%的被访者认为有必要，是地方发展的重要资源。有33%的被访者认为有必要，但开发过程中有问题。另有不到17.6%的人认为没有必要，开发结果弊大于利，还有1.90%的人认为应当明令禁止。（见图5－26）

近年来，随着非物质文化遗产和传统文化保护热，使一些小范围的

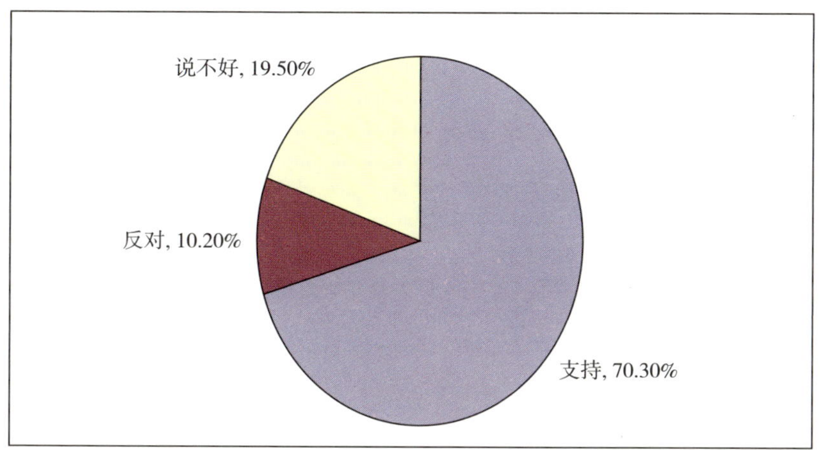

图 5－25　您对传统节日的新民俗持什么态度

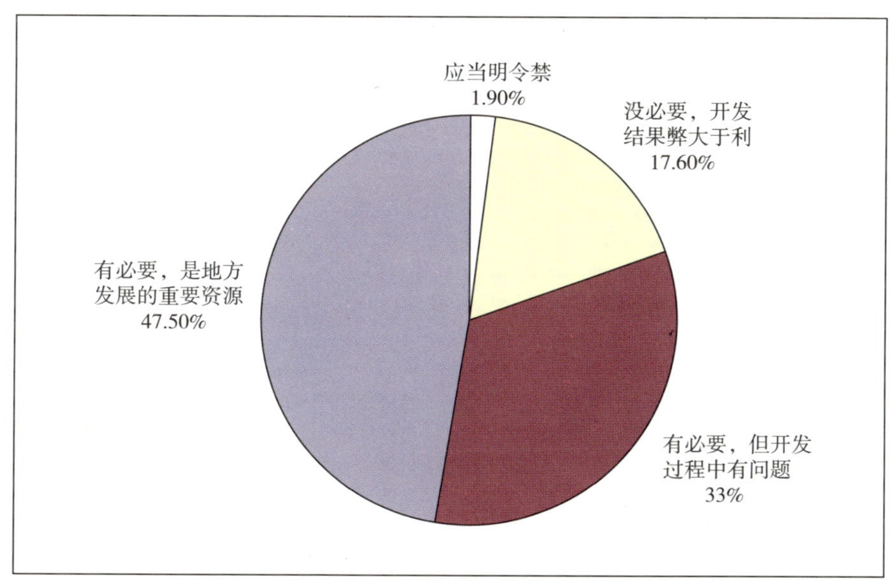

图 5－26　您如何看待各地花样翻新进行的传统节日开发

民间传统节日被挖掘出来，人们对这种现象持何种态度呢？本次调查结果显示，有 68.8% 的人认为这种做法有意义。因为每个节日都有它的特定意义，至于这些节日是不是真能引起大家的重视，只要起到了教育和认识作用就可以。有 19.8% 的人觉得没意义，这些节日不会对我们的生活方式产生任何影响。剩下 11.4% 的人认为无所谓。

（三）问题分析与结论

通过对调查问卷统计结果的分析，我们可以得出如下一些结论：

1. 对青少年而言，我国节日文化的教育和传承情况良好

通过调查我们发现，青少年群体对我们的传统节日包括少数民族传统节日是具有很高认知水平的（见图5－4、图5－5说明）。支撑此结论的还体现在以下三个方面：

一是教育机构尤其是学校对节日文化的教育的重视（见图5－18“学校对传统节日文化教育起始阶段的城乡差异”、图5－19“学校对传统节日文化教育起始阶段的民族区域差异”和图5－20“不同民族地区学校或老师对传统节日文化教育重视程度的差异”说明）。

但有两组数据，（1）“在您的印象中，学校或老师会将主题活动放在传统节日吗”的答卷中，认为“有的、会的”的比例（41.1%）低于认为“很少”的比例（50.2%）；（2）“您是否在传统节日期间参加学校或家庭的某种特定的仪式活动，如清明扫墓活动?”的答卷中，选择很少参加的比重远大于经常参加的比重（见图5－22说明）。这两组数据说明，学校和教师在传统节日文化教育的形式、方法问题上有待进一步改善。

调查中很多老师都提到一个现象，那就是无论老师如何重视对学生进行传统节日和传统文化的教育，许多学生表现出的是漠然和无动于衷，缺乏兴趣和激情。这让老师们感到困惑和痛苦。

二是家庭的有意传承。我们在对“是否返回祖籍地过重要的传统节日”问题的统计中，发现有62.6%比例的青少年有返回祖籍地过重要节日的习惯；在对“您本人（或曾随父辈）回乡祭祖过吗?”问题的统计

中，发现有83.6%比例的青少年有过返回祖籍地祭祖的经历或习惯。这个数据反映了家庭在传承传统节日文化方面起着重要作用。

三是社会或网络媒体的影响。从图5－16中可以看出，青少年通过网络游戏和媒体感受节日文化元素最为普遍，其次是广告、商业促销活动，最后是本地风俗氛围。而本地风俗氛围对青少年节日影响的弱化，说明了我国传统节日文化现状很不乐观。

2. 虽然西方节日在我国青少年群体中有着较高的认知、认同和参与程度，但未与传统节日文化发生冲突

虽然我国学校并不重视对西方节日的教育，但在我国青少年中，对于西方节日的了解程度完全不亚于对中国传统节日的了解（见图5－11说明），且在“传统节日、西方节日和公共假期在形式上的区别”的答卷中，有高达54.6%比重的答卷者了解三者的差异。

与此同时，我国青少年对过西方节日有着较高的认同感和参与度。在如何看待青年人热衷于过洋节这个问题上，大部分人都持宽容态度（见图5－12说明），如有65.7%的青少年认为“一节两过”现象正常。而在如何看待传统节日被洋节排挤、取代这个问题上，大部分青少年采取了开放态度，如有70.8%的人认为传统节日与洋节应该取长补短、共同发展。另有22.4%的人认为应该守护传统节日，抵制洋节。只有3%的人认为应该支持发展洋节，顺应潮流（见图5－13）。在“对传统节日和洋节偏好的城乡差异”数据对比中（见图5－14），也能看出青少年在价值判断和情感态度上对传统节日的重视程度高于西方节日（如对2009年2月14日中国春节和西方情人节“撞车”时，中国绝大部分青少年选择的是过中国春节，达78.3%）。

因此说，通过调查问卷可以发现，虽然我国青少年倾向于传统节日和西方节日并重，但在价值和情感上，还是略倾向于中国传统节日。这

就表现在一个矛盾方面：在做价值判断时传统节日的地位高于西方节日，但在选择过节的具体形式时，我国青少年又表现出对西方节日更为重视。

3. 从调查中发现，我国青少年对节日内容加以丰富和充实的要求远大于创造新节日

关于这点主要体现在三个方面。

一是我国青少年对传统节日缺乏应有的节日风俗、仪轨、内容和氛围表现的不是很满意。调查中发现，绝大部分青少年认为节日风俗和氛围在节日文化中很重要。在传统节日受到西方节日排挤原因的分析中，认为节日风俗和氛围上存在差异的观点占了较大比重（见图 5－10 说明）；在对节日文化元素感受的途径方面，本地节日氛围对青少年的影响放在了最末的位置（见图 5－16 说明）；在对传统节日不断被弱化的理解上，认为中国传统节日发扬方式存在问题的达到 33.8%（见图 5－23 说明）。从这些来看，我国青少年对传统节日缺乏或不断消失的独特的风俗、民俗和节日氛围是很不满意的。

二是我国青少年对传统节日开发（见图 5－26 说明）、创造新节日民俗（见图 5－25 说明）持支持和赞成态度，而对创造新的节日并不感兴趣。这体现在几个方面。（1）我国青少年对媒体热衷的新节日（如光棍节之类的），反对者要大幅大于赞成者（见图 5－8 说明）。（2）我国青少年对此类新节日的参与程度也很低。（3）对网络上成人比较热衷的设立新节日的倡议，普遍持反对态度，如对单设“国家烈士纪念日”、“国家英雄纪念日”、“国家军人纪念日”、“国家胜利纪念日”、“夫妻与家庭日”、“民族大团结日”、“改革开放和创新日”分别有 60%－80% 的反对比率，对“您认为应设立的其他国家级新节日”的反对态度甚至高达 95.4%！在这点上远远出乎调查者的预想。由此看来，我国青少年

对节日质量的要求远远高于节日数量上的要求。

4. 青少年对政府弘扬节日文化、重视节日文化内涵的重建或创新，普遍持支持、理解和乐观态度

首先，关于国家放假制度。调查中发现，我国青少年群体中有65.6%的人对我国现行的放假制度表示满意并理解、有19%的表示不满意但理解。在被问到“您是否知道国家放假制度是在综合各方面因素考虑后的折中结果”时，有61.6%的表示知道。

其次，关于国家弘扬节日文化政策。调查中发现，我国青少年群体对我国政府采取国家级措施，保护和发扬传统节日的作法表示认同的比例高达91.1%，并且有76%的青少年认为国家调整节假日产生的积极效果明显。有68.8%的青少年认为国家把传统节日纳入非物质文化遗产保护范围是有着积极意义的；有78.6%的青少年对“弘扬传统节日文化”的态度是“支持并乐观”（另有8.4%持“支持但悲观”的态度）。

再次，关于传统节日开发的问题。调查中发现，有高达80.6%的青少年认可政府此举有着积极意义，也有33%的青少年看到了开发过程中存在的一些问题需要引起人们的重视（见图5－26说明）。此外有76.1%的青少年认为，在今天重建传统节日的显著意义是“保护传统民族文化的珍贵资源”。

第四，关于对传统节日加以改造的问题。在“如果对现有传统节日进行改造（类似重阳节和爱老日结合），您持什么态度”的答卷中，有62.5%的青少年持支持态度。这一数据也佐证了青少年对节日文化内涵的重视大于节日名目。

第五，关于节日公共活动的政府管理。在关于“您是如何看待节日公众活动政府管控的问题”，有40.4%的答卷者主张政府应该在保证安全的前提下组织节日公众活动，有35.4%的答卷者认为政府不应该过多

的干涉公众节日活动，但须提高行政水平和能力。

（四）政策建议

1. 在学校，面向青少年人群，需要加强对传统节日文化的教育和对西方节日文化、尤其是西方宗教节日文化的正确引导

首先，需要重视民族地区关于传统节日文化和少数民族节日文化的教育。在调查中发现，汉族地区对传统节日文化的教育较为重视，而单一少数民族地区或多民族地区，在这方面的教育力度稍显不足。

其次，除了节日知识之外，对青少年要加强节日制度层面的教育。如在“您是否知道国家放假制度是在综合各方面因素考虑后的折中结果”的答卷结果中，有近四成青少年回答是“不知道”（35.8%）；如在“您是否知道我国公众假期天数排在世界前列”的答卷结果中，有近1/4（24.5%）的青少年对此是毫不知情的。这些比重都是很大的。

第三，在学校教育中，把西方节日文化尤其是宗教节日文化的教育要放在一个重要的位置。对教师也要加强这方面的教育。

但这里有个问题需要提出的是：由于年龄和成长环境的问题，我们的教育者和青少年在关于节日的价值观方面有很大的差异。多数教育者和年长者，对西方节日有一个后接受的过程，因此普遍存在着传统节日文化高于西方节日文化这样一种价值观。而青少年则不明显，因为自他们懂事起，传统节日和西方节日文化都对他们的生活有着同样的意义和影响，两者有着同样的价值和地位，因此具有同等的重要性。如果我们的教育者非得“扬中抑西”，可能适得其反。此点尤其需要提请我们教育者和年长者注意。

2. 教育机构和教育工作者要重视利用好传统节日文化这个载体，开展丰富多彩的主题教育活动，尤其是青少年可亲身参与和体验的节日文化活动

在关于“在您的印象中，学校或老师会将主题活动放在传统节日吗”、“您是否在传统节日期间参加学校或家庭的某种特定的仪式活动，如清明扫墓活动?”和“您是否参与过传统节日的特定仪式”等调查项的答卷中，我们看出，学校和教师在利用传统节日文化这个载体进行主题教育方面，存在着较大的改进空间。关于这点，教育行政部门可以发挥较大的作用。

3. 政府应引导各种社会力量、拢聚各种资源，丰富节日文化内涵和提倡节日仪式符号，对节日文化公共性、公益性、创意性、娱乐性活动内容和形式加以指导与支持，加强对公共节日文化活动的科学管理

调查中发现，广大青少年热爱传统节日，对政府和社会各界弘扬节日文化的作法持支持立场，也持乐观态度。但我们也应该看到，广大青少年对当前节日文化缺少内涵、氛围和新颖的形式表示了不满，对弘扬节日文化的某些方式方法表示质疑。因此我们建议：

（1）各级政府和各类教育机构，要以传统节日和公共节日为平台或载体，积极开发传统节日文化资源并借鉴西方节日文化的一些特色内容或形式，重视节日氛围，拓展节日活动空间，重视开发丰富多彩的、适合各年龄段未成年人和年轻人特点与需求的节日文化活动，尽可能地多组织一些有公共参与的公益性、创意性、娱乐性活动，增强节日文化对广大青少年的吸引力。也可适当弱化传统节日中的一些和现代社会生活不紧密或意义不大的成分，掌控好节日文化中教化成分和娱乐成分的关

系，对传统节日文化的一些内涵或形式进行合理改造，让传统节日得以发展。行政管理机构不必对节庆活动、广场活动或狂欢性质的活动过于限制。

（2）非物质文化遗产和传统节日文化有着紧密的联系。各级政府和各类教育机构，要积极借助非物质文化遗产保护这个平台，将保护非物质文化遗产和弘扬节日文化紧密结合起来，在形式和内容上相互促进，在传承非物质文化遗产的同时也传承我国的节日文化。[①]

子课题负责人：刘永明

---

① 华北电力大学北京校区社会学系姚建平博士及部分师生、北方交通大学附中《陕北民间传统文化与课堂教学的关系》国家课题负责人张宏旺先生等，对本调研有宝贵贡献，特此鸣谢！

六、“洋节”对中国传统节日影响的现状及对策调研

（一）导言

所谓“洋节”，是社会舆论对近现代以来输入中国的外来节日的俗称。外来节日入华，在中国古代并不鲜见，汉唐以来，随着中外交流而产生的外来节日入华现象时有发生。然而，与中国古代的外来节日相比，“洋节”现象有着本质的不同。不同之处在于：中国古代的外来节日入华，发生于中华文化的封闭自足时期，这使外来节日很快被吸纳入传统文化体系；洋节现象，在近现代中国的发生最早可追溯到上世纪三四十年代的上海，是随欧美文化的入侵随同迁入的，本身是中华文化传统与欧美现代化进程相冲突的载体，在此背景下，“洋节”入华就并非是简单的中外交流，而成为中西文化冲突的微观形式。

上世纪八十年代以来，随着改革开放的深化，在中国“洋节”现象愈演愈烈，在媒介报道、节日经济与社会舆论的三方催动下，“洋节”冲击中国传统节日并造成中国节日体系的失衡日渐成为社会各界的热门话题，更有甚者，由“洋节”所引发的社会“事件”在新世纪以来已有多起。“洋节”现象已成为构建当代中国节日文化体系中需要思考的

一个重要内容，而把握“洋节”与中国传统节日之间冲突的实质，解蔽去惑，则是解决中西节日冲突并实现涵化发展的必要前提。

然而，对“洋节”现象的反思与把握却难以建立在道听途说的基础上，深入实证的社会调查是解决问题的关键。当前关于“洋节”可谓众说纷纭，其中也有严肃的讨论，但缺少严谨的实证研究提供支持。

“洋节现状与对中国传统节日影响及其对策调查”的宗旨，即是在社会调查、实证研究的基础上，以节日文化的若干文化原则为指导，把握当下“洋节”发生的大众认知、期待心理、节俗活动及媒介生态，明确在“洋节”和中国传统节日冲突中的大众看法与中西节日涵化的可能途径。目的在于呈现当下中国“洋节”发生的真实现状，揭示中西节日从冲突向涵化转向的契机，为节日施政部门构建现代节日文化体系提供参考。

本调查的文化理念建立于费孝通所提出的“文化自觉”之上。文化自觉又是一种文化蓄势，它为文化的发展与创造提供推动向前的势能。“洋节”现象中的中西节日冲突是遭遇，更是契机，它为当下中国节日文化提供自我反省与自我创新的契机，是中国节日文化发展的文化蓄势之机。因此，从把握“洋节”现象入手，揭示在节日文化冲突中的文化蓄势，将之创意化为施政方向和举措，简言之，清查现状、发现蓄势、举而为政，就是本调查贯彻的逻辑主线。

本调查的问题包括：1. 人们对洋节的认知程度如何？2. 人们对洋节的期待心理和过节原因如何？3. 人们如何过洋节？4. 媒介在洋节与传统节日推广中的作用如何？5. 洋节对中国传统节日造成冲击的大众感受与看法如何？6. 洋节发展及与传统节日涵化发展的可能途径如何？

（二）调研方法

1. 调查对象

本次调查主要针对中国城市化与城乡交叉地带进行现状调研，按国内城市评价体系，选择一、二、三线标本城市 12 个。共向北京、广州、重庆、厦门、长沙、南京、济南、太原、哈尔滨、张店、运城、沂源投放问卷 1200 份，最后收回有效问卷 1005 份。调查针对不同地区、不同年龄、不同教育背景和不同职业人群的对象进行问卷投放，调查结果有一定的意义。

调查对象男性 456 人，女性 537 人，年龄范围从 10 岁到 80 多岁不等。调查对象的学历分布：初中及以下所占比例 21.1%；高中 31.7%；大专及本科 42.9%，硕士及以上 4.3%。收入分布：1000 元及以下所占比例 48.8%，1000 – 1999 元 17.1%，2000 – 2999 元 15.1%，3000 – 3999 元 8.8%，4000 – 4999 元 3.8%，5000 – 5999 元 2.3%，6000 元以上 4.0%。地区分布：城市中心区所占比例 68%，城乡结合带 24.1%，农村 7.8%。调查对象的职业涉及面较为广泛，有单位领导、私营业主、事业单位员工、公司一般职员、个体户，待业者，也有退休人员，家庭主妇和学生等。

2. 资料收集方法

本调查采取问卷法收集资料。问卷由 30 个问题构成，分别涉及洋节的大众认知、心理期待、节俗活动、媒介生态、中西节日冲突的大众看法，以及中西节日涵化发展的可能途径等问题。本调查问卷的发放与回收均由课题组成员完成。

3. 资料整理与分析

全部问卷资料由调查员检查核实后进行编码，然后输入计算机，由课题组成员利用 SPCC 分析软件进行统计分析。分析类型主要是单变量的描述统计。

（三）结果与分析

1. 人们对“洋节”的认知现状

节日认知，是考察节日现状的重要指标。本次调研结合当前中国“洋节”的实际情况，主要针对媒介报道与社会舆论通常涉及的一些“洋节”进行认知调查。

（1）从认知选择上看，进入人们视野的全是欧美现代节日或宗教节日。

调查显示，圣诞节、情人节、父亲节、母亲节、愚人节、感恩节、复活节、万圣节是我国所谓“洋节”的八大节日。按照字面意思，“洋节”似乎是除中国节日之外的所有节日，也应包括亚非拉节日。但结果显示，基督教文化传统中的节日（包括圣诞节、感恩节、复活节、万圣节），欧美发达国家的传统节日（情人节、愚人节）与现代节日（父亲节、母亲节）构成了我国所谓洋节的主要内容。这说明，当前所谓“洋节”现象的发生，与中国现代化进程中“欧风美雨”的文化冲击密切相关。

（2）从认知深度上看，人们对“洋节”内涵的认知多受现代观念的引导。

调查显示：人们对“圣诞节的时间”答对者占 76.3%，对“万圣节的习俗”答对者占59.7%，频率相对较高；然而，调查显示人们对最具西方文化特色的复活节知道最少。图6－1为人们对“洋节”的认知频率排序：

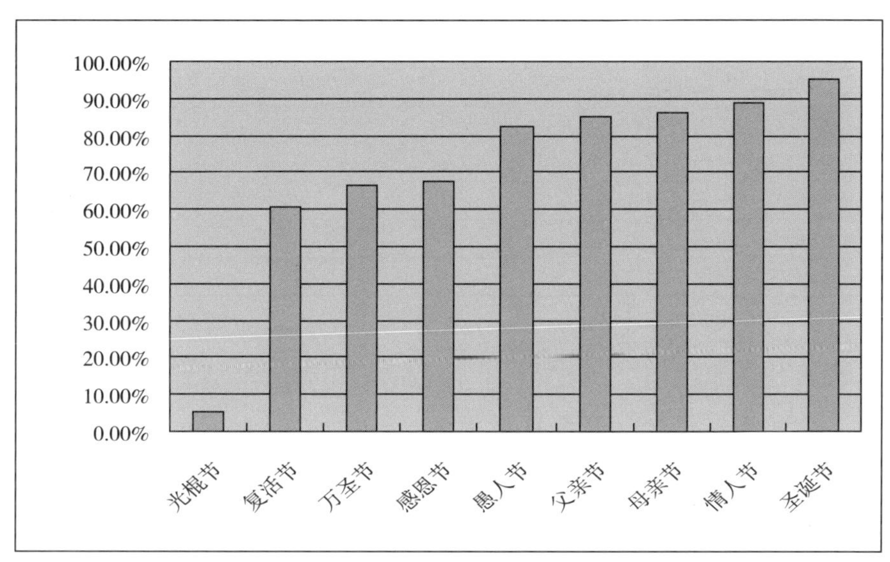

图6－1　人们对“洋节”听说过的情况

图6－1显示，对圣诞节、情人节“听说过”的人最多，复活节“听说过”的人最少。在西方节日体系中，复活节是纪念基督复活的节日，是基督教中最重要的节日之一，也是西方文化特征最为明显的节日之一。复活节在中国“洋节”认知中的知者寥寥，反映出当前人们的“洋节”认知是建立在对其古老含义抛弃之上的。与之对比，在对“您认为西方的情人节和我国的哪个节日相似”的回答中，高达94.6%的人正确选择了七夕节。

（3）从认知准确度上看，“洋节”和传统节日无明显差别。

表6－1显示，人们对中国传统节日的发生日期似乎记忆更准确。然而，在更精确的认知层面上，人们对传统节日的记忆同样开始失真。有31.9%的人认为清明节的发生时间是农历四月初五（其实是阳历四月五日）；与人们对西方的复活节知之甚少一样，人们对中国传统节日中

的龙抬头同样知之甚少，有9%的人认为龙抬头是在农历三月初二（其实是农历二月初二）。

表6-1 人们对中西节日具体日期的记忆情况

我国传统节日的时间	比例
清明节：农历四月初五	31.9%
端午节：农历五月初五	78.6%
重阳节：农历九月九日	90.9%
中秋节：农历八月十五日	90.3%
腊八节：农历十二月八日	60.3%
龙抬头：农历三月二日	9.0%

（4）从认知层面上看，人们对“洋节”的认知较多止于形式。

西方的“复活节”与中国的“龙抬头”这两个节日在各自节日体系中的影响不尽相同，但都具有复活与新生的节日内涵，但调查显示，正是在这两个最重要的节日上，人们的认知率最低。相反，西方的情人节与中国的七夕节都具有现代情爱的节日内涵，人们对之具有相同性的识别。这也同时表明，人们对“洋节”也有内涵认同的意识，只是更倾向于赋予“洋节”以现代内涵，而忽略其古老内涵。

2. 人们对洋节的期待心理与过节原因

节日期待是人们过节的内在动因。当下“洋节”风气日盛，深究人们选择过“洋节”的原因，了解人们选择过“洋节”的内在心理，是从根本上解决“洋节”与传统节日相冲突的必然选择。本研究选择了“洋节”的典型代表“圣诞节”与传统节日的典型代表“春节”，分别就两个节日的期待心理与过节原因进行了调查。

（1）人们对“洋节”的期待没有舆论宣传的那么高。

图6-2显示，在对“您期待过圣诞节吗?”这一问题的回答中，“非常期待”的占8.4%，“期待”的占18.4%，两者相加可以得出人们在各个不同层次上的期待共为26.8%；与之相比，“不期待”的占

22.5%，“无所谓”的占49.8%，两者相加可反映出人们对圣诞节不期待值为72.3%。这与当前舆论所营造的“大多数人期待过洋节”形成了巨大反差。

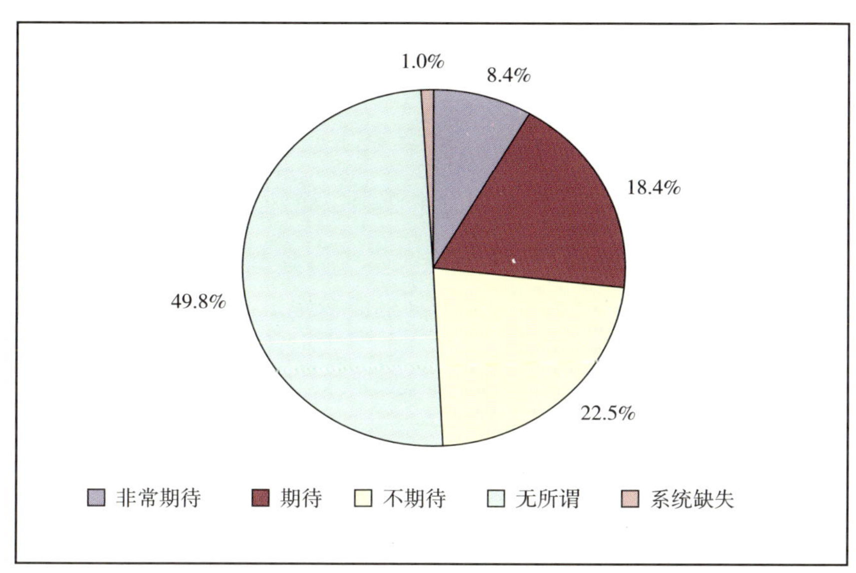

图6－2　“您期待过圣诞节吗?”问题的回答情况

而在对“春节”与“圣诞节”二者期待值的比较上，被调查者明确表示期待春节的占79.5%，明确表示期待圣诞节的占1.6%，这一数值更表明在节日期待方面，人们对圣诞节的期待并不如通常认识的一样期待之高；同样，人们对春节的期待也并不像舆论表明的那样非常之低。

（2）人们过“洋节”的原因主要是外在导向造成的。

人们过节的原因可分为外在导向与内在导向。在“洋节”的过节原因中，外在导向要大于内在导向；而人们过传统节日的原因，则很明显是内在导向为主。

表6－2为人们为何过圣诞节的原因调查情况。表6－2显示，人们过“洋节”的原因从大到小依次为：“了解外国文化”（24.7%）、“好玩，形式多样”（18.6%）、“商家与媒体的鼓动宣传”（13.7%）、“大

家过、我也过”（12.7%）、“时髦，时尚”（9.4%）、“可以更好地表达情感”（7.4%）、“个人宗教信仰”（2.3%）。如果将过“洋节”的原因分为外在导向与内在导向两个层次，“了解国外文化”、“可以更好的表达情感”与“个人宗教信仰”是内在导向，其比例达到了34.7%；“好玩，形式多样”、“商家与媒体的鼓动宣传”、“大家过、我也过”与“时髦，时尚”是外在原因，其比例达到了54.4%。因此，在过“洋节”的原因中，外在导向与内在导向共同发生作用，而外在导向原因要明显大于内在导向原因。过“洋节”的外在导向大于内在导向，这与前述调查所显示的人们对“洋节”的期待心理不高形成逻辑上的相互补充。

表6－2 人们为何过圣诞节的原因调查情况

过圣诞节的原因	百分比
好玩，形式多样	18.6%
时髦，时尚	9.4%
了解外国文化	24.7%
个人宗教信仰	2.3%
大家过，我也过	12.7%
商家与媒体的鼓动宣传	13.7%
可以更好地表达情感	7.4%
放假，与家人团聚	1.5%
可以收礼物	0.3%
不期待	7.6%
不知道，不清楚	1.8%
总计	100.0%

表6－3是人们为何过春节的原因调查情况。表6－3显示，在人们过春节的原因选择中，从大到小的原因依次为：“能与家人团聚”（38.6%）、“深厚的文化内涵”（19.7%）、“好玩的年节习俗”（17.7%）、“好吃的年节食品”（12.8%）、“可以放寒假”（0.8%）、

“可以更好地表达情感”（6.4%）。“与家人团聚”、“深厚的文化内涵”与“可以更好地表达情感”是内在导向原因，三者相加达到了64.7%，占到了所有原因的绝大部分；同时，“好吃”、“好玩”、“放寒假”等娱乐休闲要素也在人们过春节原因中占了38.2%的比例。

表6－3　人们为何过春节的原因调查情况

过春节的原因	百分比
好吃的年节食品	12.8%
好玩的年节习俗	17.7%
能与家人团聚	38.6%
深厚的文化内涵	19.7%
大家都这么过，也没多想	2.4%
商家与媒体的鼓动宣传	1.1%
可以更好地表达情感	6.4%
可以放寒假	0.8%
可以收压岁钱	0.4%
看联欢晚会	0.2%
总计	100.0%

（3）寻求新的文化认同正成为人们过“洋节”的重要原因。

在人们选择过圣诞节的原因中，“了解外国文化”成为人们选择过圣诞节的首要原因，它与“个人宗教信仰”两者合计达到了27%；与之相比，人们在过春节的原因中，选择“深厚的文化内涵”的只有19.7%，与人们对圣诞节的文化认同相比不占优势。这种比较表明，人们在传统节日中寻求文化认同的热情正在消失。

综上分析可见，“洋节”在我国大众心目中的期待值没有舆论炒作的那么高。人们过“洋节”的心理期待偏向于被外在力量所引导，娱乐氛围、从众心理与商家媒体的炒作成为外在引导的主要原因，而人们过传统节日则往往存在于家庭团聚、文化认同等内在导引，同时娱乐休闲也成为了人们过传统节日的重要原因。

尤为值得关注的是，本部分的调查发现，人们过“洋节”其实包含着较为热切的文化认同心理，并不是全部在凑热闹。文化认同是节日文化的灵魂，“洋节”中对西方文化认同的日益深化，必将对中国传统节日形成不小冲击。

3. 人们如何过洋节

“如何过洋节”，考察的是人们实际参与“洋节”的节俗活动。节俗活动是节日文化的载体，是人们对节日进行文化认知与接受的基础。当前对“洋节”在我国流行的讨论，常常限于社会影响与舆论氛围的考察，而对“洋节”的节俗活动则很少涉及。本调查设计了对人们常“过”（即“参与”）的“洋节”以及“洋节”参与程度的问询，并以圣诞节、愚人节为“洋节”个案，春节为中国传统节日个案对中西节日节俗活动进行了比较。

（1）人们从中国传统节日的文化本位出发参与“洋节”。

在“洋节”的实际参与方面，人们事实上还是从中国传统节日的文化本位出发参与“洋节”，包含亲情体验的“洋节”比包含神圣体验的“洋节”获得了更高的参与率。伦理亲情成为人们选择实际参与“洋节”的重要原因。图6－3显示了对人们实际参与过的“洋节”的调查情况。

图6－3显示，人们实际参与过的“洋节”，按频率由高到低的顺序为：母亲节67.2%，圣诞节64.2%，父亲节56.7%，愚人节49.2%，情人节35.7%，感恩节20.8%，万圣节14.0%，复活节5.5%。在所列各“洋节”中，从节日文化特征来看，母亲节、父亲节是凸显伦理亲情的节日；圣诞节、感恩节、万圣节、复活节是凸显神圣体验的节日；愚人节、情人节是凸显现代娱乐精神的节日。依此分类，可以看出，人们选择参与度最高的是母亲节、父亲节。

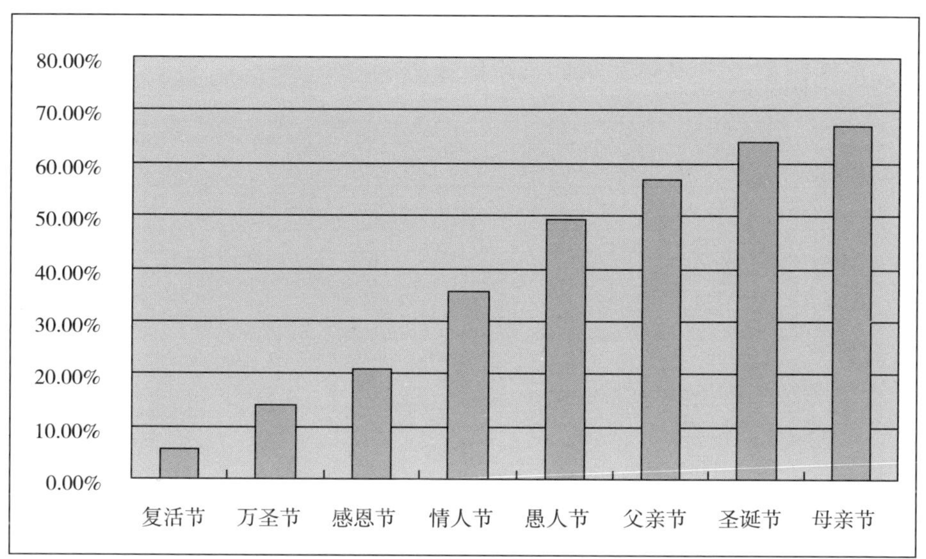

图6－3 人们实际参与过的“洋节”的情况

这与人们对“洋节”的“认知”频率有所偏差。在“洋节”认知中，圣诞节与情人节的认知度超过了母亲节与父亲节，但在人们的实际参与中，却是后者超过了前者，这显示出人们在对“洋节”的“认知”与“参与”之间是有分别的。

凸显伦理亲情的母亲节、父亲节成为人们参与“洋节”的首选，这说明人们在对“洋节”的实际参与中仍然是从中国传统节日的文化本位出发，涵化“洋节”，并非完全被动地参与其中。

（2）人们参与“洋节”是为了加强社会关系的交往。

在节俗活动方面，“洋节”凸显了节俗活动的社会关系性，中国传统节日则凸显了节日活动的家庭关系性。图6－4显示，在圣诞节，“朋友间电话问候、送礼物”与“与朋友聚会娱乐”成为人们首选的两大活动，两者相加的频率达到了65.6%；与之相比，“与家人团聚”只有15.3%。这说明人们在圣诞节的节日活动明显倾向于社会关系的发生，家庭关系相对弱些。在愚人节，“与朋友相互开玩笑”与“看周围人相互开玩笑，凑热闹”成为节日中发生的两项最大活动形态。这表明，圣诞节、愚人节作为伦理亲情内涵相对薄弱的“洋节”，其节日活动的社会关系性明显大于家庭关系性。

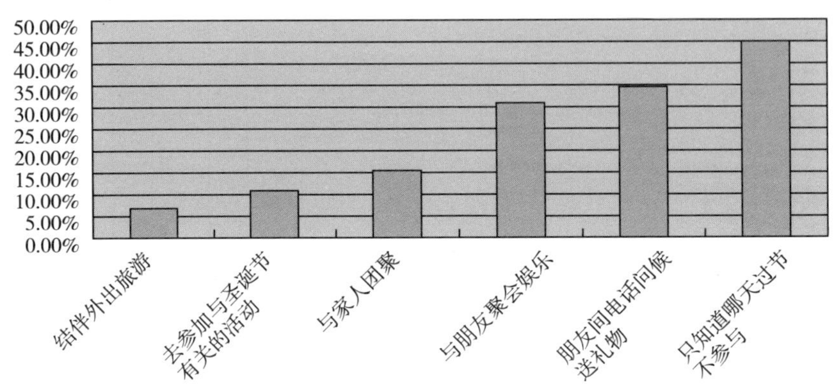

图6-4 对人们在圣诞节节日活动的调查情况

图6-5显示，在春节，“与家人团聚”这样的家庭关系性活动仍是人们主要的节日活动，其频率占到了91.3%。后面依次是“打电话问候、送礼物”、“外出旅游”，这是家庭关系向社会关系的拓展，两者频率依次为51.4%和14.6%。这表明，中国传统节日的节日活动仍然是以家庭关系性活动为主的。

（3）“洋节”与中国传统节日的涵化互补将形成趋势。

从洋节与传统节日相互涵化的角度来看，洋节与传统节日在实现节日活动的社会性关系与家庭性关系互补已成趋势。在春节节日活动的调查中，“与家人团聚”的家庭性节日活动虽然占到了一半强（57.5%），但也看到人们在春节发展社会关系（“打电话问候、送礼物”与“外出旅游”）的频率也接近一半（41.5%），这说明了中国传统节日活动在社会性关系与家庭性关系方面的日益多元。

与此相应，“洋节”的节日活动虽然凸显社会性关系，但人们对母亲节、父亲节的高频率选择（39.5%）说明当下“洋节”节日活动中家庭性关系的凸显。因此，中国传统节日与“洋节”分别在其自身以及中、西之间形成两种关系性活动的互补将是必然的趋势。

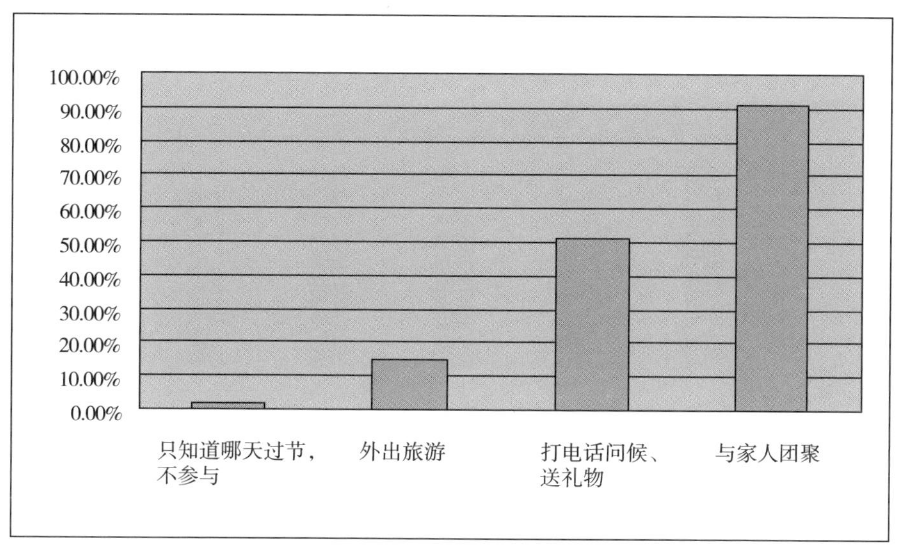

图6－5 对人们在春节时期节日活动的调查情况

4. 媒介文化在“洋节”与中国传统节日推广中的作用

在当代社会语境中，节日文化的发展无法忽视媒介文化的存在。“洋节”在我国的存在现状，在很大程度上与媒介对“洋节”的认知传播、舆论营造与形象塑造有关。本调查从媒介渠道、媒介内容及媒介效果等方面对媒介文化与“洋节”、传统节日之间的关系做了调研。

（1）“洋节”受舆论氛围影响较大。

在节日认知的媒介渠道上，广播、电视等公共媒介在“洋节”与中国传统节日的媒介宣传上具有同等重要的地位，不同之处在于“洋节”受舆论氛围影响较大，而中国传统节日受知识引导较大。

图6－6显示，在“洋节”和中国传统节日媒介获知的渠道上，广播电视的媒介影响都具有重要地位（分别为65.1%与67.2%）。广播电视的媒介文化特征在于其鲜明的公共服务特征，因此公共媒介在节日文化中的作用是首要的。

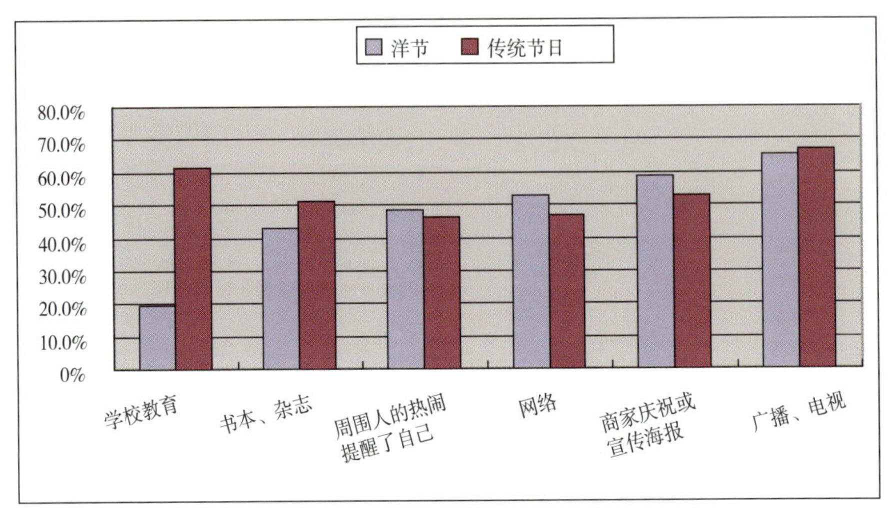

图6－6 “洋节”与中国传统节日获知渠道比较

“商家庆祝或宣传海报”和“周围人的热闹提醒了自己”，形成了具有媒介影响作用的舆论氛围，这种舆论氛围在“洋节”方面发挥的作用要略大于中国传统节日，两种舆论氛围对“洋节”的媒介影响频率分别为58.8%、48.7%，而对中国传统节日的影响频率分别为52.8%、46.2%。

“学校教育”与“书本、杂志”则形成了以知识引导为特征的媒介影响，两种知识引导方式对“洋节”的媒介影响频率分别为19.7%、42.8%，而对中国传统节日的媒介影响频率分别为61.5%、51.4%，这表明中国传统节日在知识引导的媒介体系中影响较大。

（2）人们对“洋节”传播的媒介满意度不高。

在节日传播的满意度方面，人们对“洋节”传播的媒介满意度不高，主要原因在于媒介对“洋节”的媒介报道偏向肤浅、缺乏内涵；与之相比，人们对中国传统节日的媒介报道则相对满意，其原因应在于媒介对中国传统节日报道有比较明确的内涵定位。

图6－7显示，人们对“洋节”媒介报道的数量偏向嫌其过多（认为媒体对“洋节”的报道在数量上，认为“过多”的占28.4%，“一般

多”的占52.1%，“不多”的占18.2%），在对媒介对自身“洋节”接受造成的影响上则是影响有限（认为媒体对于“洋节”的报道“影响很大”的仅9.6%，“有些影响”的为34.7%，而“说不清”“影响较小”“几乎没有影响”的频率总和则达到了54.3%），两个数量指标反映出人们对“洋节”的媒介满意度并不高。追究原因，则在于当前“洋节”媒介报道的肤浅化。

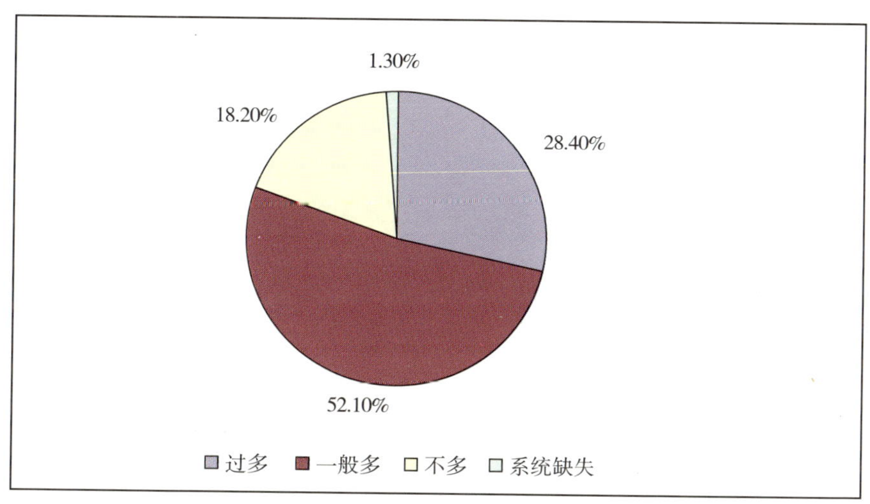

图6－7 人们对“洋节”媒介报道数量及影响效果的满意度情况

图6－8显示，人们认为媒介对“洋节”报道的“正面提倡为主”占到了49.0%，认为媒介对“洋节”报道的“反面批判为主”仅有5.1%，而认为“洋节”报道“缺乏内涵”的则占到了43.8%，与人们对当下“洋节”媒介报道“正面提倡为主”达到几乎相同频率。反观当下“洋节”的媒介报道，所谓“正面提倡”或“反面批判”也仅停留在宣传造势方面，其实质同样是对“洋节”内涵的忽视。因此，“洋节”媒介报道的肤浅化、内涵缺失是人们对之满意度不高的主要原因。

与之相比，人们对中国传统节日的媒介满意度则较高。图6－9显示，对中国传统节日的媒介现状“不满意”的仅为10.3%，“一般”为32.6%，而选择“满意”的达50.9%，即明确表示满意的有一半强，再

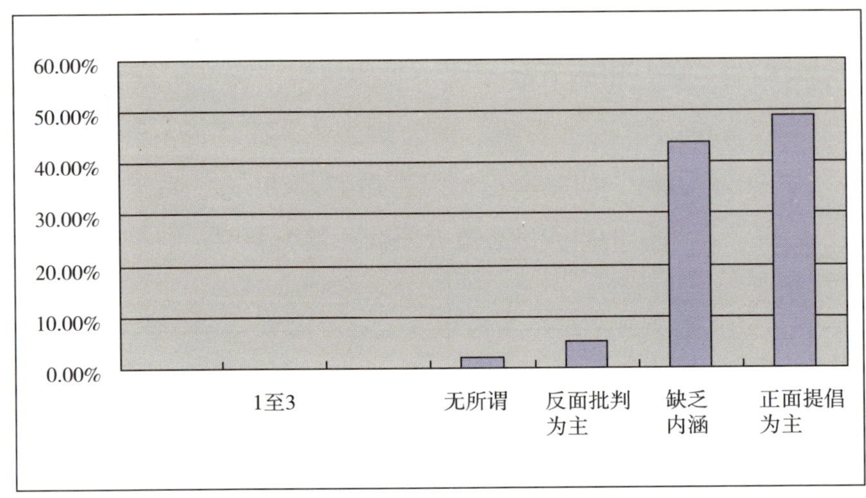

图6－8　人们对媒介“洋节”报道内容评价的情况

加上表达“一般”的中立人群，与“洋节”的媒介满意度相比，说明人们对中国传统节日的媒介满意度明显高于“洋节”。

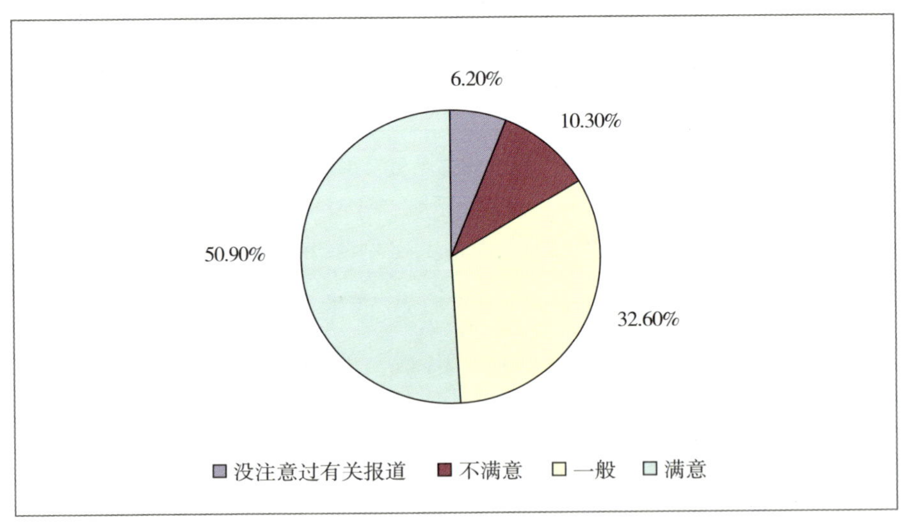

图6－9　人们对媒体有关传统节日报道的满意度

原因何在？对照人们对“洋节”媒介报道中“节日内涵缺失”的观察，这应与当前媒介对中国传统节日报道中有明确的节日内涵定位有关。在“您认为媒体报道传统节日应该突出”的调查中，认为媒介应

"挖掘传统节日内涵"的达34.0%，应"营造节日亲情氛围"的达33.3%，中国传统节日的媒介报道之所以获得50.9%的较高满意度，这说明中国传统节日的媒介现状之所以令人满意，应在于其对中国传统节日内涵与亲情的张扬。

综上分析，节日文化作为传统文化，在当代社会面临着向公共文化转变的迫切要求。调查结果显示，广播电视作为公共媒介在节日文化中发挥着无可替代的作用，而在节日的媒介传播中明确节日内涵，进行深度报道，引导"洋节"与"中国传统节日"在内涵上互补，不是对抗，而是共同走向现代公共文化，这是节日媒介发展的重要趋势。

5. "洋节"对中国传统节日造成冲击的大众反应

当下人们对"洋节"冲击中国传统节日的讨论，主要受媒介报道与舆论影响的左右，而对其真实情况则缺乏调研基础。本调查针对人们对"洋节"冲击传统节日的真实感受和个人看法进行了调研。

对于"洋节"对中国传统节日的冲突，人们的感受与看法均趋于理性，这与当前媒介宣传与舆论造势的危言耸听形成较大反差。图6－10为人们对"洋节"对中国传统节日造成冲突的感受与看法。图6－10显示，在问及"您对'洋节'影响中国传统节日有无感受"时，认为"有，很强烈"的占23.3%，"从来没有"的占16.0%，而认为"有，但不强烈"者占59.8%。也就是说，大部分的人承认"洋节"对传统节日形成了冲击，但有一多半的人认为，这种冲击在可以承受的范围内。调查中呈现出的这种真实感受，相对理性而平和，与当前媒介与舆论中对"洋节"冲击传统节日的危言耸听有不少的差距。

与之相同，人们对"洋节"冲击传统节日的现象所持的看法同样理性。人们在回答"圣诞节在中国大热您认为对中国年节有无影响"时，认为"有影响，但传统春节仍是年节主体"的比例为66.2%；在回答

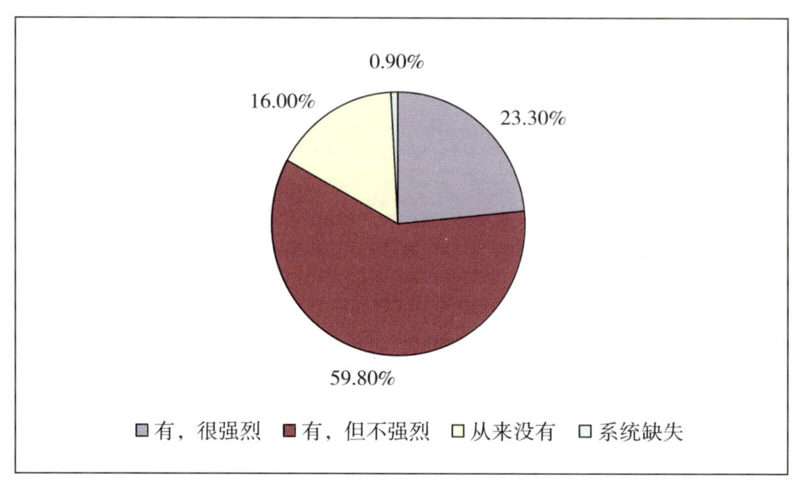

图6－10 人们对“洋节”对中国传统节日造成冲突的感受与看法

“每年情人节越来越热闹您的看法是”时，认为情人节与七夕节“两者可以共存”的比例为72.8%，而在回答“您觉得圣诞节情人节在中国将来发展趋势是”时，有68.5%的人认为“会继续存在，但会与中国传统节日一道发展”。

可见，“洋节”对中国传统节日的确形成了冲突，然而，这一冲突带来的却并非“洋节”对传统节日的颠覆，而是将产生更具包容性的节日观念和节日体系，这是关键。当前媒介报道与社会舆论一味强调“洋节”对传统节日的冲击，在根本上是出于制造“话题”的需要，而忽视了人们在“洋节”与传统节日的冲突中所产生的文化包容。

6. “洋节”发展的主导因素与发展前途

“洋节”在中国的发展，必然是在与中国传统节日相涵化的前提下发展。然而，“洋节”与中国传统节日如何涵化发展？在涵化发展中，谁应当起主导作用？这都是亟须解答的问题。本调查从政府是否需要引导“洋节”发展、有无必要明确“洋节”内涵、商家造势在“洋节”中的影响，以及明确引导节日涵化发展的社会要素等问题进行了调研。

（1）政府在“洋节”发展中不应缺席，但应审慎介入。

图6－11显示，在政府介入“洋节”引导发展的问题上，认为“很有必要”的占16.7%，认为“有必要”的占41.6%，两者频率相加，可以看出倾向于政府介入的比例高达58.3%。这说明，人们总体上还是希望政府能够介入“洋节”引导和发展的。然而，调研又发现，认为“无必要”的占到了40.8%，说明将近一半的人们对政府介入“洋节”引导并不是全部赞同，认为“洋节”发展应当任其自然。这两个数据对比，显示出人们在对政府是否介入“洋节”的问题上分歧较大，这正说明人们对“洋节”的文化立场是严肃、理性的。在此前提之下，政府在“洋节”引导中不应缺席，应审慎介入。

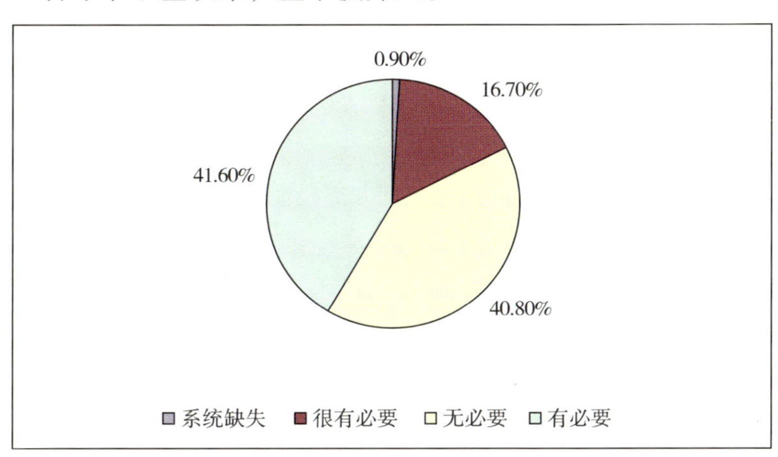

图6－11　人们对政府是否应介入“洋节”的态度

（2）在构建“洋节”节日内涵的基础上发展“洋节”。

图6－12显示，在“您认为有无必要明确圣诞节情人节等‘洋节’在西方的本来内涵”的问题上，认为“有必要”的达46.8%，“没有必要”的达23.3%，前者与后者相比占绝对优势，因此对“洋节”在中国的发展，明确其在西方文化语境中的本来内涵必不可少，这与人们日益增强的在“洋节”中寻求文化认同的心理相一致。同时，有28.6%

的人认为“应赋予‘洋节’中国特色”，这是“洋节”与中国传统文化相碰撞所发生的必然反映。

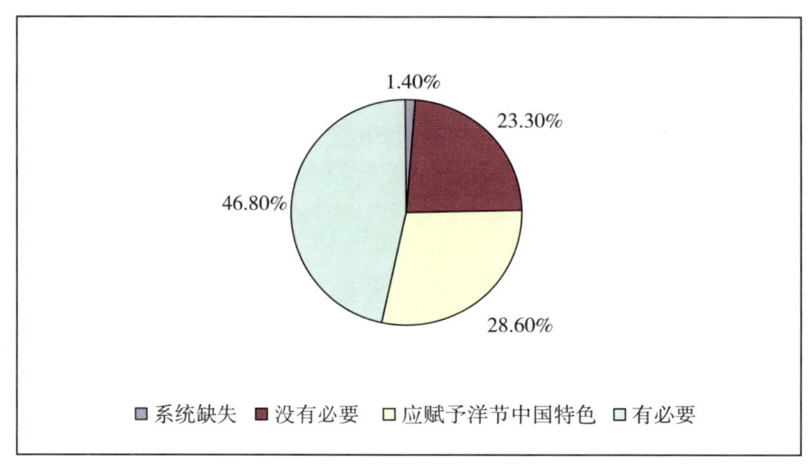

图 6－12　人们对是否需要明确“洋节”内涵的态度

事实上，认为“有必要明确‘洋节’本来节日内涵”与主张“赋予其中国特色内涵”，两种回答所共同表达出的，都是主张在明确“洋节”节日内涵的基础上发展“洋节”，这一比例相加为 75.4%，与认为“没有必要”的意见相比，具有绝对优势。因此，在明确“洋节”节日内涵基础上发展“洋节”是必需的。

（3）社会公共平台应担负起“洋节”发展的引导责任。

图 6－13 显示，人们认为在“洋节”的发展中，“媒体”担负更大责任的占 42.4%，认为“政府”担负更大责任的占 36.1%，认为“商家”、“学校”应担负更大责任的分别为 10.3% 和 9%，媒介、政府、商机与学校被大众认为是应担负更大责任的社会要素。在上述四个要素中，政府与媒介是社会公共平台，两者频率相加达到了 78.5%，占据绝对优势，因此社会公共平台应在“洋节”发展中担负其更大责任。它们将有效引导“洋节”以公共文化的角色融入中国社会，实现“洋节”文化与中国文化之间的缓冲与融合。

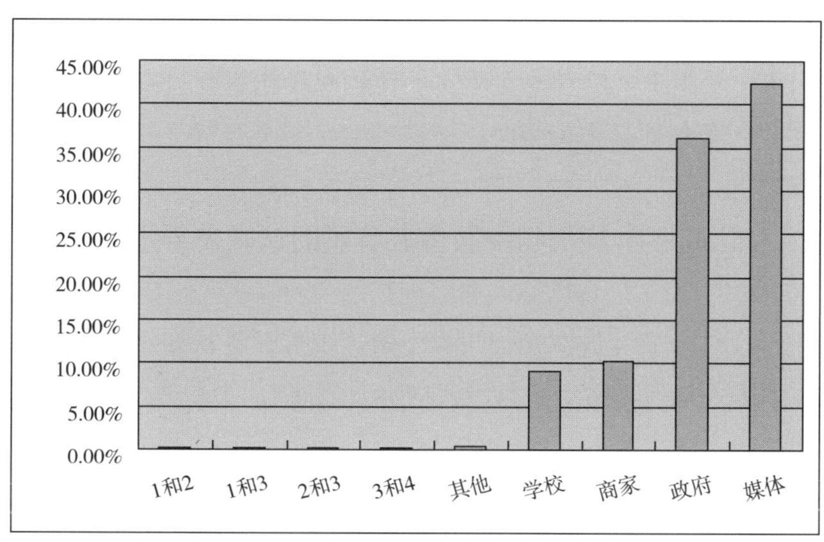

图6－13　人们对谁应在引导“洋节”中负更大责任的态度

注：1 指政府；2 指学校；3 指媒体；4 指商家。

商业活动在“洋节”发展中的作用应予正面肯定。在对人们关于商家在“洋节”期间举办各种活动意见的调查中，认为商家“借（洋）节日推销自己”的有 18.8%，认为这样做“于商家和大众都有利”的占到了 30.5%，而有将近一半（49.3%）的人认为“应加以引导规范”。说明人们对商家商业活动与“洋节”之间的关系持相对宽容和肯定态度，商家活动的娱乐、休闲性与“洋节”的社会性关系之间存在着契合，因此应给予正面肯定。

（四）基本看法

本调查报告提出如下十条调研结论。

1.“洋节”现象与中国古代外来节日入华有本质上的差异

古代外来节日入华是在中国传统文化相对封闭自足的前提下发生

的，外来节日必然融汇在中华传统文化中；而“洋节”现象的发生，是在中华传统文化步入以欧美文化为主导的现代化进程过程中发生的，因此“洋节”现象不易等闲视之，应提到文化安全与尊严的高度来思考。

2. 人们对“洋节”和中国传统节日的认知差异不大

人们对“洋节”的认知，与对中国传统节日的认知在深度和内涵上其实并无多大差异，赋予节日现代内涵是发生在当代中、西节日认知中的共同倾向。在深度上，人们对“洋节”与传统节日都是有所了解，但同样不深，节日认知的衰落无分中西；在内涵上，人们对“洋节”的认知并非缺乏内涵，而是偏向于抛弃其古老内涵，赋予现代内涵，这一点在中国传统节日的内涵认知上同样存在：“复活节”与“龙抬头”这两个包含复苏与新生体验的节日认知频率较低，“情人节”与“七夕节”这两个包含现代情爱体验的节日认知频率较高，即是证明。

3. 媒介报道和社会舆论夸大了人们对“洋节”的期待

人们对“洋节”的期待，并非像媒介报道和社会舆论所宣扬的那么高，人们的真实期待与舆论口径之间形成较大反差。

调查显示，人们对圣诞节“不期待”的占22.5%，“无所谓”的49.8%，两者相加反映出人们对圣诞节不期待值为72.3%；而人们对中国传统节日的期待，也并非如想象中的那么低，调查显示，人们对春节的期待频率为79.5%。媒介报道和社会舆论追求“轰动效果”的片面性，使其客观上拔高“洋节”贬抑传统节日。

4. 人们过“洋节”主要源于外在导向

人们过“洋节”和中国传统节日的原因，是外在导向和内在导向共同起作用，但在“洋节”的过节原因中，外在导向要大于内在导向；而人们过中国传统节日的原因，则很明显是内在导向为主。

调查显示，“了解国外文化”、“可以更好地表达情感”与“个人宗教信仰”作为过“洋节”的内在导向，其频率相加达到了34.7%，而“好玩，形式多样”、“商家与媒体的鼓动宣传”、“大家过、我也过”与“时髦，时尚”作为外在导向原因，其数值达到了54.4%。在过中国传统节日的原因中，“与家人团聚”、“深厚的文化内涵”与“可以更好表达情感”作为内在导向原因，三者相加达到了64.7%，占到了绝对优势。

5. 人们借助中国传统节日的内涵参与“洋节”

人们过“洋节”的原因与其实际参与时的真实寄托形成反差，人们容易受外在导向去过“洋节”，但在实际参与“洋节”时又体现出较为热切的文化主动性，并不全是在凑热闹、被动参与，而是从中国传统节日的伦理本位出发涵化“洋节”，借“洋节”表达亲情。

调查显示，在人们实际参与的“洋节”中，母亲节是人数最多的，比例高达67.2%，父亲节位列第三，比例达56.7%，而在八大“洋节”中母亲节、父亲节是凸显伦理亲情的现代“洋节”。另外，感恩节在当下中国日益从西方的感“主耶稣”之恩演变为感“父母”之恩，也是有力说明。

6. “洋节”成为人们加强社会交往的重要方式

在“洋节”的节俗活动方面，“洋节”节日活动凸显了较强的社会关系性，中国传统节日则凸显了较强的家庭关系性，然而中国传统节日与“洋节”分别在其自身内部，以及中、西之间形成两种社会关系的互补已成趋势。

调查显示，在圣诞节，“朋友间电话问候、送礼物”与“与朋友聚会娱乐”成为人们首选的两大活动，两者频率相加达到45.7%，在春节，“与家人团聚”的发生频率占到了57.5%。然而，调查同时表明，在圣诞节选择“与家人团聚”的频率达10.7%，而在春节，选择“打电话问候、送礼物”、“外出旅游”等社会关系性较强活动的频率相加则达到了41.5%。在中国，西方“洋节”被赋予日益浓厚的伦理亲情，而中国传统节日社会化特征日益明显，这是中、西节日互相摩合的必然趋向。

7. “洋节”比中国传统节日受舆论氛围的影响更大

在节日认知的媒介渠道上，广播、电视等公共媒介在“洋节”与中国传统节日的媒介宣传上具有同等重要的地位，不同之处在于“洋节”受舆论氛围影响较大，而中国传统节日则受知识引导较大。

调查显示，在“洋节”和中国传统节日媒介获知的渠道上，广播、电视的媒介影响分别为22.6%和20.6%，各居首要地位。在节日的媒介传播中明确节日内涵，进行深度报道，引导“洋节”与“传统节日”在内涵上互补，不是对抗，而是共同走向现代公共文化，是节日媒介的重要趋势。

8. 人们对“洋节”传播的媒介满意度不高

在节日传播的满意度方面，人们对“洋节”传播的媒介满意度不高，主要因为媒介对“洋节”的媒介报道偏向肤浅、缺乏内涵；与之相比，人们对中国传统节日的媒介报道则相对满意，其原因应在于媒介对中国传统节日报道有比较明确的内涵定位。

9. 人们关于“洋节”对中国传统节日冲突的看法均趋于理性

对于“洋节”对中国传统节日的冲突，人们的感受与看法均趋于理性，这与当前媒介宣传与舆论造势的危言耸听形成较大反差。

调查显示，在问及“您对‘洋节’影响中国传统节日有无感受”时，认为“有，很强烈”的占 23.3%，“从来没有”的占 16.0%，而认为“有，但不强烈”的 59.8%。在问及“圣诞节在中国大热您认为对中国年节有无影响”时，认为“有影响，但传统春节仍是年节主体”的比例为 66.2%。

10. 政府在“洋节”现象中不应缺席，而应审慎引导

政府在“洋节”现象中不应缺席，但应审慎介入；在官方引导下，政府、媒介与商业影响通力合作打造良好公共平台，引导“洋节”与中国传统节日相互涵化、构建节日的公共文化内涵，是必经之途。

调查显示，在政府介入“洋节”发展的问题上，认为“很有必要”的占 16.7%，认为“有必要”的占 41.6%，两者达到 58.3%，占到了总体的一半以上。然而，认为“无必要”的也占到了 40.8%。这说明人们总体还是希望政府能够介入“洋节”引导和发展，但不应是以行政命令的方式。政府、媒介、商业活动是当前影响“洋节”发展的三大因素，三者应当以构建节日的公共内涵为核心，引导中、洋涵化发展。

（五）对策与建议

政府在当前“洋节”现象的引导中能做什么？调查显示，人们对政府参与引导“洋节”总体持肯定态度，“很有必要”和“有必要”的比例达 58.3%，然而，认为“无必要”的频率也达到了 40.8%，因此政

府参与引导“洋节”发展势在必行，但不宜以行政命令方式。把握人们在“洋节”实践中所产生的文化蓄势，顺势而为，举而为政，应是政府引导“洋节”发展的施政原则。

据此，本文提出五条“洋节”发展的对策与建议。

1. 加强中国传统节日主体建设，引导中西节日从各自文化本位向节日公共文化转变

“洋节”现象之所以引发关注，究其实质是它触及到了中西文化冲突问题，而媒介报道与社会舆论又将这种冲突升华为“话题”和“事件”。但调查显示，人们对所谓中、西节日的文化差异与冲突并无特别关注，人们更关注的是节日本身，而非节日的中西之分；人们更希望在现代社会中节日能创造出共生的公共文化空间，而非对中西节日做出界限分明的划分。

从此文化蓄势出发，政府在引导中西节日的涵化过程中，要重视加强中国传统节日主体建设，在此前提下，摆脱中西文化冲突的狭隘思维，引导中西节日从各自文化本位向节日公共文化本位的转变，在文化公共性的基础上构建现代节日体系。用节日公共文化实现对节日传统文化的升华，这是关键。

2. 中西统筹，创制中西互补的中国特色的节日体系

当前节日施政中，对“洋节”的施政规划是缺席的，正因为如此，“洋节”现象已造成了政府在节日施政规划中的被动。调查显示，人们的确会关注中西节日的本来文化内涵，但人们往往是有选择地凸显中西节日内涵的现代意义，对中西节日之间的文化冲突一直持实用理性的态度。调查同时也证明，“洋节”在节俗活动方面凸显社会关系交往，与

传统节日的凸显家庭关系交往正形成互补，中西节日可以而且能够并行互补发展。这一点在调查中获得了各方面的认可，一个典型数据就是，在对“您认为传统节日的发展方向是什么?”的问题中，有66.6%的人选择了“与时俱进，向‘洋节’借鉴，让传统节日更好玩”。

从此文化蓄势出发，节日施政部门应坚持以我为主，和而不同的原则，正式将“洋节”纳入节日规划，建立互补的中国特色节日体系。

3. 祛除文化后视镜心理，搭建中西节日文化高端交流平台，强化媒介公共责任

“洋节”现象的产生以及在社会舆论中的失序，在很大程度上与“洋节”文化进入中国语境以及在中国社会舆论中的传播渠道失序有关。当前“洋节”文化进入中国，较大程度上是随着西方生活时尚传入的，趋向于表层状态；在中国社会环境中的传播，媒介则为了追求轰动效果而将之“事件化”。这都是媒介传播学中所谓“后视镜”式的文化传播，即在取消文化深度、适应人们感官需求的层次上传播文化。

调查显示，当前“洋节”传播的“后视镜”特征十分明显，“洋节”传播的媒介满意度较低，节日内涵与文化地位缺失是造成媒介满意度低的主要原因；与之相比，人们对中国传统节日传播的媒介满意度则较高，原因在于中国传统节日的媒介传播在节日内涵上相对确定。这说明，人们对节日传播的预期中其实包含对节日内涵与文化传统的深度渴望。

从此文化蓄势出发，节日施政部门应疏通中西节日交流渠道，祛除媒介传播所造成的“后视镜”节日认知心理，搭建高端文化交流平台。另外，在节日传播宣传中，媒介传播要明确其公共责任。

4. 引导商业竞争活力参与“洋节”产业的正当经营

“洋节”现象的兴起，还与商家的鼓动有关。但出于经济动机，目前存在商家在“洋节”产业经营中失序与混乱的状况，造成了一定程度的“洋节”在商业活动氛围中的被扭曲。

调查显示，人们在“洋节”文化实践中其实对商业寄予厚望。在征询人们对“有商家借西方‘洋节’举办商业活动”的看法时，19.1%的人表示“反对”，31.0%的人表示“赞成”，而有49.9%的人表示“赞成，但应加以引导规范”。因此，人们对“洋节”产业总体持肯定态度，但认为应加以引导。

从此文化蓄势出发，节日施政部门应改变对“洋节”产业知而不问的无为状态，借鉴国庆、春节等节日产业运作较为成功的经验，寻找商业活力与“洋节”文化之间的平衡点，引导“洋节”产业有序发展。在将商业竞争引入节日发展方面，港澳台等地得风气之先，已有许多成功经验可以借鉴。

子课题负责人：耿波

参加者：耿波、王俊生

七、借鉴国外传统节日的调研及建议

在“全球化”浪潮汹涌而至的今天，世界各国的政治、经济、文化交流日益频繁和迅捷。作为民族文化重要载体的传统节日，也处在多元文化相互融合与相互碰撞中。近年来，一些西方节日，如圣诞节、情人节、愚人节、万圣节等在中国日趋流行，而以春节为代表的中国传统节日在某种程度上受到冷落，有陷入被消解和边缘化的危险。西方节日对中国传统节日所造成的冲击，已引起社会各界广泛关注。许多人对“圣诞树”取代了“红灯笼”、“洋玫瑰”盖过了“土汤圆”的现象深表忧虑，有民俗学者认为热衷于过洋节“将会导致中华民族对自己的文化失去自信与自尊”，北大、清华等校十位博士联名抵制圣诞节的倡议书“郑重呼吁国人慎对‘圣诞节’”，有人甚至提出“这是值得警惕的文化侵略”，就连一位美国人也发出“圣诞节在中国流行，有些不可思议”的感叹。

对西方节日在中国流行的原因，我们应当以科学和理性的方式进行反思，保持清醒的头脑和制定应付挑战的有力措施，特别要防止盲目排斥外来节日文化和盲目张扬本土节日文化的倾向。世界各国的民族传统节日是在长期的历史文化积淀中形成的，是人类精神文明的沉淀，具有重要的文化历史价值。在开放的世界环境中，东西方节日文化的交流与融合是双向的。如今春节、中秋节等中国传统节日已走出国门，华人在节日期间举办的舞龙、舞狮、扭秧歌、赛龙舟等丰富多彩的庆祝活动，吸引了所在国许多政府要员、社会名流和民众参加，向世界展示了中国传统节日独特的文化魅力。

当前，面对着涌进国门的各种外来节日文化，保持民族节日文化的主导地位尤其显得重要。中国传统节日积淀、凝聚着深厚的传统文化，已经成为中华民族精神家园的重要组成部分。在当今世界多元文化并存、东西方文化日益融合与渗透的形势下，面对西方文化的强势和“洋节”的流行，要保护民族传统节日，留住中华民族的“根”，关键是要唤醒全民族的文化自觉意识，继承和弘扬传统节日的文化内涵，以创新的精神发展传统节日文化，使民族传统节日保持旺盛的生命力。同时，我们也要以海纳百川的宽广胸怀，放眼世界，博采众长，借鉴国外传统节日的精华，吸收世界各国举办节日活动的有益经验与运作模式，使中国传统节日文化同世界各国、各民族节日文化在相互交流与碰撞之中保持各自的多样性，与时俱进，共同发展，为促进世界各国传统节日文化的交流与融合做贡献。

（一）国外传统节日的主要类型

当今世界200多个国家和地区、数千个民族，在其历史文化的长期积淀中形成了各具民族特色的传统节日。这些具有悠久历史的传统节日，或是起源于古代社会的生产祭祀活动，或是宗教信仰的反映，或是对神话传说和英雄人物、历史事件的纪念，或是表达了民众对自由的追求和生活的美好愿望，它们已成为世界各民族的社会生活、民俗习惯、经济状况及道德风貌的文化载体。国外传统节日种类繁多、异彩纷呈，如果按主题和功能的特征来划分，可分为以下主要类型：

1. 生产型节日

世界各民族的传统节日，有许多是围绕着物质生产而举行的各种生产型祭祀活动以及由此发展而来的节日习俗。民族传统节日的最初形成，往往与物质生产活动密切相关。人们在农业生产、畜牧业生产的过程中产生了相应的禁忌、祭祀、庆贺等民俗活动，祈求风调雨顺、五谷丰登、六畜兴旺，感谢神灵给他们带来好运和丰收，由此发展成为以某种生产为标志的节日。如泰国春耕节、加拿大枫糖节、匈牙利葡萄节、尼日利亚捕鱼节、荷兰风车节、保加利亚玫瑰节。在节日期间举行的各种生产型祭祀活动和节日习俗，或是直接反映农牧业生产活动，或是在渊源上与生产活动有千丝万缕的联系，与人们的物质生产活动是浑然一体的。随着社会经济形态的变迁和时代的发展，农牧业生产型节日因局限于某种农牧产品的生产地，大多具有地域性特征，其影响范围受地域的局限。

2. 祭祀型节日

祭祀型节日是以祭天、祭祖、禳灾驱邪、祈神保佑等信仰习俗为主要内容的节日。民族传统节日大多是在原始祭祀仪式的基础上发展起来的，供奉天神、祭祀神灵是世界许多民族普遍存在的古老文化现象。人们怀着对天神、祖先的感恩之情，以隆重盛大的祭典来祭神祭祖，并举行各种祭祀活动，如古希腊酒神节、古罗马农神节和牧神节。这些祭祀仪式形成一定规模后，便很容易演化为节日。据《圣经·旧约》记载，古犹太人在每年麦穗初熟和麦收后都要举行奉献礼，把新收的小麦献给上帝，感谢上帝护佑他们喜获丰收，由此形成犹太民族的五旬节。万圣节对上帝感恩和祭祀殉道者亡灵的活动，罗马尼亚仲夏节对谷物女神的敬奉，日本盂兰盆节的祭祖，以及感恩节、母亲节、父亲节等节日所表达的感恩之情，从根本上说也是崇祖敬神传统观念的表现。

3. 宗教型节日

宗教型节日是当今世界影响最广泛的传统节日。世界各民族有许多节日习俗与宗教传统密切相关，许多在世界范围流行的节日，大都带有浓厚的宗教色彩。西方社会长期受基督教的影响，重要的传统节日几乎都留下了基督教的印记，宗教色彩非常明显，如圣诞节是纪念耶稣诞辰，复活节是纪念耶稣受难后复活。随着基督教跨地域、跨文明的传播和欧洲移民向世界各地的迁徙，基督教成为拥有教徒最多、影响最广泛的世界性宗教之一，圣诞节也成为跨国界的节日。伊斯兰教的传统节日开斋节、古尔邦节和圣纪节，印度教的传统节日霍利节、灯节和德喜合拉节，以及老挝的塔銮节、印第安人的万灵节、埃塞俄比亚的马斯卡尔节等，都来源于民族的宗教信仰，旨在通过宗教纪念日的庆典和仪式活动，获得一种生命体验和精神空间。

4. 庆典型节日

庆典型节日是以喜庆丰收、欢庆胜利为主题的民间盛大节日，有明确的节日主题和庆贺方式。例如，公历每年 1 月 1 日为新年，是世界性的节日。西方国家流行许多庆贺新年的传统习俗，如互赠贺卡、燃放焰火、假面舞会、花车游行等，人们还纷纷涌上街头，通宵达旦地唱歌、跳舞，尽情狂欢，在欢歌和舞蹈中辞旧迎新。泰国的新年称“宋干节”，阳历在 4 月 13 – 15 日，是泰国最隆重的传统节日，也是柬埔寨、老挝、缅甸等国的新年。宋干节又称“泼水节”，人们互相泼水来庆祝，用共娱共乐的方式迎接新年的到来。

5. 纪念型节日

这类节日是以缅怀英雄伟人或纪念重大历史事件为主题的传统节日。著名的纪念型节日，如罗马人纪念被暴君杀害的修士瓦伦丁的情人节、犹太人纪念在先知摩西领导下成功逃离埃及的逾越节、法国奥尔良市纪念民族女英雄的贞德节、爱尔兰的圣·帕特里克节、瑞典的露西亚节、欧美一些国家的哥伦布纪念日、英国的莎士比亚戏剧节等。纪念型节日习俗，积淀了民众对心目中英雄人物的崇敬之情和沉浸在节日欢乐中的历史情感。

6. 娱乐型节日

娱乐型节日在各民族传统节日中占很大比重，是通过歌舞、游艺、狂欢、集会等活动，使民众在自由、欢快、喜庆、休闲的节日气氛中进行社交往来，达到娱乐性情、调节生活节奏的功能。最具典型意义的是狂欢节。人们在斋期开始前 3 天的纵情欢乐，使它成为追求幸福和向往自由的重要节日。再如，欧美国家的愚人节、意大利威尼斯赛舟节、德国慕尼黑啤酒节、西班牙奔牛节和西红柿节、日本的樱花节、蒙古的摔跤节、澳大利亚的蒙巴节等，都是民间传统的娱乐型节日。

7. 复合型节日

在传统节日演变和发展的历史过程中，某种节日的主题或发生变化，或融合其他节日主题的文化因子，或与其他节日主题因素糅和交织在一起，综合演变成具有多重文化内涵的复合型节日。值得注意的是，这类传统节日原初鲜明的主题已逐渐弱化、消解或湮没在大量的节日习俗细节中，呈现的是复合状态的节日主题。现代社会，这种复合型节日较之主题鲜明的传统节日更带有普适性，更具有吸引力。比如圣诞节，原本是基督徒的宗教节日，现在已成为西方国家全民性的节日，因为它已冲淡了宗教的色彩，带给人们的是更加丰富的温情、仁爱、团聚、思念、幸福等多重文化内涵。

（二）国外传统节日的文化特征

传统节日积淀了民族的性格特征、心理素质、宗教信仰、伦理道德、审美情趣、思维方式等诸多内容，是世界各民族在长期的历史发展和社会生活中所创造的活态文化遗产。世界各民族在不同的自然环境和社会文化背景中产生的传统节日，尽管存在明显的文化差异，但它们所蕴含的文化内涵和民族精神，是人类共同创造的精神文明成果。与中国传统节日相比较，国外传统节日无论从文化内涵还是表现形式上都有较大差异，显示不同的文化特征。认识国外传统节日的特征，有助于我们从世界各国传统节日吸收可供参考借鉴的做法。国外传统节日的文化特征，主要体现在以下方面：

1. 浓厚的宗教色彩，以信仰为精神支撑

在中国长达三千年之久的封建社会中，发展缓慢的农耕文化长期占主导地位，这样的社会经济结构使得传统节日多由岁时节令转换而来，具有浓厚的农业文明色彩。国外传统节日的起源大都带有浓厚的宗教色彩，并以宗教信仰作为节日文化的精神支撑，充满了宗教的神圣与庄严。例如，每逢伊斯兰教传统节日开斋节，穆斯林无不怀着虔诚的宗教信仰，以热情和虔敬的心情前往清真寺参加会礼、听伊玛目宣讲教义，举行各种节日庆贺活动。古尔邦节的宰牲献祭仪式，表达了人们对真主的忠诚和奉献、牺牲精神；节日期间来自世界各地穆斯林的麦加朝圣活

动，更是源于朝觐者的宗教热情和宗教信仰。

西方文化长期受基督教的影响，传统节日的宗教色彩尤为明显。有学者指出："西方国家大部分都是先形成一种宗教、一个民族，然后才各自形成传统意义上的国家，这使得西方国家的传统节日在起源时期就带有的宗教色彩并在后来的发展过程中不断得以强化。"① 且不说西方最有影响的圣诞节、复活节围绕着耶稣而举行的一系列宗教庆典活动，就连情人节、万圣节、感恩节等其他传统节日，也和基督教有着千丝万缕的联系，如情人节是纪念基督教殉难者瓦伦丁，万圣节纪念教会所有的圣人和殉道者，感恩节是美国移民为感激上帝的恩赐和印第安人的帮助而逐渐形成的。随着西方社会经济形态的变迁，特别是基督教文明在欧洲大陆的兴起和普及，使得西方各民族传统的农牧业生产型和祭祀型节日习俗日益淡化，宗教型节日逐渐占据主导地位，甚至连新年的重要性和影响力也不及基督教的圣诞节。

2. 狂野的情感宣泄，以娱乐为节庆主题

传统节日是各民族风俗习惯的重要组成部分，它承载着民族的文化、性格和感情，体现的是各民族的历史文化意识。各民族不同的性格特征、文化传统、价值观念和情感表达方式，决定了不同的节日庆贺方式。如果说，中国传统节日注重以饮食为节日符号、以祈福纳祥为节庆主题、以传承伦理道德为节日主要功能，那么国外传统节日大多具有较强的娱乐性，更注重追求精神交流、以丰富多彩的娱乐活动为节庆主题、在狂野的情感宣泄中获得愉悦和快乐。中国社会调查事务所的一份调查报告显示，关于"洋节与中国传统节日有何区别"，有57.1%的中国男性认为："中国传统节日停留在吃、穿等物质层面，而外国节日更

① 王心洁、肖卫华：《中美传统节日之比较》，《东南亚研究》2005年第2期。

注重精神的交流。”另有60.7%的女性认为：“外国节日轻松自在，中国传统节日过得累。”

以印度为例。印度是一个具有悠久历史文化传统的国家，不仅有多种宗教信仰，民族节日也异彩纷呈。印度官方认可的节假日每年有120多个，为数众多的宗教节日受到格外重视。霍利节、灯节和德喜合拉节是印度教最隆重的三大传统节日，人们以别具特色的庆祝方式，尽情狂欢娱乐，祈祷祝福美好的生活。霍利节，又名洒红节，过节时人们彼此洒水、洒红颜色取乐，甚至相互嬉戏、对骂、说下流话，但无人介意。在“放纵”的节日里，人们突破了平日的种姓之分、男女之别，无所顾忌地宣泄情感。灯节的夜里，家家户户点满油灯，商场店铺装饰五颜六色的灯泡，到处张灯结彩，鞭炮齐鸣。德喜合拉节，又称胜利节，是印度教徒庆祝罗摩与十首王罗婆那大战十天最后获胜的节日，在10天的节日期间，人们唱歌、跳舞、表演罗摩的故事，最后一天晚上的焚烧纸人把节日气氛推向高潮。

有学者认为：“西方的节日习俗不仅有浓重的宗教色彩，而且注重宗教仪式后的一种身心解脱式的愉悦和快乐。”① 西方的圣诞节、复活节、情人节、愚人节、万圣节等传统节日，尽管和宗教信仰有密切的关联，但随着时间的推移，宗教色彩日益为世俗的庆贺色彩所取代，娱乐已上升为节日的主题。最典型的节日是狂欢节。狂欢节是基督教“谢肉节”的世俗化称呼。按照基督教的传统，耶稣复活前的40天是大斋期，期间禁止娱乐和禁肉食。于是，人们在斋期开始前三天专门摆设宴席，举行化装舞会、彩车游行等一系列释放情绪、颠覆常规的活动，尽情地沉浸在节日的狂欢中。如今，已很少有人坚守大斋期的禁忌，传统的狂欢活动却保留至今，成为世界上众多国家和民族的盛大节日。就连一贯以生活严谨而著称的德国人，在一年一度的狂欢节也沉浸在狂欢的娱乐

① 杜莉：《中西节日习俗与饮食》，《扬州大学烹饪学报》2001年第3期。

之中。在德国科隆狂欢节、杜塞尔多夫狂欢节的聚会上，人们穿着奇装异服，带着稀奇古怪的面具，纵情歌舞，狂喊乱叫，甚至做出一些令人捧腹大笑的滑稽动作。每年持续三天三夜的巴西狂欢节，被公认为世界上最令人神往的狂欢节。节日期间，全国各城市都有庆祝活动，大街小巷披着节日盛装，满城彩旗飘扬，人们纷纷涌上街头，奏着摇滚，通宵达旦地狂歌劲舞。最热闹的是首都里约热内卢举行的规模盛大的桑巴舞化装游行，巨型花车上表演者自由、奔放的舞蹈，吸引观众簇拥着彩车载歌载舞，纵情欢乐，使整座城市汇入欢腾热烈的节日海洋。

3. 广泛的大众参与，以民众为节庆主体

中国传统节日活动，如团圆、年夜饭、守岁、拜年、祭祖、扫墓、敬老等，大多以家庭或家族为单位，体现了鲜明的伦理道德色彩；即使是耍狮子、扭秧歌、踩高跷、耍社火、闹元宵等热闹非凡的节日娱乐，也原本只是在家族、村落、社区等有限范围举行的一种具有表演性质的活动，既缺少广泛的民众参与意识，也没有全民狂欢的性质。国外传统节日大多以欢庆娱乐为节庆主题，给人们提供了一个充分张扬个性和宣泄情感的机会，吸引大众以巨大的热情和主动性参与活动，从而形成民众在节庆活动中的主体地位。大众广泛参与的节日庆典方式，体现的是一种互动性、参与性和狂欢性的节日理念，强调的是注重个人价值、崇尚个性自由的文化价值观，反映了人们积极参与社会交往、追求平等自由的美好愿望。

起源于宗教信仰的西方宗教节日在现代社会的世俗化，固然有社会、宗教、文化的多种原因，但不容忽视的是，这些节日的娱乐主题更适于人们表达情感和释放情绪，由此激发民众参与的积极性，使民众成为节庆活动的主体。西方最盛大的传统节日圣诞节，如今已从宗教节日演变成全民性的节日。现在世界上有 140 多个国家和地区庆祝圣诞节。

圣诞节期间，教堂的礼拜仪式、人们汇集在广场齐唱颂歌、热闹非凡的圣诞晚会等节日活动，圣诞树、圣诞老人、圣诞礼物、圣诞贺卡、圣诞大餐等节日符号，都体现了民众在相互交往中获得乐趣的文化心态。再如，情人节期间，巴黎埃菲尔铁塔下的广场，到处是情侣相互依偎的身影；纽约中央公园的情侣们乘着马车，怡然自得地观光游览。欧美各国的复活节活动，已演变成一种民众广泛参与的文化庆典活动，其宗教色彩渐渐模糊。英国伦敦的复活节大游行，游行者化装成为苏格兰风笛乐队以及皇宫卫士，向人们介绍当地历史和风土人情；美国的复活节游行队伍中既有踩着高跷的小丑，也有头戴面具的米老鼠、唐老鸭等卡通形象，他们各显神通，逗人开心，给游客带来了欢乐。

4. 普适的节日理念，以人性为文化内涵

最近，民俗学者萧放撰文提出“向世界奉献中华传统节日文化”的观点，认为“我们应该有一种开放的胸襟，吸纳世界先进文化，同样也有责任向世界奉献我们的优秀文化”[①]。全球化时代的文化是多元共生的，不同的节日文化可以相互融合、取长补短，通过吸收和借鉴外来节日的优秀文化因素，为本土节日文化补充新鲜血液和营养成分。历史上，中国传统节日在汉字文化圈产生过深远影响，如今春节文化已走出国门，为欧美国家所了解。同样，西方圣诞节、情人节在中国的流行，一个重要原因是这些节日蕴涵的某些普适性理念能够为中国人，特别是年轻人所认同。其他民族的传统节日能获得本民族的文化认同，能够被不同文化背景的民族所接受，正是源于不同文化之间的共同价值观构成的文化普适性。因此，优秀的传统节日文化具有很强的渗透力和影响力，它能够突破宗教信仰、政治体制、民族、地域等因素的制约而广泛

① 萧放：《中国传统节日的世界意义》，《中国文化报》2010 年 9 月 21 日。

传播。

世界各民族的传统节日既是民族的又是世界的。一方面，传统节日作为民族文化心理的重要载体，它传承民族的精神和血脉，展示了民间文化的生命力，具有本民族特定的历史文化内涵；另一方面，那些体现了普适的节日理念、以人性为文化内涵的传统节日，又具有跨文化、跨地域传播的普适性，作为人类创造的精神文明成果被不同的国家、民族所接受。因为这些传统节日蕴涵的人文情怀，如团聚、仁爱、感恩、对美好生活的追求、寄托对亡者的哀思，表达了人类共同的情感，体现了超越国界、超越民族的普适价值观。例如，情人节互赠玫瑰花和巧克力，表达了一种深深的爱意或情谊，创造了美好的生活情趣和节日氛围。感恩节亲人共进晚餐和亲切的问候，蕴涵着浓浓的感恩情怀，激励人们创造更加幸福美好的生活。母亲节、父亲节的康乃馨和玫瑰花，寄托着儿女对父母养育之恩的崇敬之情。随着历史的发展和时代的进步，世界各民族传统节日中具有普适性的价值因素会逐渐增多，具有普适性和包容性的世界性节日会进一步加强中西方文化的交流与融合，推动人类社会的共同进步。

（三）国外传统节日传承的成功经验

世界许多国家在现代化进程中，不仅重视弘扬传统节日的文化内涵，而且注重传统节日内容和形式的不断创新，通过丰富多彩的节日活动创造了可观的文化效益、社会效益和经济效益，产生了许多值得借鉴的成功经验。我们要结合中国的实际情况，学习和借鉴世界各国举办传统节日活动的成功经验与运作模式，但是学习和借鉴的目的，是为了弘扬中国传统节日文化。我们应当在保持和巩固中国传统节日文化主导地位的基础上，从其他国家和民族的节日文化成果中汲取营养，并有机融合、补充到中国传统节日文化体系中，改进和革新中国传统节日中那些不适合现代社会需要的过节理念与运作模式，进一步丰富和创新中国传统节日文化。

1. 民众广泛参与，重视欢乐体验

传统节日作为民族的文化载体和生活生存方式，是一种大型的全民性质的文化聚会，具有全民参与性。国外传统节日的成功经验表明，民众的广泛参与是节庆活动的核心因素，既要发挥当地居民在节日活动的核心和主角作用，也要尽可能吸引国内外游客参加节庆活动。只有激发民众的参与热情，调动民众过节的积极性，充分发挥民众在节日活动的主体作用，才能为传统节日增加丰富的内容，使传统节日更加贴近时代，让人们过得有声有色。

巴西里约热内卢狂欢节之所以成为世界最负盛名的狂欢节，其原因在于，这种大型的全民参与的文化聚会让民众从节日获得最大的欢乐体验，使狂欢节真正成为大众的节日。每年狂欢节期间，精彩的桑巴舞大赛使整个城市变成欢腾的海洋。狂欢节不仅给巴西人带来了欢乐，每年还吸引 40 多万游客，促进了旅游业发展。如今，桑巴舞、狂欢节同足球一样，已成为巴西文化的象征。

创始于 1890 年的美国玫瑰花节，是美国最重要的新年庆典活动。每年元旦，来自全国和世界各地的 50 多辆大型玫瑰花车、50 多支马队和 20 多支管乐队聚集在加利福尼亚州帕萨迪纳市，举行盛大的花车巡游。每年的花车游行都吸引了来自世界各地的近百万游客沿街观看，人们陶醉在玫瑰花香的喜庆和节日的欢乐之中。例如，“2009 年，玫瑰花节吸引了来自全世界的 46 辆豪华花车、22 个乐队方阵和 18 个骑士方阵参加花车大游行。”“2010 年，第 121 届美国玫瑰花节，来自全球 42 辆花车、22 个乐队方阵和 23 个骑士方阵走上街头巡游，向世界展示本国的风采。世界各地数十家媒体争相报道，100 多万民众涌上街头参与，

约有150个国家和地区的5亿名观众通过电视直播观赏盛况。”[①] 如今，美国玫瑰花节花车巡游已成为送给全世界的新年贺卡。每年元旦，通过美国电视台的卫星转播，有220多个国家和地区的数亿观众观看玫瑰花车巡游的盛况。

2. 民族特色突出，文化内涵丰富

传统节日承载着每个民族独有的文化内涵和文化价值。在现代社会中，传统节日的意义不仅在于它的娱乐性，而且具有突出的民族特色和丰富的文化内涵，在传承本土文化、增强民族凝聚力方面发挥重要作用。国外传承比较成功的传统节日，都建立在深厚的民族文化背景下，深深扎根于本土文化，把节庆活动作为展示民族文化和民俗风情的集中场所。鲜明的民族特色和丰富的文化内涵，这是提升传统节日的世界知名度和对民众具有强大吸引力的深层原因。美国玫瑰花车游行、巴西狂欢节、西班牙奔牛节等有广泛影响的传统节日，不但创造了普天同庆、万民同乐的节日气氛，而且展示了本土文化的丰富内涵和独特魅力。

明治维新后，日本开始“脱亚入欧”，但日本在追随西方现代化之后仍注重保护民族传统节日文化，在把握社会现代化进程与保持传统节日文化的关系方面取得较好效果。日本传统节日习俗虽然受到中国传统文化的影响，但具有深厚的本民族文化内涵，如元日、女儿节、樱花节、端午节、七夕、盂兰盆节、中秋节等。比如盂兰盆节，原本由中国传入日本，现在中国民间的盂兰盆会活动已很难寻觅，在日本却成为仅次于元日的盛大节日。盂兰盆节是日本特有的祭祀型节日，又称“魂祭”、“灯笼节”，原是追祭祖先、祷告冥福的日子，现已成为家庭团聚、

---

① 王春雷、赵中华主编：《2009中国节庆产业发展年度报告》，天津大学出版社2010年版，第85页。

欢乐的节日。每到盂兰盆节，日本各企业均放假 7 – 15 天，人们赶回故乡祭祖和团聚。节日期间，颇具民族特色的盂兰盆舞，已成为日本著名的旅游观光活动。对于圣诞节这个舶来的“洋节”，日本的年轻人更容易接受，因为圣诞节更商业化、更时尚。据日本媒体调查发现，过圣诞节的人中有 70% 为 38 岁以下的年轻人，而他们中 60% 以上的人都有相当的经济实力。

3. 节庆活动创新，品牌意识明确

国外传统节日的经验表明，在现代经济和社会生活基础上传承和弘扬传统节日文化的关键环节，是传统节日文化内涵和形式的创新。创新是传统节日保持生命活力的重要因素。在现代社会，传统节日文化要保持旺盛的生命力，就要与时俱进，与时代脉搏同步，不断地为传统节日注入新鲜的、富有现代生活气息的文化因素；就要发展创新，创造节日文化品牌，重视节日文化内涵的传承和扩展，挖掘节日文化的现实意义和社会功能，不断寻找新的过节形式和载体。

许多国家举办节庆活动时，注重为传统节日增添许多富有时代特色的新内容、新形式，注入新的文化元素，推动传统节日的内容和形式常变常新。例如，美国玫瑰花节的庆祝活动，100 多年来在运作模式、活动项目和形式方面不断发展创新，为我们提供了值得借鉴的经验。1890 年元旦的第一届玫瑰花节活动是乘坐用玫瑰花装饰的花舟游行，随后几年增加了乐队巡游、骑士巡游和动物比赛，并用机动车代替了马车，1923 年举办了第一场新年橄榄球赛。此后，美国玫瑰花节的活动内容更加丰富多彩，除了传统的玫瑰花车游行和“玫瑰杯”橄榄球赛，还增添了玫瑰皇后选举、最佳花车评选、空军战机表演、观看花车装饰、马球比赛、竞走比赛等活动。2011 年举办的第 122 届美国玫瑰花节，主题为“筑梦、友谊与回忆”，参加游行的有 46 辆花车、22 个乐队方阵和 22 个

骑士队伍。在巡游的花车中，出现了一辆由美国南加州阿罕布拉市和中国山东省日照市联合制作的“跨越太平洋的友谊”主题花车，表达了两市人民的友谊。为纪念“9·11”事件10周年，这届花车巡游特别增加了“铭记历史、缅怀遇难者”的“9·11”纪念花车。花车装饰的每朵红色玫瑰，都代表着一位在“9·11”事件中的遇难者。

许多国家还把传统节日品牌作为宝贵的文化和经济资源，通过举办具有民族特色的品牌节庆活动来提升国家和城市的知名度，为社会和经济的发展营造良好氛围。始于上世纪40年代的西班牙西红柿节，仅仅因为当年庆祝活动时人们互相投掷西红柿取乐而导致了一场西红柿大战，由此诞生的节日让西班牙名不见经传的布尼奥尔小镇闻名世界。爱丁堡国际艺术节、威尼斯狂欢节、德国慕尼黑啤酒节、西班牙奔牛节、日本樱花节、挪威海盗节等，都以独具特色的节日品牌吸引了国内外的众多游客，成为国家软实力的重要象征。爱丁堡国际艺术节范围广泛、规模宏大，其宗旨是促进欧洲各国的文化艺术交流，推广和展示世界高水平的表演艺术，是享誉全球的艺术嘉年华。爱丁堡国际艺术节活动丰富多彩，主要品牌有爱丁堡军乐节、爱丁堡国际艺术节、爱丁堡边缘艺术节、爱丁堡国际图书节、爱丁堡国际爵士与蓝调艺术节、爱丁堡国际电影节和爱丁堡迷拉嘉年华，已发展成融合音乐、歌剧、戏剧、舞蹈与平面艺术的多元综合艺术节。

4. 政府积极引导，间接支持，民办节日为主

国外在处理传统节日的政府引导和民众主体的关系时，也积累了宝贵的经验。国外节庆活动的主要运作模式，一是由政府部门支持和主办的公共主导型运作模式，二是由企业或专业化的经营公司承担的市场主导型运作模式，三是由非营利性的民间组织举办的社区主导型运作模式。当前，许多国家举办的节庆活动，政府已摆脱单纯的行政管理，只

依据法律法规管理节庆活动的公共事务，尽量减少官办色彩，充分调动民众参与的积极性。由于政府转变职能但间接支持，节庆活动以民办为主，发挥民众在节庆活动中的主体作用，既体现了传统节日的全民性、娱乐性、狂欢性特征，也营造了喜庆而热烈的节日气氛。

刘向楠的论文《简述日本传统节庆旅游的起源及其发展过程》，介绍了近年日本传统节庆活动的飞速发展。据日本《Event 白皮书 2000》统计，1998 年日本会议和节庆的直接收入为 428 亿美元，占 GDP 的 1%，其中传统节庆占 88.5 亿美元，占了五分之一。仅 2002 年，日本各地举办的节庆活动多达 18440 次。2003 年 7 月，日本内阁通过了“观光立国”计划，拉开了通过大力发展旅游业来振兴日本经济的序幕。“作为独特的人文旅游资源，传承具有历史积淀的民俗文化使之具有了独特的魅力，又带动了地方经济和旅游业的发展。而民众的参与热情以及政府的推动作用是传统节庆旅游成功的关键。”①

2010 年 4 月，韩国韩男洙博士在“我们的节日——第三届中国清明（寒食）文化论坛”介绍韩国清明节时，认为清明节没有被政府确立为法定节假日，人们没有机会体验传统节日，这是韩国清明节式微的重要原因。他由此得出结论：“民众仍然是保护民间传统文化的主角，但政府也能在其中发挥积极的引导作用。政府为民众提供活动空间和时间，引导民间文化的实践方式，鼓励民众意识到文化保护和传承的重要性。”②

5. 突出市场运作模式，广泛筹集运作资金

运用市场运作模式，强调市场运作机制和管理效率，重视市场和经济对节庆的推动作用，这是国外传统节日活动成功的重要因素之一。许

---

① 刘向楠：《简述日本传统节庆旅游的起源及其发展过程》，《吉林广播电视大学学报》2008 年第 3 期。

② 韩男洙：《韩国清明节之式微》，《中国艺术报》2010 年 4 月 13 日。

多国家运用市场运作模式，把传统节日文化与经济活动有机结合，在取得经济效益的同时，也树立了具有民族特色的节日品牌，提升了举办城市和社区的知名度，促进了本土文化和旅游业的发展。

创始于1947年的爱丁堡国际艺术节被公认为世界最重要的文化庆典之一。每年8月中旬，来自世界各地数以万计的艺术家汇聚苏格兰古城爱丁堡，献上世界顶级水平的表演，展示各国的优秀文化艺术。爱丁堡国际艺术节由艺术节组委会进行总体策划，组织机构分为艺术节协会、艺术节委员会和管理顾问，采用企业为主体的市场化运作模式。爱丁堡国际艺术节采用多样化的资金募集渠道，约50%的收入来自企业、基金组织和跨国公司的赞助、捐赠，如美国IBM、日本NEC、英国通讯公司、苏格兰银行等著名公司都是捐赠人。以企业为主体的市场运作模式，使爱丁堡国际艺术节创造了可观的文化效益、社会效益和经济效益。“据报道，艺术节及相关产业每年为苏格兰地区创造1.84亿英镑的收入，主体艺术节售出125万张门票，价值超过900万英镑；边缘艺术节的多样文化可吸引大约40万观众，为爱丁堡带来可观的经济效益。在爱丁堡的旅游者中65%的人表示，艺术节是吸引他们来的惟一或重要原因。”①

美国玫瑰花节也是通过市场运作模式，采用多种方式广泛募集资金，形成了鲜明的市场效应。玫瑰联赛协会执行委员会是玫瑰花节的最高监督管理部门，制定节庆活动的各种规则，并负责邀请花车游行代表团、审核方案招标、管理资产、确认玫瑰皇后评选条件等工作。“经过百年的努力，美国玫瑰花节探索出了一条成功的文化活动市场化运作的道路。通过企业赞助、彩车冠名、方案招标、观赏区域座位票拍卖以及电视转播权的收益等一系列手段吸纳社会资金。”②

① 王春雷、赵中华主编：《2009中国节庆产业发展年度报告》，天津大学出版社2010年版，第77页。

② 同上，第89页。

（四）借鉴国外传统节日的建议

“他山之石，可以攻玉。”国外传统节日的成功经验为弘扬中国传统节日文化提供了有益的借鉴。

1. 坚持中华民族传统节日在节日文化体系的主导地位。我国的节日文化体系，应当在保持和巩固传统节日主导地位的基础上，从国外节日文化成果中汲取营养，并有机融合、补充到传统节日的内容和形式中，形成以传统节日和现代政治性节日为主体，地方节日、外来节日和新型节会和谐发展的节日文化体系。

2. 正确处理政府主导与民众主体的关系。弘扬传统节日文化，政府要发挥组织者、引导者的主导作用，积极引导支持城乡节日活动，丰富人民节日生活，但节庆活动应以民办为主，发挥非营利性民间组织、企业、社区、村庄的主体作用，尽量减少官办色彩，充分调动民众参与的积极性，让民众从传统节日中获得最大的欢乐体验。

3. 以创新精神挖掘传统节日的文化内涵。社会在发展，传统节日也要与时俱进，与时代脉搏同步。要改进和革新传统节日中不适合现代社会需要的过节理念与运作模式，为传统节日注入新鲜的、富有现代生活气息的文化因素，不断寻找新的过节形式和载体，推动传统节日的内容和形式常变常新，进一步丰富和创新中国传统节日文化。

4. 树立有民族特色的节日文化品牌。要保护民族民间节日文化的多样性，办好有地域特色的春节、端午、中秋等节日民俗活动，制作有地方特色的传统节日产品，把节庆活动作为展示民族文化和民俗风情的集中场所，以独具特色的节日品牌增强传统节日的吸引力。

子课题负责人：宋建林

参加者：宋建林、茹晓

八、少数民族节日在国家文化建设中的地位和意义

2009年9月29日，胡锦涛在国务院第五次全国民族团结进步表彰大会上指出："要大力增强我国各民族对中华民族的归属感、对中华文化的认同感、对伟大祖国的自豪感。"弘扬传统节日文化，重视少数民族传统节日文化建设对此具有深远意义。我国是一个多民族构成的统一国家，其中少数民族节日文化遗产非常丰富，是中华文化的重要组成部分。在55个少数民族中，每个民族都有自己独特的节日，且大部分民族都拥有多种节日。随着国家政策导向及文化保护与发展的需要，少数民族的一些节日已经被批准为国家级或省级非物质文化遗产，成为彰显我国文化多样性与社会和谐的重要表征。

（一）少数民族节日是中国传统文化的重要组成部分

民族节日是一个民族长期历史发展中形成的、具有一定意义的、并在固定日期举行庆祝或祭祀仪式的日子。中国少数民族节日与自然界季节更迭、祈求丰收、崇敬英雄、谈情说爱、传统习俗、宗教信仰等有密切的关系，包括民族传统服饰、饮食、歌舞、仪式以及各种独特的风俗习惯等传统文化在节日中得以集中体现和生动展示。在节日中，各民族

对自我的文化进行反思并加以界定，个体由此获得对本民族历史和传统的一种认知和认同，社会生活也因此得以渐进的不断的整合。

由于中国各民族大杂居、小聚居的分布特点，使得民族节日在促进各族人民相互沟通、彼此尊重、共同团结的过程中发挥着重要的作用，少数民族节日已成为中国传统节日的重要组成部分。

1. 节日类型及其关系

中国各少数民族由于不同的生存环境、历史发展和文化传承关系，节日类型多种多样，表现出各不相同的特点，并在节日的形成、发展、变迁以及规模、形式、象征等方面体现出诸多层次的关系。

（1）类型。

中国各少数民族节日众多，具有不同的类型。依据节日的根本特征以及节日活动的主要内容，可以将少数民族节日分为农事性节日、宗教性节日、纪念性节日、娱乐性节日、融合性节日等五种基本类型，但这些节日类型并不是截然分离的，而是会出现某种层面上的交叉与重合，比如某些农事性节日中，可能带有宗教信仰的成分，也可能给民众带来休闲与娱乐。

其中农事性节日多有祈望风调雨顺、五谷丰登、六畜兴旺的寓意。农耕方面有开秧门、迎新谷、吃新米、敬牛、庆丰收等许多少数民族共同的节日。林业方面有密枝节（彝族）、护山节（彝族）、山神祭（羌族）、祭山神（布依族）等节日。牧业方面有鄂温克族的“祭吉雅奇”（祭牲畜神），蒙古族的马奶节、打马印，藏族的雪顿节，裕固族的剪马鬃等。渔猎方面有高山族的丰渔祭、猎祭，鄂温克和鄂伦春族的“米特尔”节（贮备越冬肉食），白族的祭乌节，苗族的虾子节、杀鱼节，瑶族的干巴节，京族的海神条等。副业方面有满族的祭老把头，彝族的采药日、景颇族的采革节等。与农事相关的节日亦占整个民族节日数的三分之一左右。

宗教性节日以宗教祭祀为主要内容，多带有祈望平安、幸福、关爱的特点。除了世界三大宗教佛教、基督教、伊斯兰教在我国部分少数民族中带来的影响之外，其他一些原生性宗教也有一系列的相关节日，如在中国北方深受萨满教影响的蒙古族、裕固族、赫哲族等民族的节日，由于参加活动的人数较多而成为了影响比较广泛的宗教性节日。宗教性节日的一个重要特点，是这些节日已成为民族风俗、民族习惯、民族特点和民族传统文化的一部分，不管是信教的还是不信教的群众都可能参与到节庆活动之中。

纪念性节日主要是纪念重大历史事件和重要历史人物或英雄人物的节日。每个民族都有自己的历史和人物，并为纪念这些历史或人物而规定了特别的日子。比如中国众多少数民族都举行的端午节就含有追悼屈原的内容，此外，还有苗族的“羊马节”、怒族的“仙女节”、侗族的“萨玛节”等。

娱乐性节日是为了进行休闲娱乐活动而设定的节日，多以群众聚会、游艺、歌舞等形式举行，同时具有为青年男女提供社交机会、促进民间商贸活动的功能，包括花腰傣的“花街节”、白族的“三月街”、蒙古族的“那达慕”、藏族的林卡节、苗族的姊妹节和芦笙节、侗族的踩歌堂等，都属于娱乐性节日的范畴。

除了上述节日之外，尚有众多的融合性民族节日，这些节日常与生活中的实际问题与日常需求有关，其形式各异，具有多方面的特征。如以卫生健康为目的的朝鲜族“流头节”、傈僳族的“澡堂会”、藏族的“沐浴节”等；以宣扬敬老爱幼为目的哈尼族和朝鲜族的老人节、彝族的娃娃节、纳西族的牧童会等。此外还有一些专门为商品交易所设定的民族节日，如壮族的药市、纳西族的“棒棒会”、白族的三月街以及各地的一些庙会等。

（2）特点。

作为一种文化现象，民族节日有其产生、发展、演变的历史过程，这一过程受到自然环境、传统习俗、法律制度、经济条件、文化传播、集体记忆等诸多因素的影响，因而民族节日表现出一系列的特点。

第一，政府与民间。葛兰言曾经论证过中国古代民间节庆向官方仪式的演变过程，源自民间的自发性聚会，时间逐渐固定于某一天，地点也最终固定在一个选定的场所，并由专门受过训练的官员来履行这些主持仪式的职责，庆典变得越来越趋向于单薄化、专门化，将民间崇拜变成了有组织的崇拜，集会也逐渐演变成为节庆。[①] 在少数民族的传统节日中，既有政府组织实施的，亦有大量“非官方”的活动存在于民间的自发节庆。

第二，区域与民族。中国民族分布体现出大杂居、小聚居的特点，且各族人民在长期的生产生活中形成的“你中有我，我中有你”的状况，因而居住于同一区域的不同少数民族，其节日文化因为大致相同的环境因素以及相互之间的影响而表现出某些相似之处。反之，分布于不同区域的同一少数民族，由于其生存环境、文化环境、社会环境的不同，其节日文化则可能表现出不同的特征。

第三，展演与生活。节日是各少数民族生活中的重要节点，与日常生产生活有着密切的关系。同时，民族节日由于其群体性以及一定程度上的娱乐性特征，节日活动中的一些重要内容就具有了展演性的特征，譬如仪式过程、文艺表演、体育竞技等，这些原本与日常生产生活息息相关的活动内容，经过了一定的编排和设计，有了相对固定的形式，在节日中成为了一种展演。这种展演在给当地人带来娱乐与休闲的同时，也成为当地发展旅游经济的重要手段。

第四，特殊与普遍。在少数民族节日中，有些节日为某一个民族所

---

① ［法］葛兰言著，赵丙祥、张宏明译：《古代中国的节庆与歌谣》，广西师范大学出版社2005年版，第146－148页。

独有，甚而成为该民族区别于其他民族的主要特征，如壮族的“牛魂节”、独龙族的“卡雀瓦”、京族的“哈节”等。而一些节日却又为数个民族所拥有，如信仰伊斯兰教的回、保安、东乡等民族的古尔邦节，彝语支数个民族的火把节，信仰南传佛教的多个民族的泼水节等。这些民族在文化传统、生活方式上有共通之处，或在其历史发展过程中发生过一定程度的相互影响。此外，多数少数民族在年末辞旧迎新之际多会举行不同形式的年节，也即“过年”，与更为广泛的春节有相似之处，因而在某种意义上也具有一种普遍性。

第五，原生与再造。民族节日总是在特定的历史、文化、社会环境中形成的，与一定的宗教信仰、生产习俗、生活习惯、政治制度等相联系，往往具有较为悠久的历史，具有原生性。但这些节日也可能因为某些历史原因而未能完整地保存下来，甚而失传，而当社会稳定、文化昌明、经济发展等条件具备之时，这些节日有可能被重新拾起，并赋予其更多的内涵，具有再造性的特征。此外，由于生产生活的需要，一些“新节日”也不断被“发明”出来，如各种旅游节、电影节、服装节等，形成一种新的节日文化现象。

第六，政治与习俗。节日作为一种民族民间习俗，其群体性特征赋予其浓厚的乡土色彩，常与民众的生产生活相联系。某些节日由于其社会功能与当时的政治导向相一致，成为国家和社会的“主旋律”而被推崇。

第七，公开与私密。节日往往具有群体性特征，该文化群体内部的大多数人都可以参与其中，或者不拒绝甚至欢迎其他族群的人参加。但由于一些节日的宗教性特征使其具有某些禁忌，即使群体内部的某类成员也被排斥在外，具有一定的私密性特征，如花腰彝的祭龙节在祭祀龙树的时候就不准许妇女在场，而如傈僳族的“澡堂会”也因涉及到个人隐私的问题而具有私密性，并不适宜于外部社会的参与或大众化的传播。

（3）关系。

少数民族节日是民族文化的重要组成部分，与其生计方式、日常生活、宗教信仰、族群关系、外部环境等密切相关。在社会经济文化的宏观环境中，少数民族节日文化与中国传统文化有着密切的关系。

第一，单一与复合。某一民族的传统节日必然与该民族独特的传统文化有着内在的联系，甚而是对传统文化的集中展演，充分表现出该民族的传统文化特质，具有相对的民族单一性。然而，在长期的民族交往过程中，不可避免的文化涵化现象也对民族节日产生了不同程度的影响，同一地区的不同民族共同参加某一民族节日，并将其文化成分逐渐融入节日活动之中，使节日具有了一定的复合性特征。

第二，宏观与微观。新中国建立以来，国家政策、方针对少数民族传统社区的影响日益深入。近年来，随着我国社会主义市场经济建设的推进，社会开放与融合程度不断增加，包括节日文化在内的少数民族传统文化被置于更为宽广的政治经济过程之中，因而需要对少数民族节日做宏观的、整体的分析。但不同地区特定的地理环境、生产条件及族群关系也可能影响到少数民族节日的变迁，即使同一地区的不同村寨，其节日形式也可能表现出某种程度的差别，对节日文化的细节进行微观的考察也是必需的。

第三，吸纳与排斥。在各民族日常交往与文化接触的过程中，文化涵化以多种形式影响着民族节日的变迁与发展，吸纳与变迁是最为常见的两种现象。当某种异文化与本民族文化具有某些共同的物质基础和精神特质时，节日文化某些元素的吸纳与接受现象更为容易发生。但当两者之间存在着宗教信仰、民族记忆、客观条件的巨大差别时，节日文化的交流更可能出现排斥的现象。此外，民族意识的清晰程度、强烈程度、牢固程度，以及人们在不同场景中民族意识的具体反应也可能影响到节日文化的吸纳与排斥关系。

第四，群体与个体。民族节日具有群体性特征，能够有效地将个体融入群体生活之中，是社会成员获得群体认同感的一种重要方式。但由于不同的个体在生存环境、成长经历、教育背景、身份地位、情感意识等方面的差异，对民族节日的认知也会存在不同程度的差异。因此，对于民族节日中的组织者、参与者以及文化传承人的个案研究显得尤为重要。

第五，外显与内隐。节日活动是节日文化的主要表现形式，包括活动场地、活动内容、参与人员，以及相关的宗教祭祀、文艺表演、体育竞技和食品、服饰等，这些内容是节日庆典中容易观察到的，具有一定程度的实用功能，是节日文化的外显部分。此外，节日文化的各项内容中也有其内隐的意义，具有一定的象征色彩，表现出这个民族的宗教信仰、精神气质和价值诉求，对社会生活进行整合，在继承传统的同时，也适应新的变化。

2. 节日基本状况

节日是各民族传统文化的重要载体，它的物质/非物质文化表现、传统文化空间及相关社会组织，包涵了对民族文化内涵的诠释和认同的表征。新中国建立以来，由于社会环境的改变和文化传统的变迁，中国少数民族节日的基本状况也发生了不同程度的变化。

（1）节日名称。

在中国众多的少数民族节日中，蕴藏着丰富的、宝贵的文化遗产。在国家和社会各界越来越关注中国各少数民族非物质文化遗产的传承与保护之时，一系列的方针政策的出台，对少数民族节日文化的弘扬起到了重要的促进作用。

关于节日名称，各民族均有自己的称谓，但由于历史变迁、文化传统、居住区域的不同，同一民族的节日名称也会有所差异，所以国家和地方政府在尊重节日文化持有者意愿的基础上，对节日名称作了规范的确定。

在第一批国家级非物质文化遗产名录第十项“民俗”中，除了汉族以及众多少数民族都共享的春节、清明节、端午节、七夕节、中秋节、重阳节等之外，还包括了京族哈节、傣族泼水节、锡伯族西迁节、火把节、景颇族目瑙纵歌、黎族三月三节、鄂伦春族古伦木沓节、瑶族盘王节、壮族蚂虫另节、仫佬族依饭节、毛南族肥套节、羌族瓦尔俄足节、苗族鼓藏节、水族端节、布依族查白歌节、苗族姊妹节、独龙族卡雀哇节、怒族仙女节、侗族萨玛节、仡佬毛龙节、傈僳族刀杆节、塔吉克族引水节和播种节、土族纳顿节、藏族雪顿节等节日。在第二批国家级非物质文化遗产目录中，则又新增了元宵节和各种形式的灯会、庙会，以及苗族苗年和跳花会、石宝山歌会、大理三月街、德昂族浇花节、藏族达玛节、塔塔尔族撒班节。在第三批国家非物质文化遗产名录中，再度增加了俄罗斯族巴斯克节、鄂温克族瑟宾节、塔塔尔族撒班节、维吾尔等族的诺茹孜节、苗族四月八、布依族“三月三”、哈尼族昂玛突节、土家年、彝族年、侗年、藏历年等少数民族节日。

国务院的通知强调：“非物质文化遗产是文化遗产的重要组成部分，是我国历史的见证和中华文化的重要载体，蕴含着中华民族特有的精神价值、思维方式、想象力和文化意识，体现着中华民族的生命力和创造力。保护和利用好非物质文化遗产，对于继承和发扬民族优秀文化传统、增进民族团结和维护国家统一、增强民族自信心和凝聚力、促进社会主义精神文明建设都具有重要而深远的意义。”非物质文化遗产中包括的民间文学、传统音乐、传统舞蹈、传统戏剧、曲艺、传统体育、游艺与杂技、传统美术、传统技艺等，大多在民族节日中能够得到集中展演展示。节日是非物质文化遗产的重要载体和表现形式，对少数民族节日的保护，就是对少数民族非物质文化遗产的保护。节日是落实国家文化保护政策的重要抓手，是国家多民族文化和谐共生的展现舞台。

（2）节日空间。

民族节日是一个整体概念，是在具体的时间范畴之内、特定空间场域之上、具体的人群集合之中所形成并流传的，因而对少数民族节日的关注应强调必要的社会历史特征、区域环境条件以及民族文化传统，将少数民族节日置于特定的场合之中来思考。

因民族历史和传统文化因素的影响，各民族的节日表现形式、性质有异同，所承载的非物质文化要素也各有特色。随着新中国建立以来我国各民族的社会交往日益频繁、文化融合日益深入，节日空间也进一步表现出新的特征。

在地域空间上，节日范围由传统的村寨内部扩大到了社会舞台（如乡镇政府驻地）；在时间空间上，除了将不同日期举行的同一节日相对统一并加以固定外，时间上也逐渐服从于内容而趋于集中。

（3）组织结构。

节日所具有的群体性特征，说明节日的举行必须有一定的组织，同时节日活动中所涉及到的场地、饮食、服装以及各种所需用具，都需要由某个机构、群体或个人来承担，因此节日的组织结构成为了节日文化研究中的一个重要问题。

由上述可知，政府由于在行政、资源、社会动员等方面所具有的优势，使其在民族节日的策划、组织、引导中发挥着重要的作用。但是我们也要看到，出于对传统文化以及各种地方性知识的重视，或者是经济利益的诱导，一些文化团体、学术机构或 NGO 等社会组织也逐渐开始介入到民族节日的举办过程之中来，在节日文化的发展变迁中产生了一定程度的影响。此外，民间团体也在节日活动中扮演着重要的角色，这些民间组织通常由本地、本族中的精英人物发起，具有较强的号召力，对于当地经济、社会、文化的发展起到了一定的作用。

政府机构、社会组织、民间团体在少数民族节日文化中各自发挥的作用各有侧重，而三者的良性互动、充分协商与互助合作，是民族节日文化得以繁荣发展的重要条件。

（二）共享节日在民族文化交流中的价值和意义

中国是一个多民族的国家，一方面，各民族由于生产生活方式的差异性，在各自的社会发展历程中，形成了各自独具特色的民族文化。另一方面，各民族因受大杂居、小聚居这一地缘关系的影响，在各民族的发展进程中，促成了政治、经济和文化上的相互交流和互动。作为民族文化表征之一的节日文化，也在各民族社会发展和文化交流的进程中呈现出了共享的特性，如维吾尔族、哈萨克族、乌孜别克族、塔塔尔族的诺鲁孜节，彝族、白族、纳西族等民族的火把节，傣族、布朗族、德昂族的泼水节等等，相近地域的各民族甚至超出传统地缘交往关系的各民族都参与到节日的活动之中，成为了多民族共同参与的共享节日。

这些共享节日，一方面是历史上各民族社会发展和文化交流的结果，另一方面，它们又是各民族相互间文化交流的平台、文化认同的载体和交往互动的助力，进一步促进了各民族的社会发展和文化交流。

1. 文化认同的载体

民族传统节日是文化认同、民族认同、国家认同的重要标志，是建设民族共有精神家园和民族文化的重要载体之一。传统节日对应着一种持续着的传统社会基础，为民族文化留下了自我设想和建构的空间。

（1）形成同质文化。

一个民族的传统节日，承载的是该民族的文化血脉，民族文化传统节日的参与者是该族群的所有成员，具有最广泛的群众性，节日文化体现了该民族的文化特征。在这个意义上，一个民族内部产生了对文化的共同认识，同时，也在不断的节日仪式中，一个民族的多个支系相互交流、相互学习，从而产生了适用于全民族的文化符号。同样，当一个节日成为多个民族的共享节日以后，这些具有共享节日的各民族也在节日活动的互动中相互交流、相互学习，整合并创新出多民族共享的文化符号，形成相互认同的同质文化。如前述维吾尔族、哈萨克族、乌孜别克族、塔塔尔族的诺鲁孜节，彝族、白族、纳西族等民族的火把节等节日即是如此。

（2）认知共同符号。

传统节日的参与者具有广泛性、群众性，节日习俗既能使其民族成员分享自己的文化认知，也能使大家分享情感。许多传统节日都是吉祥的、淳朴的和欢乐的，具有很强的亲和力，在节日中人们之间总有一种相互交融的浓厚情感发生，犹如黏合剂，把周围的人们紧紧地联系在一起。

民族文化传统节日的周期性的展示、积累、继承和发展，在拥有同一文化传统成员中产生巨大的亲和力和情感的认同感，可以把拥有共同文化传统的成员团结到一起，从而增强民族的凝聚力。在吉祥和谐、淳朴欢乐的氛围下，民族文化传统节日产生极强的亲和力，在节日中，同一族群的人与人之间，总有一种水乳交融的浓厚情感发生，在弥漫，把同一族群的人们紧紧地联系在一起、团结在一起。很显然，民族文化传统节日在沟通情感交流、化解生活矛盾和冲突、促进社会和谐方面，在建构民族情感、推进民族认同、更新民族观念、促进民族和谐发展等方面，都起着积极而特殊的作用。在这个意义上，民族文化传统节日对于追求民族认同、识别民族身份、提高民族地位、保障民族权益有着重要意义。

（3）创新节庆内容。

共享的民族节日由于多个民族的参与，在节日发展的进程中势必呈现出一种创新性。一方面，有的民族节日以一个民族的节日文化为主体，将其他参与节日民族的民族文化吸纳进来，使得原有的民族节日的内容、目的、意义等得到进一步的丰富与拓展。另一方面，一些民族节日将参与节日各民族的传统、文化、习俗等加以整合，革新民族节日，使之成为多民族多文化展演的平台，呈现出新的节日类型。

2. 文化交流的平台。

节日具有特定的时间、地点、活动内容等特性，是民族文化的载体与展示的舞台，它为节日的参与者提供了展演的时空，每一个民族的文化在其节日中被发挥得淋漓尽致，同时，节日也为参与节日的各民族提供了展示自己文化、开展文化交流的平台。作为民族文化展示的平台，各民族一方面展示自己的民族文化，另一方面也吸纳参与节日的其他民族的文化，从而形成多民族文化的和谐与共生。

（1）展示多元文化。

节日实际上是展现一个民族文化精神的一个平台，它不仅是本民族的成员享用和传承的，而且它也是对其他民族开放的。民族传统节日是一种展示民族文化整体面貌的社会行为，是对一个民族传统生活集中而充分的展现。节日中那些丰富多彩的表现形式，如民歌、舞蹈、民族服饰、民族美食、手工艺术、仪式表演等，都代表了各民族世代享用的民俗文化，是民族身份的象征。因此传统节日习俗常常能够成为民族的文化载体，通过节日文化可以窥见一个民族的丰富多彩的文化和民族性格，促进对这个民族的深刻了解。

景颇族的目瑙纵歌又称“总戈”，意为“欢聚歌舞”，流传于云南省德宏傣族景颇族自治州的景颇族聚居区，是景颇族最为隆重的传统民族节日。目瑙纵歌节是景颇族最盛大的传统节日，数万人踩着同一个鼓点起舞，规模宏大、震撼力极强，是中国西部地区的民族狂欢节，有“天堂之舞”，“万人狂欢舞”的美称。该节日原为景颇族独有的节日，是景颇族最具代表性的民族文化表征，集中表现了景颇族的历史起源、宗教信仰、道德观念、音乐、舞蹈艺术和文化艺术。随着时代的发展，目瑙纵歌节不仅成为景颇人民欢庆丰收的歌舞娱乐的民俗节日，也是德宏州境内，乃至与之相毗邻的国内外各民族共同参与的节日。节日期间，景颇、傣、德昂、阿昌等参与节日的各民族将自己民族的传统文化和技艺充分地展露出来，通过舞蹈、民歌、服饰、饮食、工艺等形式的展演，让参与节日的人们领略到了多民族的文化，目瑙纵歌节实际上已融入了多民族文化的因子，演变成一个展示民族多元文化的大舞台。

（2）吸纳异质文化。

节日的形成，有一种相对独立性和稳定性而世世代代传承下去。各民族流传下来的许多节日都有着悠久的历史，具有独特的民族文化表征，表现了顽强的生命力和民族独有性。当然，这并不意味着节日风俗是一成不变的，相反，随着社会经济、文化条件的变化，节日也会不断有所变化，特别是随着各民族友好交往的不断加深，一些本来是一个民族所独有的节日，也随着节日参与者的增多，演变为多个民族所共享的跨民族跨区域的节日，各民族的文化均被吸纳入这些共享节日之中，呈现出对异质文化的融合与整合。

白族的三月街又名“观音市”，是白族盛大的节日和街期，每年阴历三月十五至二十日在大理城西的点苍山脚下举行。最初它带有宗教活动色彩，是大理地区白族所特有的节日活动。明清时期，四川、西藏、江南各省都有商人到此贸易，使它不仅成为一个物资交换场所，还是各民族表演各种舞蹈和赛马、竞技的园地，逐渐变为一个盛大的物资交流会，成为滇西的民族市场。人们按照传统习惯，白天进行贸易，晚上在宿营地唱歌跳舞，热闹非凡。白族人民，以及附近的汉、彝、纳西、藏、傈僳、回等族群众，纷纷身着节日盛装，赶着牲畜，除进行物资交流外，还对歌、跳舞，举行射箭、赛马、球类比赛，演出白剧、花灯戏。三月街由原来的佛事活动发展成为进行物资交流和群众性文娱活动的盛会，并成为包容滇西地区各民族文化的民族共享节日。

（3）形成和谐共生。

从我国各民族的发展历史来看，由于各自所处的自然环境不同，因而产生了各具特色的经济文化类型，形成了各自的优势。虽然各民族人口有多少之分，发展有先进与后进之别，但在每一个民族的形成发展过程中，都离不开兄弟民族之间的互通有无、取长补短、互补共赢。各民族群众在参与共享节日的活动中，通过展示自己民族的文化，达到各民族相互间的了解和认同，形成了“各美其美，美人之美，美美与共”的节日文化景象，不但能够加强民族之间的联系和交往，也会增进民族之间的相互尊重与合作，促进民族关系的发展。例如，彝族、白族、纳西族等民族的火把节正是多民族共享节日和谐共生的典型范例。

3. 交往关系的助力

传统节日具有极强的民族凝聚力。既然民族传统节日承载着民族的文化血脉，它积累、继承和发展，并周期性地展示自身的传统，那么它就可以把拥有共同文化传统的成员团结到一起，并产生巨大的亲和与认同情感，从而成为各民族相互交往的助推力。

（1）节庆功能得到扩大。

传统节日就像一剂强烈的黏合剂，凝聚着各个民族。只要到了节日时间，每一个人都会融入自己民族的传统文化之中，在共同的文化认同的基础上加深对自己民族的认知和对其他民族的了解，甚至于可以上升到对国家的认同。

传统节日有着丰富的表现形式，有精湛的艺术和独到的技艺，有民歌、舞蹈、民族美食、手工艺术、艺术表演等，都代表了民俗文化，是民族身份的象征，也是传统节日习俗常常能够成为民族的文化展示和传承的载体，具有文化传承功能。

重德是中华各民族的传统，仁义礼智信，传统美德在传统节日文化中时有体现，传统节日中所蕴含的民族文化的优秀传统，特别是对青少年群体进行思想道德教育的宝贵资源，形成道德教育功能。

传统节日为大家提供了社会交际的平台和机会，使大家和谐相处，营造和谐的社会气氛。特别是在比较偏远的地区，人与人之间的交流比较少，但传统节日提供了一个交流的机会，体现社会交集功能。

传统节日里面人们对吃住行游购娱的需求达到最高，因此对经济贸易具有巨大的推进作用。走亲访友要赠送礼品，几乎每一个节日都会形成一个消费的高潮，同时许多节日本身也为买卖双方提供了交易平台，提供了市场，实现经济贸易功能。

此外，节日的娱乐休闲功能是最明显的。蒙古族的那达慕大会、水族的卯节、苗族的姊妹节、彝族的赛装节等节日活动，都给人们的休闲生活带来了无比的快乐。

（2）民族关系得到调适。

传统节日是维系民众情感和谐，维系社会和谐的强大精神动力。传统节日作为文化生存的节点，是民众表达内心情感的重要时机，是民众精神的重要寄托方式。在文化多样性地区，节日为人们提供了多一个互相沟通和理解的公共世界，提供了多一份供人们分享的知识成果，提供了多一个供人们交流和实践传统知识的平台。交流是一种沟通，是一种交融，同时也是一种释放。各民族之间，各民族文化之间，通过沟通、交流和释放，可以有效地消解因文化差异带来的文化摩擦和文化震荡。民族文化传统节日是周期性的反复出现的民俗活动，是文化多样性地区各民族文化交流的阵地和平台，通过这个平台年复一年的反复沟通和交流，各民族间文化差异得到很好地填补，从而有效地弥合了文化差异可能带来的民族关系的紧张和摩擦。在这个意义上，民族文化传统节日起到多民族地区民族关系和谐润滑剂的作用。

（3）节日文化得到传承。

各民族的传统节日有着丰富的表现形式，内含着精湛的艺术和独到的技艺，有民歌、舞蹈、民族美食、手工艺术、艺术表演等，都代表了民俗文化，是民族身份的象征，也是传统节日习俗常常能够成为民族的文化展示和传承的载体。作为一种时间性习俗，作为一种传统文化实践活动，它与时序结合构成岁时节日。岁时节日结合了人们关于自然时间的认识与人类在这个时间节点上的特殊活动，从而使自然时间具有了人文意义，它们已经从外在的时间点进入民族的“内在的时间意识”，成为人们生活得以依托的“社会的和精神的日历”。

同时，传统节日是以年度为周期进行的，它属于全民性的一种文化生存方式，与民众生活有直接而重要的关联。这里的全民性指属于同一文化传统的同一族群的全体成员。传统节日要求这个“同一族群”的“全体成员”统一在同一节日时间段参与共同的节俗活动，即使是在外工作的人一般也会在此一节点中，回到家庭生活中和家人一样过传统节日。这种全民参与的文化生活是一年一度周期性发生的，它所承载的文化内涵被周期性地反复贯彻和强调，在同一族群内的全体民众的记忆中根深蒂固、世代传袭。

（三）国家文化建设中的少数民族节日

中华文化由各民族文化组成，各少数民族文化共同构成中华文化整体特征，它们在中华文化中处于不可或缺的地位。节日往往是文化的集中呈现，各少数民族节日更以其多样性特质反映了中华民族文化的丰富形态。传承少数民族节日，也即传承中华民族文化遗产。由此，弘扬和传承少数民族节日对于中华民族以及国家文化建设具有深远意义。

1. 国家政策措施促进民族节日的传承和复兴

自新中国成立以来，我国政府为保护民族民间文化开展了大量工作，在收集、整理、保存、研究、发展民族民间文化方面取得了很大成效，主要体现在政策立法、保护研究、教育科研、传播发展等方面，少数民族节日也在一定程度上得到了弘扬、复兴。

（1）政策立法。

①法律规定

《中华人民共和国宪法》第四条规定："中华人民共和国各民族一律平等。国家保障各少数民族的合法的权利和利益，维护和发展各民族的平等、团结、互助关系。禁止对任何民族的歧视和压迫，禁止破坏民族团结和制造民族分裂的行为。国家根据各少数民族的特点和需要，帮助各少数民族地区加速经济和文化的发展。各少数民族聚居的地方实行区域自治，设立自治机关，行使自治权。各民族自治地方都是中华人民共和国不可分离的部分。各民族都有使用和发展自己的语言文字的自由，都有保持或者改革自己的风俗习惯的自由。"

此外，《中华人民共和国民族区域自治法》序言中提到："实行民族区域自治，体现了国家充分尊重和保障各少数民族管理本民族内部事务权利的精神，体现了国家坚持实行各民族平等、团结和共同繁荣的原则。"其中第十一条规定："民族自治地方的自治机关保障本地方各民族都有使用和发展自己的语言文字的自由，都有保持或者改革自己的风俗习惯的自由。"第三十八条规定："民族自治地方的自治机关自主地发展具有民族形式和民族特点的文学、艺术、新闻、出版、广播、电影、电视等民族文化事业，加大对文化事业的投入，加强文化设施建设，加快各项文化事业的发展。"

各民族拥有"保持或者改革自己的风俗习惯的自由"以及自主地发展民族文化事业的职责，这些法律规范都对民族节日的发展提供了重要的法律保障，对于"维护和发展各民族的平等、团结、互助关系"具有重要的意义。

②政策措施

新中国成立之初，中央人民政府政务院关于《全国年节及纪念日放假办法》即规定："凡属少数民族习惯的假日，由少数民族聚居地区的地方人民政府，斟酌该民族的习惯，规定放假日期。"国务院 1999 年 9 月 18 日修订发布的国务院第 270 号令《全国年节及纪念日放假办法》第四条规定：少数民族习惯的节日，由各少数民族聚居地区的地方人民政府，按照各该民族习惯，规定放假日期。

在国务院规定的基础上，国家民委在一系列的法规文件中又做了进一步强调。如 1979 年中共中央、国务院批转国家民委《关于做好杂居、散杂居少数民族工作的报告》的通知中规定："少数民族的节日，应该受到尊重。民族节日放假办法，按国务院规定执行。对有的民族节日的油、面等供应，可继续执行。"1993 年 8 月 29 日国务院批准，国家民委发布实施的《城市民族工作条例》第二十六条规定：少数民族职工参加本民族重大节日活动，可以按照国家有关规定放假，并照发工资。

自 2000 年以来，我国政府出台了大量关于发展少数民族事业、弘扬节日文化的政策法规，包含《文化部、国家民委关于印发"关于进一步加强少数民族文化工作的意见"的通知》（2000 年 2 月）、《国家民委、国家发展改革委、财政部、中国人民银行、国务院扶贫办关于印发〈扶持人口较少民族发展规划〉（2005－2010 年）的通知》（2005 年 5 月）、《国务院办公厅关于加强我国非物质文化遗产保护工作的意见》(2005 年 3 月)、《国务院办公厅关于印发〈少数民族事业"十一五"规划〉的通知》(2007 年 2 月)、《国务院关于进一步繁荣发展少数民族文化事业的若干意见》（2009 年 7 月）等，就少数民族文化的重要地位、节日文化在文化传统中的作用做出了强有力的指导与推动。

2005 年 6 月，由中宣部、中央文明办、教育部、财政部、民政部、文化部颁布的《关于运用传统节日弘扬民族文化的优秀传统的意见》更是分别从"运用传统节日弘扬民族文化的优秀传统的重要意义和原则要求"、"突出传统节日的文化内涵"、"精心组织重要传统节庆活动"、"充分发挥新闻媒体的作用"、"积极开展传统节日的研究和保护工作"、

“切实加强对传统节日活动的管理和引导”六个方面具体翔实地说明了运用传统节日弘扬民族文化的优秀传统的意义、内容、方法等，为弘扬传统民族节日指明了方向和途径。

③制度牵引

目前全国约有38个少数民族节日由当地政府或人大做出了放假规定。许多民族自治地方在自治条例中确定了法定民族节日以及放假办法。例如，《云南省楚雄彝族自治州自治条例》（2005年修正）规定农历每年6月24日为彝族“火把节”，放假3天。《云南省德宏傣族景颇族自治州自治条例》规定自治州内各民族的传统节日都应当受到尊重。傣族、德昂族的泼水节，景颇族的目瑙纵歌节，全州放假2天；阿昌族的阿露窝罗节，傈僳族的阔时节，本民族及其聚居区干部群众放假2天。1989年通过的《云南省迪庆藏族自治州自治条例》第六十四条规定藏历年放假三天，其他民族节日假期由各县自定。《禄劝彝族苗族自治县自治条例》（2006年修正）规定每年彝族火把节、苗族花山节，全县各放假3天。《石林彝族自治县自治条例》（2006年修正）规定彝族火把节放假3天。

也有的自治地方以政府令的形式规定了民族节日及放假办法。如新疆维吾尔自治区人民政府以第91号政府令的形式规定肉孜节和古尔邦节为自治区少数民族的传统节日，过肉孜节这一传统节日的各族干部职工放假一天，其他各族干部职工不放假；过古尔邦节这一传统节日的各族干部职工放假三天，其他各族干部职工放假一天。

还有的自治地方以通知的方式规定了民族节日及放假办法。宁夏在国务院相关通知的基础上，发布了《自治区人民政府办公厅关于2008年节假日安排的通知》，规定全年法定节假日为13天，比全国多两天。10月2日是宁夏穆斯林的传统节日开斋节，全区放假1天，宁夏国庆节假日为9月29日至10月6日，比《国务院办公厅关于2008年部分节假日安排的通知》的国庆节假期多一天。

地方政府以批转民族工作部门文件的形式，规定少数民族传统节日的放假规定。如北京市人民政府批转市民族事务委员会《关于“尔代节”对信仰伊斯兰教的民族实行放假、补助油、面的请示》的通知（京政发［1980］66号），上海市政府批转市民委、市劳动局、市粮食局《关于本市回族等十个少数民族“开斋节”放假和油面供应的请示报告》(上海市人民政府沪府发［1980］89号)。

地方政府民族工作部门以文件形式规定少数民族传统节日放假。如安徽省民族事务委员会《关于重申回民职工三大节日放假问题的通知》(皖族［1996］1号)。

还有一些民族工作部门的通知，如昆明、青岛等城市，在回族等十个信仰伊斯兰教民族传统节日前，由民族工作部门通知各机关、企事业单位，给回族等十个信仰伊斯兰教民族群众放假。

(2) 保护研究。

①政府组织的重大项目工程

自20世纪50年代发起的少数民族语言、社会历史调查与国家民委民族五种问题丛书编辑工作收集整理了大量少数民族文化第一手资料，为中国少数民族研究奠定了坚实的基础，其中，有关少数民族节日的资料也第一次得到了较大范围的整理。自20世纪70年代末发起的“十部民族民间文艺集成志书”编纂工程对中国民族民间文化艺术进行了全面的普查整理，大量节日中的音乐、舞蹈、故事、歌谣、戏曲、曲艺等得到系统记录。自2003年启动的中国民族民间文化保护工程推动了全社会对民族民间文化保护的重视。2005年，中国非物质文化遗产保护工作逐渐展开，至2010年，已有58个节日分三批列入国家级非物质文化遗产名录。2007年，文化部民族民间文艺发展中心在中央财政的支持下，开展“中国节日志”项目①，规划对150个中国传统节日进行田野调查、

① 注：该项目于2009年列入国家社科基金特别委托项目。

文本记录、影像拍摄、数字化处理，至2010年，已有66个节日在全国范围内立项并展开调查，其中53个节日为少数民族节日，调查比重超过80%。通过“中国节日志”项目，文化系统形成了专门的节日研究平台，计划文字量达到1500万字、图片20000张、影像60000小时、数据量10万条，同时下设节日研究基地和刊物，将建成中国最完备的节日研究平台。

②各级政府组织引导的节日活动

改革开放以来，中央、地方各级政府为恢复少数民族节日开展了大量工作，通过运用财政支持、人员组织、招商引资等方式引导开展节日活动。文化大革命期间遭到损毁的文化空间得到重建，少数民族族群对优秀传统文化的传承得以延续，社会生活得到了良性循环互动。但是，在一定区域内，出于对经济发展的渴求，在面对经济发展与文化保护的矛盾中，传统文化的保持相对遭到忽视，部分节日内容受到不良干预，导致了节日文化的形式化、表演化、同质化。事实上，弘扬传承节日的主旨在于尊重当地民众的习俗和心理，政府保持有效引导，当地民众才是节日的主体。

历史上不乏政府组织民族节日的例子，如蒙古族的那达慕大会，在元代设立，是蒙古族的军事体育活动，也是蒙古族的体育娱乐盛会，至清代，官方开始定期组织活动，以苏木（相当于乡）、旗、盟为单位，半年、一年或三年举行一次，由此这一节日盛会沿袭至今。那达慕大会得到可持续传承的重要因素是政府的组织参与，而更重要的因素是，节日中融合了蒙古族的习俗，包括体育竞技方式、饮食、歌舞以及对成年男子的身份认知等，蒙古族的价值观、审美观得到延续。由此，如何更深入地了解民众心理，发掘当地民族特征，发扬民族精神，是政府参与组织引导节日活动的当前任务。

（3）教育科研。

围绕民族民间文化研究与保护，新中国成立以来，国家先后建立民族院校、研究机构，发展民族学、民俗学、人类学、博物馆学等学科。这些机构和学科的建立，创建了相应的学术科研体系，培养了一系列专家人才队伍。

在弘扬和发展民族节日的过程中，这些专家学者不仅参与了节日保护的过程，包含收集、整理、研究、保存、传播的过程，还参与了节日的恢复、重塑过程。

在文化大革命期间，一部分民族民间节日被禁止举办，节日中的音乐、歌舞、手工艺、故事、歌谣、仪式等民俗文化失去传承人，尤其是人口数量在10万以下的少数民族，传承人口基数薄弱，其民族节日遭到冲击更大。20世纪70年代末80年代初，少数民族中的精英开始有意识保护自己的民族文化，同时掀起了恢复、重塑节日的浪潮，如鄂温克族的瑟宾节，在1993年举办的第三届鄂温克研究会会员代表大会上通过决议，得以重新确立；鄂伦春族的古伦木踏节，在1988年由中央民族大学的学者发起恢复，1991年正式确立；赫哲族的乌日贡节起源于1985年召开的“赫哲族首届文体大会”，1988年正式确立。在这些节日中，知识分子担当了发起、组织的工作，他们首先唤醒了民族自觉精神，寄望于通过集中性的群体节日，为人口较少民族增强凝聚力，延续他们特有的民族文化与精神。

更多的知识分子在田野里、在书斋中收集整理研究少数民族文化，难能可贵的是，他们中的一部分人不是少数民族，但是通过跨文化视角，他们进行客观的比较研究，为少数民族抢救保护了大量第一手资料。专家学者的积极参与为中华文化的延续注入了不朽的力量。

（4）传播发展。

广播、电视、报刊、互联网等媒体向大众宣传报道有关民族节日的内容，普及传统节日知识，引导了大众对节日的关注，促进了节日的发展。2010年6月，由文化部民族民间文艺发展中心、山东大学共同筹办创刊的《节日研究》是中国目前唯一的专业性节日研究刊物，定期刊载有关节日文化研究的文章，创建了学者和大众了解中国节日的专业平台。

截至2010年6月，中国网民规模达到4.2亿人，普及率达到31.8%，农村网民占27.4%①，在节日中，互联网以更快捷的方式在更大范围内传递节日讯息，人们互相问候祝福，通过互动的方式，也创造了另一个虚拟的节日空间。由此，在现代社会，媒体不仅是一个节日宣传的平台，更是一个互动的平台。至2010年12月，有关中国节日的专门网站超过5个，但还没有国家级别的专业节日网站，在已有节日网站中，一部分为商业性网站，一部分为知识性网站。而在知识性网站中，大部分信息为汉族及西方现代节日信息，缺乏中国传统历史知识，少数民族节日信息更是匮乏。由此，加大少数民族节日的媒体宣传，尤其是在互联网中的宣传尤为必要，是顺应时代要求的更快捷地与大众互动交流的机会。

2. 弘扬与传承少数民族节日是国家文化建设的重要举措

（1）节日对于国家宏观文化战略的意义。

党的十七大报告指出："当今时代，文化越来越成为民族凝聚力和创造力的重要源泉、越来越成为综合国力竞争的重要因素，丰富精神文化生活越来越成为我国人民的热切愿望。要坚持社会主义先进文化前进方向，兴起社会主义文化建设新高潮，激发全民族文化创造活力，提高国家文化软实力，使人民基本文化权益得到更好保障，使社会文化生活更加丰富多彩，使人民精神风貌更加昂扬向上。"弘扬和传承少数民族节日正是丰富我国人民精神文化生活、提高民族凝聚力和创造力的重要途径。

---

① 注：数据引自中国互联网络信息中心《中国互联网络发展状况统计报告》（2010年7月）。

在《国家“十一五”时期文化发展规划纲要》中，“发挥重要节庆和习俗的积极作用”被单独列为第二十九条纲要。文中指出：“发挥重要节庆和习俗的积极作用。适应当代生活，体现时代特点，与精神文明创建活动相结合，坚持不懈地抓好移风易俗，创新形式，丰富内容，改造和发展富有浓郁民族特色的民间传统节庆内容、风俗、礼仪，维护民族文化的基本元素。继续完善中华民族始祖的祭典活动，充分发挥春节、元宵节、清明节、端午节、七夕节、中秋节、重阳节等传统民族节庆的作用，增强中华民族凝聚力，促进和谐社会建设。……”

国家宏观战略依据社会发展状况和趋势确定，在目前已公布的国家法律、政策、措施中，弘扬和传承少数民族节日日益受到重视，在社会生活中开展弘扬和传承少数民族节日的工作和实践，符合国家宏观发展战略，符合社会发展的特点与趋势，少数民族是中华民族不可分割的组成部分，少数民族节日是少数民族多样性特征的集中体现，弘扬和传承民族节日有利于增强中华民族凝聚力，促进社会和谐。在以节日为特色的传统文化中，汲取民族特征和文化要素，是进一步发展中国特色社会主义的必由之路，是走向民族复兴和发展的必由之路。

（2）节日对于民族地区稳定的意义。

少数民族节日由少数民族创造、传承，对于少数民族个体、家庭、组织、社区、村落等不同层级均具有不同意义，是维系亲缘关系、地缘关系的纽带。在祭祀性节日中，人们祭祀神灵、祖先，是族群共同溯忆的时刻，个体的身份得以进一步确认，人与人之间的关系通过溯忆得以稳固。在交流性节日中，人们定期地互相拜访、结交朋友，促进了区域内的关系互动，而年轻的男女也获得了互相认识的机会，继而组建家庭。在不同的节日中，社区内的组织也在发挥不同作用，通过组织节日中的活动，树立了相应的声誉、地位，也建立了伦理、道德、法律约束的权威力。社区、村落在良性的关系互动中保持稳定秩序。节日对于少数民族人与人之间关系的稳定循环具有关键意义。

在少数民族自治区或聚居区，弘扬和传承少数民族节日即是尊重少数民族习惯、遵从社会发展规律、促进社会稳定和多民族和谐共生的重要举措。宽容与尊重是交流的前提。获得尊重的民族，在传承自己本民族文化遗产的同时，会向世人更自豪地展示他们独有的文化，由此产生的交流，促进了多民族之间的相互理解，减少了隔阂、冲突，增加了友爱、互助、自信和尊重。获得法律支持和保障的民族，会更爱惜自己的文化。节日中包含饮食、歌舞、体育竞技、服饰、工艺等传统文化的集中呈现，人们在定期的节日中展示自己的特长，愉悦身心，同时传承了本民族的传统文化，这是文化得以活态传承、可持续传承的有效途径。

（3）节日对于国家文化安全的意义。

随着政治经济社会变革，少数民族传统文化也同样遭遇很大冲击，其中的显著现象就是少数民族节日的衰弱和变异。一些民族文物遭到毁弃，年轻一代对自然、神灵、祖先的敬畏感消解，不愿意参加民族节日，即便参加节日活动，对节日的历史、意义并不了解。越来越多的年轻人离开家乡工作，不再需要通过节日去认识伴侣，人们有了更多的选择机会，但同时也失去了和家乡的人亲近交流的机会。在旅游开发的过程中，节日常常被安排成为表演的节目，本真的生活失去了真实。

而且，一些少数民族缺乏文字记录历史，节日延续面临更大困难。少数民族节日无疑是中国传统节日的重要组成部分，如果这些节日文化消失和变异，国家文化安全将会受到严重冲击。

此外，在我国，存在不少跨界民族，如哈萨克族、乌孜别克族、塔吉克族、俄罗斯族、朝鲜族、蒙古族、景颇族、京族等，弘扬和传承民族节日，不仅对保护民族文化遗产有重要意义，而且对于稳定边境秩序，创造和谐的友邻环境也具有重要意义。

（4）节日对于树立国际形象的意义。

正如联合国教科文组织于2001年通过的《文化多样性宣言》所指出的："文化多样性对人类来讲就像生物多样性对维持生物平衡那样必

不可少，从这个意义上说，文化多样性是人类的共同遗产，应当从当代人和子孙后代的利益考虑予以承认和肯定。”参加会议的 188 个会员国一致承诺采取适当措施，广泛宣传这一宣言，促进这一宣言的实施，并为实现宣言行动计划中所制定的目标而展开广泛的国际合作，这当然也包含中国。

中国拥有悠久的历史、广阔的地域，也孕育了多元一体的民族文化。56 个民族拥有自身独特的文化传统，也在相互的交融中拥有共享的文化。这些历史传统是中华民族的文化徽征，如同生物基因一般，是历史和自然积累产生的财富，在社会生活中展现，也在全民族在同一时空中汇集的节日中显性地集中呈现。弘扬和传承节日文化，是向国内外展现这些优秀的文化基因、扩大中华文化影响力的重要载体。

丰富多彩的节日文化是我国文化多样性的国际标识，在节日中，56 个民族所展示的音乐、歌舞、手工艺、服饰、习俗乃至时空观、价值观、思维逻辑方式得到完整呈现，国际社会通过我国的节日了解我国少数民族的生产生活方式和发展现状，了解我国的历史文化和民族心理，这对于加强国际文化交流和维护世界和平有重要意义。

（四）存在的问题及建议

综上所述，我国少数民族节日文化建设已经有了很大进展，并取得了显著的成就，少数民族节日在整体上得到了延续和弘扬，成为我国国家文化体系中不可或缺的一个组成部分。但面对全球化、现代化、都市化的冲击，也出现了危机，其中的显著现象之一就是少数民族节日的衰弱和变异。缺乏文字记录、传承人口少、处于经济欠发达区域的节日消失的速度更快。从国家节日文化建设的大局和长远目标来看，有待通过观念校正、制度设计和具体政策实施等扶持其传承发展。针对目前存在的较为普遍的问题进行分析，提出以下几个方面的判断和建议：

1. 观念意识：珍视多元文化价值

由于曾经的极“左”思潮影响下的政治运动，使民族文物遭到损毁，年轻一代对自然、神灵、祖先的敬畏感消解，不再愿意参加具有精神信仰价值的民族节日，即使有和长辈一起参加节日活动的，对节日的历史和文化意义也并不了解，参加节庆活动热情有限。少数民族群众也同样存在自身对本民族文化自觉不足、自信不够的问题。应当认识到文化自觉是建立在文化自信的基础之上，而文化自信往往会因当代文化的冲击而减弱。因此，在少数民族节日文化建设中，最重要的任务之一即恢复民族文化自信，实现文化自觉。

节日作为蕴含着丰富内涵的文化综合体，涉及许多具体的文化事项，在当前非物质文化遗产保护持续推进之时，为弘扬传承少数民族节日文化提供了很好的契机，我们要把握这一机遇，在文化传承中更好地传承和延续、发展少数民族传统节日。

2. 立场选择：变政府操办为政府服务和引导

近年来，一些少数民族地区为了过上“民族节日”，根据在该民族发展过程中十分重要的特殊纪念日的相关传说，重新创造了一批节日。这些节日固然起到了提高少数民族的文化地位、塑造民族认同和民族自豪感的重要作用，但在节日设计中却未能根据文化发展规律，充分融合该民族特征，继而未能把节日塑造成民族文化传承的有效手段。如阿昌族知识精英和当地干部参与创造的节日——阿露窝罗节，将两个不同地区阿昌族支系的阿露（会街）、蹬窝罗（春节至 3 月在各家各户庭院举行）两个不同的节日和民俗活动组合在一起，由当地政府确定为法定节日。通常在每年 3 月由政府组织节庆活动，创造出了民族文化标识，制作了神话人物的雕像，但到目前为止只是一种广场庆典文化，缺乏文化积淀和群众认同。

为了彰显政绩、树立地方文化形象，某些地方政府往往片面追求节日庆祝活动的场面宏大和仪式隆重，资金和人力、物力投入巨大，攀比邀请领导的级别和来宾的数量，有时配套斥巨资创编仅为某次节日庆祝演出的大型文艺节目，乃至展开几个省份和城市的竞争，而未能重视节日文化内涵，未能考虑民众的感受，将原本具有道德教化意义和社会关系整合功能的节日内涵抽空，成为“官办”的表面繁荣的节日，对各族民众的吸引力逐渐减弱。过去是民众自发欢度节日，现在却出现了政府花钱组织节日、民众被动参与活动的状况。这类节日庆祝模式长期沿袭，一些地方的政府在领导换届后已经面临着某些节日办也不是、不办又不行的尴尬局面。

还有一批以招商引资、开拓旅游客源、发展旅游为目的的节日，尽管有些也借用了传统节日外壳，却为了经济利益而丢失了具有文化价值的内涵。

目前在少数民族节日文化建设中存在着不尊重文化实践者主体性的种种弊端。这在相当大的程度上存在着从决策者的主观意志出发，对于节日文化做出轻率的价值判断和选择的状况——对节日活动的某些具体内容肆意改动；任意取舍或只选择其中的某些环节加以张扬，而把有机结合的其他节日文化事项与节日整体割裂开来。

如何在节日庆祝活动中满足民众节日文化需求，提供民众满意的服务，进行适度的引导，突出其中的精神价值和文化内涵，应当是政府未来在节日文化建设中体现的主要职能。

3. 制度设计：建构和完善国家节日体系

我国迄今为止尚未形成一套完备的节日研究和保护体系，现有节日体系由政治纪念日、民族民俗节日构成，部分政治纪念日未能充分考虑与地方民俗的结合，而只是作为一种单纯的政治节日来纪念。各地少数民族自治地方的纪念日通常会组织规模不等的庆祝活动，也未能与本民族传统文化习俗充分结合，未能充分激发群众参与的积极性。

因此，应当组织专家广泛征求各族民众意见，制定相应的政策法规，注重节日文化内涵，加大力度进行节日基础研究，从全局把握各种不同类别节日，针对国家和地方假日构成状况，建构和完善涵盖国家、地区、民族节日的国家节日体系。

4. 政策安排：落实民族宗教政策统筹假日安排

我国许多民族自治地方通过地方法规（部分非自治地方的政府制定行政法规）已经将当地一些重要的少数民族节日列入了假日体系中，如新疆维吾尔自治区、宁夏回族自治区、北京市等地信仰伊斯兰教民族的民众可以在开斋节、宰牲节期间享受休假。

在节日文化建设中要认真落实党和国家的民族、宗教政策，为节日活动开展创造更为便利的条件，使节日庆祝活动成为团结各族民众、促进和谐社会建设的重要形式，使各族民众在欢快的气氛中充分感受到中华民族大家庭的温暖。

5. 政策执行：重视保护和传承节日资源激发民众热情

一些地方在文化建设和发展过程中，也存在着对于少数民族节日重视不够的情形。某些地方政府对于如何选择节日活动、怎样安排节日活动时间和内容等方面存在着很大的任意性，也有由相关单位领导决定是否过节和怎样过节的，使民间节日成为任意决定和安排的官方活动。

同时，媒体和商家宣传在定位上有时存在不准确的问题。如节日活动中包括沐浴活动的，有的媒体甚至以“男女同浴”、“天体”、“裸女”等词句表述，扭曲了节日活动的真正意义。少数民族节庆活动一旦与祭祀仪式相关，就会被某些媒体冠以“原始信仰”、“图腾崇拜”、“原始的性崇拜”等说法，甚至成为报道的主标题。在旅游开发的过程中，一些旅游企业也以类似方式来诠释少数民族节日，将少数民族节日庸俗化，以肤浅时尚的表演方式吸引旅游者。因此，正确阐释节日内涵，以恰当的方式保护少数民族节日文化资源，引导更多民众自觉参与节日活动，才能使节日稳定持续发展。

综上所述，在国家文化建设的过程中，应大力弘扬和发展少数民族节日：

1. 将节日文化服务和社会服务作为服务基层、促进社会稳定、构建民族和谐的重要工作，作为国家和地方政府的制度性工作。政府部门要统筹协调，做好引导服务。

2. 加强民族节日文化研究，特别是与节日密切相关的宗教和民间信仰研究，逐渐构建具有鲜明中国特色的节日文化体系。坚持文化尊重原则，要以广大人民群众的节日文化认同和有利于社会和谐发展作为政府服务的主要前提性条件，逐渐改变地方政府将促进旅游、开发节日经济价值和提高地方知名度作为主要利益诉求等急功近利的做法。避免和禁止功利性、命令性、随意性的节日文化“打造”。

子课题负责人：李松

参加者：李松、王建民、张跃、

朱凌飞、马居里、许雪莲

九、关于台湾传统节日传承与变迁的考察报告（1945—2010）

（一）引　言

每个社会都会发展出特有的节日时间与相应的节日文化，其间蕴含着丰富多样的节日内涵，并由此成为人们认识该区域文化的入径所在。中国节日文化源远流长，虽经岁月流变，节日形貌损益不一，但依然大致保存着鲜明的民族特色。台湾同属于中国文化原生态，自 17 世纪以降，以闽南、客家为主体的族群大量渡海来台，繁衍生息，也将传统的中国节日文化带来；1945 年随日本战败投降，国民党政府入主台湾，1949 年国民党政府自内战中败退来台，200 余万军民随之迁徙，大江南北各地节日风俗亦由这些新移民引入，台湾地区的节日文化样貌更加丰富多元。

节日文化虽然是在民间自然生成与积累，但也会随着时空环境的变化而有所变革。影响台湾节日文化变迁的因素，其一为官方政治的介入：战后以来，国民党政府对传统节日进行“现代性”的改革，伴随戒严时期（1949－1987）之威权体制，对诸多传统节日进行严格管控与改造；解严以后，官方从刚性的控制改为柔性的介入。而无论刚性或柔性，皆对传统节日造成极大影响。其二为社会变迁：近半世纪以来，台湾由农业社会快速转型为工商社会，伴随都市化、市场经济、个人主义与自由化的风气，传统节日的节期依旧，但节日文化已大非昔日风貌。本文即以此两个主轴，考察台湾节日文化变迁。当然，其间新旧常变是交织进行着的。必须说明的是，本文的探讨时间是 1945 年以降，其原因除了政权鼎革，台湾脱离日本殖民统治与文化，中国文化再次于台湾得以全面发展外，现代化社会也在这半个多世纪快速形成，对传统的节日文化有更剧烈的冲击与变革，故将 1945 年之前的节日状况仅作背景式的提示。另外，台湾原住民的节日文化不同于汉族，限于篇幅所限，暂非本文探讨之对象。

（二）传统社会之时间轴与节日习俗

每个社会群体都会形成其时间轴，以作为个人生活作息的依据，以及社会秩序确立的依据。在中国的传统社会，大致形成了三种时间轴：一是“日常时间”，主要是民众工作、生产活动的时间，如在农业社会时代，传统中国发展出“二十四节气”的时间轴，这是一种依据北半球太阳运行而做出的时间制定，用以规范中国农业活动的有效运作。二是“节日时间”，主要是以月亮运行的阴历时间为主，其作用主要在于指导民众的休养生息、消费、狂欢等活动，如新年、清明、端午、中秋等。三是“神诞时间”，传统民间社会因对神明的信仰与祭祀所需，发展出重要的神明诞辰日，如民间善书、农历等都制定出一整年的“神诞表”，以供民众参考运用。神诞日之时间特质，兼具祭典的神圣性与狂欢娱乐的世俗性，即使在神诞当日，民众在进行祭祀、斋戒、劝善教化的同时，也会进行游神绕境、看戏、游艺等活动。在传统中国社会中，这三种时间轴平行发展，形成一套大致稳定的民间社会生活节奏。其间偶有交错者，如佛诞日、中元节兼具“节日时间”与“神诞时间”，本文将主要针对第二类的“节日时间”为对象予以讨论。

中国传统的节日体系萌芽于先秦，定型于隋唐两宋时期，据宋代陈元靓《岁时广记》所载，当时的节日计有元旦、立春、人日、上元、正月晦、中和节、二社日、寒食、清明、上巳、佛诞日、端午、朝节、三伏节、立秋、七夕、中元、中秋、重九、小春、下元、冬至、腊日、交年节、岁除。现代社会基本上继承了这一节日体系，只有在重要性方面有所差别，大致上以年节、清明、端午、中秋这四大节日最受重视。

17 世纪以降，闽、粤移民大量来台，同时将传统的节日时间与文化带来，其节日内涵具有高度的同构型，仅活动形式有地域性差异而已。我们以最早编修的台湾方志，即康熙三十三年高拱干纂修的《重修台湾府志》中卷七《风土志：岁时》为例观之，其岁时节日有：元日（正月初一）、元宵（正月十五）、春祈福（二月二日）、清明、洗佛（四月八日）、端午（五月五日）、乞巧（七月七日）、中元、中秋、重九、冬至、送神（腊月廿四日）、岁除，并载："凡此岁时所载，多漳、泉之人流寓于台者；故所尚，亦大概相似云。"① 以此可知，台民的节日体系与大陆，尤其是作为主要移民地的福建漳州、泉州基本上是一致的。

1895 年日本殖民台湾，引进现代西方的时间制度，在为台湾民众带来一种崭新的"日常时间"的同时，也将日本"节日时间"引入，如 1926 年以前每年设有十天的"祝祭日"，1926 年起的昭和时代多了一天纪念大正天皇②。这些虽为台湾民众带来新的时间体验，但除了在 1937 年至 1945 年"皇民化运动"期间外，台湾民众依然遵循传统"节日时间"作息（即使是"神诞日"亦然），相关的节日活动与文化一如往昔地进行着。1934 年日人铃木清一郎出版经典名著《台湾旧惯冠婚葬祭と年中行事》，其中第三篇《岁时祀典》详载了民众的节日时间与活动，

① 参见台湾"中央研究院""汉籍电子文献——台湾文献丛刊"，http：//hanji. sinica. edu. tw/index. html？ tdb = 台湾文献丛刊。

② 日本的祝、祭日举要如元始祭、春季皇灵祭、神武天皇祭、天长节、秋季皇灵祭、神尝祭、台湾神社祭、天长节祝日、新尝祭等，参见吕理政《水螺响起：日治时期台湾社会的生活作息》，台湾远流出版社 1998 年版，第 59 页。

除了过节时间承袭旧例，各地纷然并陈的过节活动蔚然大观。尽管日本展开强力的殖民统治，但民间社会中传统的“节日时间轴”不但没有动摇改变，反倒益发牢固而丰富。铃木清一郎在书中《自序》不禁感慨：日本统治台湾近四十年，在政治、产业、教育等方面都有相当的成绩，但有关聘金制度、冠婚葬祭、迎神赛会、年节祭祀等“劣俗陋规”仍待“改善”①。

1945 年 8 月，日本战败投降，国民党政府统治台湾，“皇民化运动”期间被压抑已久的传统汉文化重新复苏，台湾民众很快就全面恢复了传统的节日时间与文化活动。但另一方面，如其他近代国家一样，国民党政府也设立相关的纪念性节日，由此创造出另一类新型的“节日时间”。这类新型节日的最早立法是《纪念日及节日实施办法》，于 1954 年 1 月 27 日由行政院订定发布，以后几经修订至今（参见本文后之《附录》）。这一办法将现行节日分为纪念日、传统节日、一般节日三大类，其中纪念日有十一个（如和平纪念日、国庆节、行宪纪念日等），一般节日有九个（如青年节、妇女节、教师节等），传统节日有五个（春节、民族扫墓节、端午节、中秋节、农历除夕）。传统节日除了春节放假三天外，其余均放假一天②。另外两类节日也都有选择地放假，故节日不一定是假日。总的说来，节日放假与否会随时代而变化，随政治社会情势而调整，而唯独传统节日不论政府是否有放假的规定，一直在民间社会年复一年地传承着，甚至于发展出新的节俗。

（三）官方的角色：从刚性管制到柔性参与

传统社会中，官方对于传统节日虽有局部的控制与规范，但基本上

---

① 铃木清一郎著、冯作民译：《增订台湾旧惯习俗信仰》（原名《台湾旧惯冠婚葬祭と年中行事》），台北众文图书公司 1994 年版（原 1934 年版），第 8 页。

② 台湾“内政部”公布“台内民字第 0960155673 号”《纪念日及节日实施办法》，2007 年 10 月 3 日。

是采取认同与参与的立场。以往的研究者已指出官方或官方代表人物为节日或节俗的创造者，如元宵节的起源与西汉皇帝有关，清明赐新火为唐朝官方所创。自汉代开始已有节日放假之习，官方依循民间时间节奏规定作息。同时，官方开始或主动或被动地参与到各种节日民俗活动中来，显示出官方对传统节日的参与与认同立场①。不过，为了维系政治社会秩序，官方固然对传统节日表示尊重，却也必须加以掌控。如在元宵节期间，百姓点灯赏玩，可称是中国的狂欢节，但明清时期官方其实是扮演着参与者、导演者、监控者的多重角色的②。

就整体而言，传统社会中官方与民间在传统节日方面是一种共融性的关系，但这样的关系在近代发生了根本性的变化。研究者曾指出，西方自启蒙时代以来，所有国家在从事现代化的“系统整合”时，面对早期农业社会特别是与宗教崇拜有关的种种活动，往往视为违逆现代理性文明的落后文化而进行清理与消除。也正是在这样的意义上，传统节日通常被视为现代文明的对立面③。而近代民族国家的建立，往往以告别传统作为诉求，致使传统节日成为被改造或被压制的对象。同时，为使民族国家政权的建立具有正当性，以及凝聚国民集体意志的需要，另行创制一套具有鲜明的政治色彩的纪念日，借以打造一种崭新的国民意识。如国民党政府在台湾施政期间（特指1987以前的戒严时期），一方面对传统节日进行管控与改造，另一方面则以“国定假日”的强制政策，将政治性以及文化正统性的节日加以制定确立，以强化其政治

① 相关讨论参见张勃：《从我国传统社会官方与节日的关系看当下语境中官方对传统节日的积极干预》，中国民俗学会、北京民俗博物馆编：《节日文化论文集》，学苑出版社2006年版，第309－316页。

② 陈熙远：《中国夜未眠——明清时期的元宵、夜禁与狂欢》，《中央研究院历史语言所集刊》，第七十五本，2004年版，第283－316页。

③ 南方朔：《节庆狂欢消费民间文化》，收于姑娘庙民众文化工作室编，《天地人神鬼》，台北前卫出版社1994年版，第118页。

认同①。

在对传统节日的改造上，最明显可见者即是抽离原有的民俗文化脉络，赋予政治性的新貌。以端午节为例，传统上民间社会是为纪念屈原投江之举，而有包粽子、划龙舟之举。《荆楚岁时记》有载："五月五日竞渡，俗谓为屈原投汨罗江，伤其死所，并命舟楫以拯之。"百姓感怀屈原之悲剧人格，而有划龙舟之举，但在台湾官方的宣传品上，则主要突出屈原"爱国诗人"的形象："像这样的一位爱国诗人，竟为祖国忧劳而不惜一死，他的人格和精神，真永远值得我们同情和尊敬。"② 言下之意，是期许民众见贤思齐，以屈原为人格典范，为国家尽心奉献。尽管屈原是端午节期间被民众纪念的中心人物，但并不妨碍官方将当天订为"秋瑾殉国纪念"之期。秋瑾在清末参加孙中山的"同盟会"，投入反清革命，于光绪三十三年于绍兴起事不久便为清兵所伏，因而殉难。秋瑾殉难日实为农历六月初五，晚于端午节不少时日。官方将端午节当天确定为"秋瑾殉国纪念"，理由是："秋瑾于六月初五日殉国，后人敬仰其诗，复哀其忠勇事迹，乃于诗人节合并纪念。"③ 事实上，是官方为纪念与秋瑾同时期的众多革命先烈，而寻找与之最接近的传统节日——端午节，以资纪念，并由此塑造出"爱国诗人"的一个新典范。

端午节的政治化改造同时也在军队中进行。划龙舟一向是端午节的重头戏，除了民间组织竞技外，军方也都会在部队中选拔好手参赛，在这一民间节庆场合达到与民同乐的效果，同时柔性地展现军人的体能与技能。在此意义上，端午竞舟可是提供了一个极佳的展演舞台。另一方面，军营中也展开"爱国文艺活动"，效法屈原忧国忧民的人格，"我们要秉持这一种纯正高深的荣誉感，和忧国忧民的责任心，来充实我们的

---

① 有关国民政府制定法定假日的问题可参见：周俊宇《戒严、解严与集体记忆——以战后台湾的国定假日为中心》，《台湾文献》58卷4期，2007年版，第41－93页。

② 兴汉出版社编辑委员会编：《纪念节日手册》，台北兴汉出版社1953年版，第132页。

③ 同上，第133页。

革命文艺精神，开展我们的爱国文艺运动，我们要为救国救民而创造，为主义领袖而讴歌，为责任荣誉而写作”。①

在诸多传统节日中，被官方政治改造最大的为清明节。台湾汉人的清明节节俗主要是扫墓、培坟、压纸、拾骨等活动，以表达思亲与祖先崇拜之意，唯扫墓时间略有所别而已，如漳州人多在农历三月初三（俗称“三月节”），泉州人在阳历四月五日，客家人则在过完春节新年后的农历正月十六日到清明之间的某一天。早在民国时期，国民党政府定都南京后，就已将四月五日清明节订为“民族扫墓节”，同时举办祭黄帝陵的官方仪式，以示黄帝为中华民族的共同祖先，借以强化民族国家的文化认同。自 1951 年起，台湾各级政府在每年清明节都举办黄帝陵遥祭典礼，清明节至此沾染上了浓重的官方色彩。1972 年，官方更是订立清明节为“民族扫墓节”，放假一天。1975 年 4 月 5 日蒋中正病逝，又于该年 7 月 2 日将“民族扫墓节”订为“蒋公逝世纪念日”。自此每逢这一天，各级政府机关、学校、社团都要举办各种纪念会、赴慈湖谒陵等活动。1977 年，“为发扬蒋公忠孝至德”，又规定每年四月为“教孝月”②。风气所及，各级机关、军队、学校每逢四月“教孝月”，便有大量相关“孝”之论述，诸如“为国家尽全忠，为民族尽大孝，实为我们中国教忠教孝的极则”，“清明节的活动，当不止于形式上的墓祭家祭……更扩大为国族的精诚团结，推此孝顺之心，凝结为民族感情，达到‘为民族尽大孝’的目的”③。官方将传统的孝道观念与对威权领袖、国家的效忠情操加以巧妙结合，传统节日的政治化改造可谓达到极致。

政治化改造下的传统节日往往在政治运动时会得到进一步强化。1967 年国民党政府成立“中华文化复兴运动推行委员会”，大力推行中

---

① 黄嘉焕：《纪念节日概览》，台北青年战士报印刷，1957 年版，第 116 页。此外，端午节挂蒲艾、洒雄黄以避邪祟，故军中也提倡军中环境清洁运动。

② 相关论述可参见蔡佩娥《国家与民俗节日的关系——以清明节为例》，《台湾风物》第 57 卷第 1 期，2007 年 3 月，第 101－123 页。

③ 蒋可文编著：《纪念节日文选》，台中洋洋出版社 1977 年版，第 98、99 页。

华文化复兴运动。在这个前所未有的官方所推动的文化政治运动中，传统节日的提倡与弘扬被视为重点，如在1972年政府宣布“为复兴我国固有文化，崇尚伦理道德”，定清明节为“民族扫墓节”，放假一天①。许多纪念节日的文章也多所刊载，并加以推广，诸如：“今天我们在复兴基地上，节逢清明，或扫墓拜祖，或遥祭先灵，我们忘不了列祖列宗对中华民族文化的贡献，我们更责无旁贷的要挑起历史文化复兴的重担子。唯有在三民主义的文化上去认同我们的民族，去回归我们的文化，去统一我们的国家。”②

国民党政府在台湾进行的长达38年的戒严期间（1949－1987），民众置身于威权统治之下，政府公权力深刻地嵌入民间，乃至传承悠久的传统节日活动亦难免受到深刻的影响。早在宣布戒严前一年的1948年9月，官方便公布《查禁民间不良习俗办法》，以公权力强力干预民间习俗活动，1963年8月更是公告《台湾省改善民间习俗办法》，其中针对中元节及祭祖活动尤为明确。如在农历七月中元节期间，各地举行普度活动的具体日期并不一致，官方在这一公告加以规范：“农历七月普度统一规定于农历七月十五日举行一次。”鉴于中元普度及重要神明庆典，民间均备办丰盛祭品、冥纸予以供祀，该公告对此特别加以限定：“祭品应限用清香、茶果、鲜花，其须用牲祭者，寺庙以猪羊各一头为限，限民共祭，不得以全猪羊作为祭品。”“焚烧冥纸应劝导尽量节省，逐渐废除。”“祭祀祖先应从简约。”同时，该法令规范“各级公教警察人员应以身作则，拒绝应邀参加普渡及祭典宴会”③。在威权体制的强力干预下，传统节日及相关祭典活动的规模被大加限制，其中又以中元节

① 蔡佩娥《国家与民俗节日的关系——以清明节为例》，《台湾风物》第57卷第1期，2007年3月，第113页。

② 蒋可文编著：《纪念节日文选》，台中洋洋出版社1977年版，第94页。值得注意的是，该书封面注明“本书供写作、演讲、墙报参考之用”，可知该书所搜录的文章具有极大的示范作用，并鼓励在节日期间加以宣传。

③ 上述法令参见何凤娇编《台湾省警务档案汇编——民俗宗教篇》，台北国史馆1994年版，第5－7页。

为最。

国民党政府对传统节日的强势干预，除了威权统治外，还在推进“现代性”的政治体制改革时，将农业社会所遗留的传统节日文化视为现代文明的对立面而加以改良、革除。如前所述的“节约拜拜”、“统一祭典”等，均是这一“现代性”思维下的产物，相关例证甚多。戒严时代，主管台湾礼俗事务的省政府民政厅，曾在1980年代指示所属机关台湾省文献会，研议改善“不良习俗”方案，其间曾有研究员制定岁时节俗改进议案，主要包括：1. 春节民众赌风盛行，须革除此“陋习”，代之以“正当康乐活动”；2. 过节与拜祭活动中烧冥纸颇多浪费，易造成空气污染，宜订出节约祭拜方案，并点名台南天公庙每年燃烧冥纸过多，相对地称许台北市行天宫不烧冥纸、不接受牲礼等节约之举；3. 民间放鞭炮之习俗增加噪音、制造脏乱，弊多利少，应予限制，并点名台南盐水在元宵节放“蜂炮”发生伤人之举；4. 清明节扫墓祭品宜改用清香、茶、水果、鲜花，以前的公墓因民众重风水而致墓位杂乱无章，宜加强办理公墓公园化；5. 部分寺庙普渡及祭典时仍有赛猪公、供祭全猪、竖灯篙、放水灯之“陋习”，应劝导改善；6. 寺庙祭典外台戏之申请演出，宜限制为祭典日一天，以免徒增募捐与噪音①。

上述的岁时节俗改进议案，在相当程度上反映了官方的思维方式：认为传统节日当中的“陋习”是因为浪费、脏乱、噪音，以及伴随而来的赌博、风水、混乱等，其实是认定传统节日中充斥着太多的“落伍”、“迷信”、“低下无知”的成份，这些都是“现代性”国家前进的阻碍，必须加以改良革除。早在1976年起，官方为改善民间习俗，在各乡镇成立有“改善民俗实践会”，推动改善民俗的活动，加上戒严期间时不时地对民俗文化活动进行干预、取缔，在一定程度限制了传统节日的范围与发展，只不过受制于条件与能力官方无法禁绝而已。更重要的是，

---

① 陈壬癸：《台湾地区现行岁时节俗改进之研议》，《台湾文献》第37卷第1期，1986年版，第35－54页。

在官方的思维定势中一向忽视节日中民间信仰生态。如备受批判与管制的中元节，传统的民间普度时期在农历七月长达一月之久，这是因为：首先，普度是中国传统上极其重视的信仰活动，规模盛大且普遍于各地，所需要的道士、法师、斋公等仪式支持及协力者极多，故平均分散于七月各日，使其普度仪式之人力调度得以从容安排，一旦集中在同一天进行，则仪式支持者疲于奔命，甚至出现主办者寻人不得的困境；其次，民间认为，七月作为鬼月，第一天开鬼门关，最后一天关上，一旦集中于七月十五日办完普度，关上鬼门，何以安置大小诸鬼？鉴于上述种种问题，官方的传统节日政策在实施过程中滞碍难行，在 1987 年解严后，官方的政治控制力逐渐松弛，传统节日重现活力。

1980 年代后期以降，随着冷战结束，戒严解除，台湾政治与社会环境日益自由与开放，国民党政府从刚性政权转型为柔性政权，对传统节日及民间文化的管理定位由家长型的管制者、改革者转向朋友型的协力者、参与者，改一往张牙舞爪、疾言厉色的姿态一变而为亲和柔软、与民同欢。其中最突出的表现变化是政治性从传统节日中的退位，如端午节不再有秋瑾纪念日，屈原不再定性为“爱国”诗人，清明节期间“教孝月”活动不再。更具标志性的是 2007 年 8 月 30 日，官方正式废除“蒋公纪念日”，清明节正式返回传统节日的本来面目。

传统节日原本即有人群团聚、休闲、狂欢的性质，进入现代社会，官方自然会对此加以运用。伴随着本土文化的兴盛，政治舞台上的政党竞争，官方与政治人物会带着空前的热情参与传统节日活动，不论是主动策划动员还是被动赞助，传统节日无疑是提供其认同本土文化的最佳方式。尤其在近年来，各级政府与政治人物参与传统节日活动者已不胜枚举。如 2010 年七夕，新竹市便举办“爱在九九　幸福久久”活动，晚间在南寮地中海举办“爱在九九　幸福久久”七夕情人节晚会，邀请知名乐团“OMG 乐团”演唱摇滚情歌、菲扬飞扬舞蹈团的表演“天河喜鹊七夕情”、婚纱走秀表演等，新竹市外籍配偶关怀协会的“异国服装秀"、"性感肚皮舞"等[①]。特别是，每逢重大传统节日如春节、元宵、端午、中秋，各地方政府皆积极策划各式庆祝、展演活动，这在近年来几乎成为不可或缺的惯例。单以2010年中秋节为例，各级政府主办的"中秋节"活动主要有[②]：

主办单位	"中秋节"活动内容
宜兰县冬山乡	中秋晚会：赏月、喝茶、兰阳戏剧团表演歌仔戏
台北县劳工局	"2010外籍劳工千里亲情e线牵"：提供免费视讯或电话予外劳联系家人；"2010台北县外劳乐团联谊及中秋园游会"：邀请外劳及与会者品尝台湾小吃、东南亚风味料理
华山小区发展协会	中秋节前夕上午将举办登山大会师、净山活动；下午中秋节音乐会、叫阮A名——华山步道命名活动、吃阮A饼—超级大月饼、喝阮A加比（咖啡）
苗栗县政府	传统建筑的客家大院品尝客家风味的"月华饼"，举办祭拜月光仪式，歌手演唱
台中市政府	下午及晚上歌星演唱、二胡与大提琴演奏、赠送小月饼等
台中县政府	举办"月来月摇滚——2010台中县中秋圆梦晚会"：歌手演唱会、热舞街舞表演
台南市政府环保局	中秋前夕举办海岸净滩活动

由上表约略可知，官方所策划的中秋节活动中，兼具传统与现代色彩。传统的中秋活动有赏月、祭月、喝茶等，但更多的是歌舞表演的大量出现，使得与民同乐的热闹气氛更甚于前。另外，也有结合环保提倡、外劳关怀、生态意识等主题，借以显示官方呼应现代社会的新价值。官方这种与民同乐、柔性参与的方式，一般而言是受到民众欢迎的。

饶有趣味的是，过去被官方批判最严厉的"中元节"的命运竟发生了戏剧性的变化，从迷信、落后的陋俗现象变身成形式各异的民俗文化

---

① 参见网站 http：//tw. tranews. comShowStyle1Newscl _ News. asp？SItemId = 0271030&ProgramNo = A000001000001&SubjectNo = 3234114，2010年10月10日。

② 参见网站：http：//i17. tw/？ p = 1272j；http：//myinfo. pixnet. netblogpost/15523649，2010年10月10日。

盛会。其中最负盛名者为基隆中元节普度，这一起源于咸丰年间、由地方大姓所主办、有着长达150年传统的民间祭典，解严后不久便由基隆市政府主办、民间协办，以“鸡笼（基隆）中元祭”的名义隆重举行。新时期的中元节，除了传统的老大公庙开龛门、各姓氏迎斗灯游行、放水灯、送孤等传统活动以外，还有中外的演艺团体表演，往往是从月初一路欢闹到月底[①]。至今基隆中元祭，不但已成为台湾地区最盛大的中元节民俗活动，更被官方定为重点节庆观光活动，配合国际宣传，广邀国内外观光客前来参观游玩。1992年台北县政府别出新意，与民间团体合作推出“中元普度宗教艺术节”，期间邀请醒狮团、八家将、车鼓阵等举行“阵头比赛”，号召许多艺术工作者参与制作水灯和创作装置艺术等，这种将现代艺术元素融入传统节日祭典的模式颇具艺术效果[②]。正如中元所祀之鬼，从黑暗之渊如今步向艺术舞台之顶，中元节也从戒严时期的备受压制禁抑，到今日艳光四射，被视为本土文化之瑰宝。两相对照，天上人间。

（四）社会变迁下的节日新貌

台湾传统节日的变化，除了来自官方势力的介入干预外，急剧的社会变迁也是其中的关键因素。尤其是自1980年代以来，政治的解严，工商业社会的逐渐成熟，加上消费意识的形成，以及个人主义风尚的兴起，使得台湾社会日益呈开放趋势，影响所及，传统节日也趋向于都市化、商品化、观光化。以春节为例，由期待、禁忌、时间转换所构成的传统年节文化氛围已日益淡漠，除夕守岁者寥寥无几，以前的登门拜年习俗已为电话、手机短信所代替，平时的丰衣足食也使得传统年节所特别讲究的新衣饱食成为多余，年假期间更多的是出门旅游、联合购物、

---

① 参见网站：http://klgf2008.touch4u.net/index.php，2010年10月11日。

② 台北县政府的相关活动记录，见姑娘庙民众文化工作室编：《天地人神鬼》，台北前卫出版社1994年版。

居家看电视，或干脆出国旅游。“年味越来越淡”是当代人们共同的感觉。[①]

这其中，商家的积极运作尤其值得注意。在传统社会中，民众在过节时要亲手制作食物、礼品，以供自家节日之需或馈赠亲友联系情感，但在日益都市化的工商社会，大多数人很少有余暇作类似准备，但又要追求传统的“节味”，无形中就成为一大商机，于是商人纷纷于过年前推出年夜饭，在端午节推出粽子，中秋节有月饼，以及各式礼品……形式多样，包装精巧美观，还可以通过网络订购、送货上门等服务。于是传统的年节物品，从个性化转为均质化，标准化取代了差异性，商业服务使人们的生活异常便捷，却也因此支配了人们节日的物品选择，甚至营造出新的节日物品与文化。在这方面最具代表性的是中秋节的烤肉活动，它的兴起不过20年间，竟迅速成为台湾地区最流行的中秋新民俗，遍行南北城乡。它最初源自于一家酱油业者，强力播放一则烤肉酱的广告，引起第二家、第三家酱料公司的跟风，大力炒作中秋节就应烤肉吃的概念，同时许多酒店都在中秋节期间举办大型烤肉活动，久之竟成流行。又如七夕节传统上并没有相应的节令食品，有商人仿效西洋的情人节，在七夕期间推出巧克力礼盒，也逐渐形成了节期热卖的风潮。总之，商业伴随着广告产生强大威力，不仅为传统节日提供所需物品，更进一步创造了新型的节日文化。

身处现代化的台湾工商业社会，工作、家务的紧张劳顿已成常态，于是休闲观光的服务业应运而生，观光甚至成为官方与民间共同倡导的重要产业，一时间蔚为风气。以此为背景，传统节日原本具有的休闲特质，此时堂而皇之地与观光活动相结合，或扩大原有节日活动之规模，或加以转化创造另成新貌。这方面最突出的例子是元宵节，每逢节期，不论官方民间都举办各种灯节活动。如台北市政府近年来每年都在中正

---

① 江灿腾：《海峡两岸春节年俗的变革与新貌》，《历史月刊》1995年2月号，第53页。

纪念堂举办大规模花灯展演活动，南部高雄的佛光山也例行举办春节平安灯法会。同时各地在元宵节活动竞相举办活动，以致近年有“北天灯、南蜂炮、东寒单”之说，即台北县平溪乡的放天灯、台南县盐水镇的放蜂炮、台东市的炸寒单鼎足而立，每一活动都能吸引数十万人的参与，届时人潮汹涌，摊贩云集，全台湾几乎陷于集体庆典之中，元宵节俨然成为台湾的观光表演。其实，中元节的观光化发展也不在元宵节之下，前面所提及的“鸡笼（基隆）中元祭”，近年来已成为台湾地区最盛大的中元节民俗活动，被政府选定为重点节庆观光活动，届时配合国际宣传，广邀国内外观光客前来参观游玩。另外，宜兰县头城镇与屏东县恒春镇的“中元抢孤”活动，以其惊险刺激、充满火爆动作的竞争，具有高度的观赏娱乐价值，在地方人士的大力宣传与官方支持下，也成为具有全国知名度的民俗观光盛会。

各地传统节日的规模近年来所以能够日益扩大，还与乡土记忆的普遍苏醒有关。台湾在戒严威权时代饱受压抑的乡土意识，在1980年代后期得以释放，人们将当地最富特色的文化加以提倡，重新呼唤失落已久的集体记忆，甚至进行乡土文化的再诠释与再创造。宜兰头城之中元抢孤活动其实已经中断40余年之久，而在1991年“开兰一九五（周年)”活动中得以再现，隆重纪念开垦此地的英雄人物吴沙及众多先民的贡献[①]。台北平溪放天灯的习俗，据说是因为清朝道光年间这一带山村盗贼出没，村民收成后遁入山区，直至元宵确定安全后，点灯以示乡人，故天灯又名“平安灯”，这一历史传说显然会强化当地人热爱家乡、祈福求平安的集体记忆。台北市士林洲美里的“龙舟文化祭”，以其全台唯一奉祀的“屈原宫”而著名，其端午划龙舟活动经过地方精英人士

---

① 邱彦贵：《头城抢孤：历史补白与意义蠡测》，宜兰县史馆承办“2009年头城抢孤学术研讨会”，2009年9月。

的强化宣传，并获得政府的大力支持，因而相较各地更具象征性①。

地方民众借传统节日强化乡土记忆，乃至推进社区改造，往往能达到一定效果，至少在“节日品牌”的巩固与宣传上收效明显，使得地方知名度得以大大提升。但这些具有地方特色的“节日品牌”，其实有许多是历史断裂后的因缘误接。以台东元宵节“炸寒单”为例，在日本殖民台湾之初期，新竹、基隆、台北艋舺、大稻埕一带均流行元宵节“炸玄坛（寒单）”之习俗，用以逐疫或驱逐火灾，后来随着官方的禁抑而消亡，近年来只有台东将这一失落已久的“民俗记忆”予以恢复，随着其知名度的日渐提升，台东便被很多人误认为“炸寒单”之原发地②。还有中元节的“抢孤”活动，本是台湾各地普遍存在的节俗仪式，后来官方以其危险性、影响社会秩序为由加以取缔，民俗传统以致中断，近年因来头城、恒春率先恢复了“抢孤”活动并加以宣扬，“抢孤”便因此成为南北两镇的“节日品牌”。

（五）省思与建言

台湾除原住民外，大多数移民来自大陆，也因之将中国文化加以承继发展，至今已有300余年。现在看来，传统节日的节期仍与过去相同，但经过不同时期的官方干预，加上社会变迁，使原有的节俗内容多有损益，同时又有新创，新旧夹陈其间。近20年来，观光化、消费化、都市化已成为台湾传统节日的发展趋势，再加上官方与民间的共同运作，节日活动规模益发盛大，节日文化日益丰富多元。综观战后以降传统节日的历史发展，我们姑将如下两个方面的省思和建言作为本文结语。

---

① 黄丽云：《台北洲美里龙舟文化祭——屈原宫观光化的期待》，《台湾风物》第57卷第2期，2007年版，第165－180页。

② 王见川：《“炸寒单”的由来》，收于氏著，《汉人宗教、民间信仰与预言书的探索》，台北博扬出版社2008年版，第431－437页。

1. 官方的角色

从戒严威权时代的强制干预、改造，到解严后的策划助推，官方角色经历了由刚性到柔性的转变。这种转变足以证明原先刚性干预政策的失效，尽管传统节日曾一时退让，而一旦政治威势去除便迅疾恢复，亦如船过水无痕，因此过往的刚性干预政策势将难返。不过，当前相关的管制措施仍有松绑的必要，例如在传统节日假期的弹性调整方面。传统节日原本来自民间，而民间的族群、社群乃是多元复杂之构成，其相应节日亦具有传统性，可依其不同族群、社群之传统节日所需而准其弹性放假，如佛诞节、圣诞节可依宗教不同而放假，原住民也可依其部落节庆祭典而自定假期。

其次，目前官方柔性介入传统节日的策划活动是否适度？在民主化与本土化已成主流价值的当代社会，官方向民俗认同、与民同乐似乎社会皆大欢喜的局面①，但其间问题也不少，如竞相安排歌舞表演，使得节日文化浅薄化；过度为观光而打造，制造短期的喧闹欢庆，而节日过后一切如昔，对于传统节日的态度过于工具化。更重要的是，地方响应政府的文化政策、接受政府经费补助而举办活动，这样的民俗活动究竟是属于官方还是民间？研究者曾针对头城抢孤活动指出，经由官民合作，原有的社区仪式意义消亡殆尽，而蜕变为单纯的民俗体育竞技活动②。须知，传统节日即来自于民间，一旦官方以经费补助等资源为诱饵，吸引其贴近政治，传统节日便被抽离了民间社会土壤，而徒留其形式空壳，出现自我异化之危机。因此，官方能否愿意避免短线式的介

---

① 近期最明显的例子为：2010 年上海世博时，台湾馆以“天灯”造型呈现，其灵感便是取自平溪元宵节的放天灯活动，天灯这种民俗符号被改造成台湾官方对外宣传的文化意象。

② 邱彦贵：《头城抢孤：历史补白与意义蠡测》，宜兰县史馆承办“2009 年头城抢孤学术研讨会”，2009 年 9 月，第 33 页。

入，退居幕后，让传统节日真正回归民间，形成自主性的创造发展，是值得反思的一点。

2. 传统节日的新方向与新诠释

台湾当前的传统节日，面临商业化、观光化、都会化潮流的强大影响，除了中元节能够固守传统中国重视超度的核心价值而形实俱存外，其余的节日都日益面临着空壳化的危险。尽管如此，有识之士仍然努力为传统节日找寻出新的发展方向，如有学者提出将端午节作为“药草节”，以其所处阳极而阴的时节，诸多药草被应用于端午习俗上[①]。1990年代后期，台北县与民间文化工作者举办了数年的“中元普渡祭宗教艺术节”，结合艺术家与当地民众的互动合作，重新拓展传统节俗中人文关怀的一面，如人与环保、重新理解生者与死者的关系等。又如台北民间文化团体“南村落”，于近两年清明节前举办“春天润饼文化节”，从最富亲近性的民俗饮食入手，让民众亲手作润饼，结合南管音乐、饮茶等活动，以纪录片呈现闽南地区润饼制作工艺及文化差异[②]，探索传统节日如何适应社会发展，受到一定的好评。传统节日文化原属农业时代的产物，要能持续发展，只有呼应时代之需提出新的诠释，创造新的价值，才能使传统节日免于文化乡愁与传统怀旧，找出新的生命力所在，找到新的发展方向。

子课题负责人：张士闪

参加者：张士闪、李世伟、王见川

---

① 林美容：《台湾“五日节”民俗及其意义的流变——兼吁定端午节为“药草节”》，载陶立璠主编《亚细亚民俗研究》第六辑。学苑出版社2006年版，第123页。

② 网址：http：//www. southvillage. com. tw/popia/index000. html，2010年10月5日。

附录：台湾地区纪念日与节日一览表[①]

纪念日

一、“中华民国”开创纪念日：一月一日

二、和平纪念日：二月二十八日

三、反侵略日：三月十四日

四、革命先烈纪念日：三月二十九日

五、佛陀诞辰纪念日：农历四月八日

六、“解严”纪念日：七月十五日

七、孔子诞辰纪念日：九月二十八日

八、台湾地区所谓“国庆节”：十月十日

九、台湾“联合国日”：十月二十四日

十、“国父”诞辰纪念日：十一月十二日

十一、行宪纪念日：十二月二十五日

“国父”逝世纪念日在三月十二日植树节举行

附注：假期规定

“中华民国”开创纪念日、和平纪念日、台湾地区所谓“国庆节”均放假一日。

传统节日

一、春节

二、民族扫墓节

① 该表系根据台湾“内政部”2007 年 10 月 3 日公布的《纪念日与节日实施办法》整理而成。

三、端午节

四、中秋节

五、农历除夕

附注：假期规定

除春节放假三日外，其余均放假一日。

专门性纪念节日

一、道教节：农历一月一日

二、妇女节：三月八日

三、青年节：三月二十九日

四、儿童节：四月四日

五、劳动节：五月一日

六、军人节：九月三日

七、教师节：九月二十八日

八、“台湾光复节”：十月二十五日

九、“中华文化复兴节”：十一月十二日

附注：假期规定

儿童节，12 岁以下儿童放假一天；劳动节，全部劳工放假一天；军人节，军队自行规定放假。

十、“中国春节在海外”调研报告

（一）引　言

春节，即农历新年，我们俗称过年。作为本调研报告考察对象的“春节”，指的是广义的春节，从腊月二十三的“祭灶”开始，一直到翌年的正月十五“元宵节”，都是春节的范围。其中，除夕和大年初一是过年的高潮。春节的时间延续之长，地域跨度之广，节日活动之丰富，在我国的传统节日里无与伦比。可以说，春节是中国人最隆重、最盛大的民族节日。在中国，没有谁不知道春节的重要性，没有人能逃离春节镌刻在人内心的精神影响。诚如历史事实所传达的：春节的魅力不仅在于其悠久的历史、丰盈的物质安排。在华夏儿女的心目中，更倾心于其厚重而多姿的文化内涵、坚定而有力的精神召唤。

不过，我国民族众多、地域广博，春节的习俗自然也很多，且南北不同、东西有别。北方人吃饺子，南方人蒸年糕，台湾民众又有自己的专有语词——辞灶、围炉和走春。但无论春节的地域差别有多大，却有着我们共有的节日符号：春联、爆竹、中国结、饺子、年糕、煎油角、舞龙、舞狮、贴门神，大红灯笼挂满街……

相对于中国大陆及港、澳、台地区而言，中国春节在海外，则是新世纪以来日渐红火，受到广泛而热切的关注。这里需要说明的是，我们所做的“中国春节在海外”的调研活动，不是只包括生活在国外的华侨和华人是怎样欢度春节的，严格意义上讲，调研的侧重点更在于那些外国的非华人群体是以一种什么样的方式和怎样的态度对待中国春节，换句话说，是为了研究中国春节在海外，尤其是在那些非华人的人们那里，是一种什么样的情状。同时，我们还要对春节在当今世界会走向何方、去向何处，做出合乎客观实际的评估。

据笔者大量调研的事实来看，时下已有很多人在说，中国春节已经“融通四海，辐射五洲”。此话多少有某种程度的夸大，不过也从一个侧面反映出中国春节在世界上的影响力是在不断升温、逐渐扩大的。为此，我们更应该研究春节在海外的动态，从而在更深的层次上去拓展春节的影响力，最终努力使其成为一个有丰富文化内涵和深广影响的真正意义上的世界性节日。

（二）春节在海外的现状聚焦

春节走向海外是一个渐进的过程。回首往昔，不得不提一提与之有着密切联系的“唐人街”。

如众所知，海外华侨、华人聚集之地通常被称作“唐人街”，有时也被称为中国城、中华街、华埠、华人区或华人聚集区等，它是中国人离开故土之后，在异族他乡求生存的居所，是华人华侨集生产、生活和社交于一体的社区中心。目前，世界上很多国家都有唐人街，在有些国家，不仅其大型都市里散布着大小不等的唐人街，甚至一些中小型城市也都有自己独特的华人聚集区。不过，追究这些大小不一的唐人街在历史上的形成原因，却不尽相同。以加拿大、美国的唐人街为例，它们形成的历史久远并充满辛酸。史料记载，中国人移民加拿大始于1858年弗雷塞河的淘金热，他们大部分是中国南部的农民，到加拿大后大部分做淘金工人，也有少许开旅店、饭馆等。在相当长的时间里，由于某种经济、政治和文化上的原因，唐人街给人留下的直观印象是："肮脏的街道、陈旧矮小的建筑，警惕而拘谨的眼神，隐晦而坚持地向行人推销盗版光碟和假名牌的中年男女，杂乱无章的食品小超市，一溜溜挂满在餐馆玻璃窗里的滴着油的烤鸭和烤乳猪，侍应生身上呈灰色的白衬衫，张扬的广东话"① 等等。

新世纪以来，随着我国国民经济的快速发展，华人移民海外的构成也在不断发生变化，新移民文化素质的提高，华人社区的不断扩大，华人经济实力的提升等，促使华人在海外的地位与作用渐趋受到当地政府与普通民众的认同。而华人本身的文化自觉则使得华人的文化愈益受到更多的关注和重视。

有学者曾指出："节日，是人类发展在漫长岁月中精神与文化的结晶，是反映区域或民族伦理道德、宗教信仰、生活生产习俗、文化情趣、娱乐爱好的缩影。"② 春节作为中华民族的第一大节，是中国文化的集中体现。就文化意义来区分现代世界文明，我们可知主要有四大文化圈，即儒家文化圈、基督教文化圈、佛教印度教文化圈和伊斯兰教文化圈。其中，儒家文化圈即通俗意义上的"筷子文化圈"，也接近于人们通常所说的"汉字文化圈"，除中国外，涵盖了日本、韩国、朝鲜、越南、新加坡、泰国等地。所谓"基督教文化圈"，主要是指信仰"基督教"的国家和地区，有学者也将之称为"希腊文化圈"，包括欧洲、美洲和大洋洲地区的一些国家。佛教印度教文化圈包括佛教和印度教影响下的印度、斯里兰卡、尼泊尔等南亚的一些国家和地区。"伊斯兰教文化圈"是指伊斯兰教兴起和传播过程中形成的穆斯林文化圈，包括中东、近东、南亚、北非一带的国家和地区。③

---

① 夏萌：《繁华几尽皆寂寞——粗记纽约唐人街》，《海外英语》2009 年第 2 期。

② 郑一民、武晔卿：《春节》，河北教育出版社 2006 年版，第 211 页。

③ 湿金玉：东方伦理文化圈，《社会科学家》1989 年第 6 期。

根据调研的实际情况，我们拟将中国春节在上述文化圈的具体表现，分为四个大的区域予以简要叙述。

1. 东亚

（1）日本。

明治维新以前，日本人和中国人一样过春节，并且是其最盛大的传统节日。明治时期，日本希望尽快"脱亚入欧"，政府导入了西方的太阳历，并废止了春节。1872年12月3日，日本不再使用中国农历，而改用公历纪年。自此，在日本，全国通行公历、以1月1日作为新年，而作为岁时年节的春节也便与阳历的元旦合为一体。

如今，日本人的新年（公历1月1日），依然保留了以往"春节"的许多传统，同时也加入了一些新时代的风尚。比如，在日本，新年时有一种叫"福袋"的商品。所谓福袋，就是装着商品的不透明的袋子。福袋有很多种，化妆品、服装、生活杂物、电器，总之能装进袋子里的都行。古代的日本和中国一样有挂春联的习俗，而现在家庭住户里我们已经很难看到春联，倒是一些商铺还保留着张贴春联的习惯。在日本，人们还保留着除夕之夜吃荞麦面的习俗，以祈求健康长寿。只是把"除夕"改在了公历元旦的前一天。同样，日本人也有自己的"春晚"，即"红白歌大会"。"除夕"的午夜12时，日本的各寺院要敲响108记的钟声，以期达到去除烦恼、驱除邪恶的心愿。

虽然日本官方采用西历，但在民间仍有部分地方保留着过农历春节的习俗。时下，中国春节在世界范围内扩大了影响，日本也不例外。这样的"春节"，日本人称之为"春节祭"。如名古屋的"中国春节祭"到2009年已经举办了三届，每年都在名古屋市最繁华的市中心公园举行，就像中国的庙会，除了有中国饮食外，还有舞龙舞狮、杂技等表演。三天的活动中有近万人到场参加，当地政府也非常支持，免费提供场地，警察也帮助维持秩序。爱知县知事也是每年必到。[①] 2010 年 2 月 14 日，在全球华人欢度中国农历虎年春节之际，日本长崎市政府在长崎市内举行年度灯会点灯仪式，以此庆祝中华民族传统佳节——春节的来临。

（2）韩国。

在韩国，春节和中秋节被称为两大传统节日，法定假期也最长，均放假三天。

春节，作为一个传统节日，在韩国经历了一段变迁。史料记载，韩国从新罗时代已经开始欢度春节。后来，日本开始统治朝鲜半岛，过春节被严格禁止。直到 1985 年，“春节”才以“民俗日”的名称再次出现。1999 年，韩国正式恢复了“春节”这一节日。

韩国人称春节为“舍尔”，即“新年之首”的意思。比起年三十的守岁，韩国人更重视年初一的“祭礼和岁拜”。韩国人祭祖有严格的说法，仅供桌的摆法就有“鱼东肉西”、“头东尾西”、“红东白西”、“枣栗梨柿”、“生东熟西”、“左饭右羹”等规则，祭祀的程序同样也很严格。

韩国人过春节，和中国有很多相似的地方。比如返乡过年（韩国人称“归省”）、吃团圆饭、新年祈福、祭祀祖先等。韩国春节最有名的食品是大年初一早晨起来吃的年糕片汤，象征新的一年团圆美好。如今，韩国人一到春节便穿上一身颜色鲜亮的传统民族服装，一家几口开着汽车奔向故乡，构成一幅典型的韩国春节风俗图。面对这种“公众大移动”，交通等部门也忙得不亦乐乎。

（3）朝鲜。

朝鲜人十分重视春节活动，拜年便是春节习俗中的重头戏。

在朝鲜，大年初一一大早，全家人便早早地起床，穿上传统的民族

---

① 叶春生：《春俗如歌——广东春节》，广东教育出版社 2010 年版，第 12 - 13 页。

衣饰，开始新年的拜年仪礼。尤其是小姑娘，更是身着五颜六色的新服，显得格外引人注目。朝鲜的拜年活动从拜祭祖先开始，祭祀桌上摆着各色食品与酒类，一家人首先给已故的祖先磕头致意。然后是晚辈给家里的长辈拜年，并按照辈分和年龄的顺序给长辈们磕头行礼，祝长辈们长寿康健。长辈们也会给晚辈备一些简单的礼物，或者送给孩子们压岁钱。在朝鲜，向邻里的长辈、师长拜年也是不可或缺的礼仪之一。不过，与自家内部拜年的礼节相比，朋友和邻居之间的拜年不拘于形式，多是相互说一些鼓励或祝福的话。

在饮食上，朝鲜人过年除了美酒佳肴外，还要吃甜饭，以示日子过得像蜜一样甜。这种饭是用糯米配上松子、枣粉、蜂蜜等蒸煮而成，类似于我国的八宝饭。朝鲜人团聚吃年饭，主要是在自己家里，几乎没有人"下馆子"。这与中国当今的新时尚不同，但与我们的老习惯一样。

2. 东南亚

（1）新加坡。

春节，是新加坡一年当中最盛大的节日，这主要是因为新加坡人口中70%—80%为华人。说起春节，一位长期居住在新加坡的友人说，新加坡也许是世界上除中国以外最把春节当回事的国家了，迄今仍保持着传统过年的习俗。[①]

春节期间，新加坡家家都要蒸年糕、贴春联、逛花市。在除夕之夜，新加坡人全家一定要吃一个团圆饭，意味着和美与团圆。春节当天，晚辈要给长辈拜年，小孩子们则能从长辈那里得到压岁钱。大年初一扫帚一定要统统收起来的，不许扫地，这是为了避免扫帚扫走吉祥与福气。此外，新加坡的华人家庭每年都要开油锅、烧火炉，取年年开火

---

① 蔡莹、孙超：《海外的春节故事》，《今日中国》（中文版）2010年第2期。

年年旺的意思。一家人聚在一起，一边做着各种各样的糕点，一边话着家常，其乐融融。在新加坡人的年市上，各种年货一应俱全、琳琅满目。中国过春节的传统习俗，如祭灶、迎神和吃年夜饭等，在新加坡的华人中几乎都保留了下来，并渗入到了非华人的家庭中去。直到今天，新加坡人春节必备品依然离不开年糕，因为那是“年年高升”的象征；还有桔子，象征着“大吉大利”。

（2）马来西亚。

在马来西亚，春节是政府法定的公休假日，其过年习俗与新加坡以及我国国内大同小异。

不过，在马来西亚的不同区域，由于移民的祖籍不同，其过年的景象也不尽一样。在福建人居住较多的鲁谷地区，商店里挂满了各种各样的春节装饰品，有大红灯笼、各式春联、金光闪闪的穗子，童男童女拜年图、“恭喜发财”的横幅等。受闽南文化的影响，鲁谷地区的人们过春节一定要买凤梨（菠萝），这是因为在闽南语中，“凤梨”与“旺来”谐音。又由于马来西亚的当地华人多来自福建，因此，“凤梨”就成了马来西亚过春节的吉祥水果。

此外，在马来西亚的怡保地区，人们喜欢端着腊梅回家过年，因为它象征着吉祥，代表着如意。在旅游城市马六甲，十年来每年都挂起大红灯笼和年画来布置街道。春节期间，古老的城市，旅游的佳处——马六甲的整个城市都洋溢在欢庆佳节的海洋里。

（3）泰国。

泰国华人保留了春节的传统习俗，所有仪式在他们那里都绝不马虎。泰国人也身临其境地与华人同祝佳节，春节当天，给华人职工放假，为的是让每一位职工都有欢度节日的时间。

居住在泰国北揽坡市这个素有“天堂之城”的城市里的华人，过春节的仪式尤为隆重。春节一到，鞭炮之声不绝于耳，喜庆的锣鼓震动着大地；不只是唐人街张灯结彩，整个城市都披红挂绿；人们不仅在家里祭祖先、贴春联、吃团圆饭，同时还身着红装，走街串巷互相拜年。在泰国北揽坡市工作过的一位朋友也说，北揽坡市是泰国华侨、华人的主要聚集地，每年春节，这里的庆祝活动确实要比泰国其他地方显得更为热闹。

而在泰国的首都曼谷，你无论是在街头漫步，还是在商场购物，随处都可见“新春吉祥、恭喜发财”的汉字；当地电视台也不时播出“年年有余”的黄金饰品广告。在曼谷著名的唐人街耀华力路，大街小巷两旁的许多商店和货摊都会销售春节年货，有春联、烛台、鲜花、福禄寿塑像，也有鞭炮和烟花。

（4）越南。

春节是越南最隆重的节日，也是国家法定休息时间最长的假期。越南的过年习俗与中国大同小异。相似之处有：除夕守岁、燃放鞭饱、吃团圆饭、初一拜年、供奉祖先、赶逛庙会。与中国相比，越南的宗教信仰氛围会更浓厚一些。春节期间，人们一般会上佛寺拜佛，或去庙里拜神，祈求新年好运。比如在寺庙里采一枝树枝回去，称之为“采绿”，在越南语中，“绿”和“禄”同音，“采绿”就是“采禄”，意味着把吉祥如意带回家。此外，越南还有独特的五果供习俗，即在祭拜神灵、供奉祖先时，贡品采用的是象征天地五行的五果盘，既表达对祖先的感谢，也蕴涵希冀新年如意、安康的意思。

3. 欧洲

（1）英国。

中国春节，受到了英国政府的分外重视。2000 年，中国龙年的新春之际，英国王储查尔斯王子来到伦敦华埠，与华人、华侨共度佳节。

英国首都伦敦的特拉法加广场是一个著名的旅游景点，一直被英国人视为伦敦的心脏，还因成群成群的鸽子在那里长期栖居，故又名鸽子广场。2002 年的中国春节，英国伦敦的华人社团——“伦敦华埠街坊会”，一改过去只在唐人街举办春节庆典活动的传统，首次将主会场移至特拉法加广场，以方便伦敦市民真正过一回“中国年”。这一改变的重要意义在于：将使更多的英国人认同中国春节，同时也有利于更多的英国人参与到春节的庆祝活动中来。2007 年的大年初一，30 万人（其中绝大部分不是华人）在特拉法加广场盛装巡游，舞龙的、舞狮的、燃放烟花爆竹的、参加文艺表演的，等等。不但欢庆活动令人目不暇接，30 万人还齐声高呼“恭喜发财”。当时的壮观场面，令所有在场的华人都由衷地感到无比兴奋、十分自豪。

中国春节期间，在英国，大街上会增添许多 ChineseNewYear（中国春节）的东西，即使不是中国餐馆的餐厅，也会添置几道“SpecialMealDealforChineseNewYear”（专为中国春节准备的菜肴）。2006 年 1 月 26 日，英国伦敦市中心繁华的商业街牛津街上，也挂起了红彤彤的中国灯笼，为中国的春节增添了一道道亮丽的色彩。无怪乎英国首相布莱尔曾说：“春节已经远远超过了华人社团，正成为被越来越多人庆祝的节日。”①

如今，有关伦敦的旅游手册中，中国春节已成为英国节日的一部分并被赫然收录在内。由此可见，在英国，中国春节已日趋国际化。

（2）法国。

如果说，有的国家过中国春节，还出于一种看热闹的心理的话，那么，法国人过春节，则是当成自己的事情。

2002 年 2 月 13 日，时任法国总统的希拉克，在其总统府爱丽舍宫举行中国春节团拜招待会。2004 年春节期间，有“法国的灵魂”之称的巴黎埃菲尔铁塔，为了庆祝中国春节而红光闪烁。管理部门称，这是埃菲尔铁塔历史上首次为一个外国的节日改灯光。从正月初三开始，有

① 李柯勇、张晓松、杜宇：《古老节日影响世界：把春节打造成世界文化品牌》，新华网，2006 年 2 月 5 日。

"法国长安街"之称的香榭丽舍大道像是中国国内的庙会，这一天巴黎市长把香榭丽舍大道"借"给了中国传统彩装文艺大游行，文艺大游行的路线是从巴黎香榭丽舍大道的凯旋门至总统府附近的圆形广场。打锣的、敲鼓的、扭秧歌的、耍杂技的、舞龙的、舞狮的，随处可见。[①]2006年春节，法国邮政总局还专门发行了中国狗年生肖邮票，以欢庆中国狗年的到来。2007年的农历新年前夕，法国前总统希拉克给旅居于法国以及欧洲的全体华人、华侨的春节贺词中有这样一句话："2月18日，我们将欢度中国传统新年。""我们"这个简单的语词，无形中体现出了希拉克总统这位众所周知的"中国通"对中国春节以及中国传统文化的认同感。当然，法国的其他政要，也包括现任总统萨科齐都曾有过类似的话。[②]

时下，中国年已经悄然走进法国人的家庭，每逢中国春节，法国的大街小巷都装饰一新，彩旗飞扬。不仅华人聚居区，就连巴黎市政广场也挂上了大红灯笼，满眼望去都是"中国红"带来的喜气洋洋。在巴黎开中餐饭店的一位朋友曾深有感触地说："法国人喜欢跟着中国人过年，除夕晚上餐馆一定爆满，不提前订座，就很难吃上'年夜饭'。"

4. 美澳

（1）美国。

众所周知，作为移民国家，美国是一个文化的大熔炉。本来，美国本土人是没有春节的概念的。但是，随着华人、华裔人数的日益壮大和中国文化的日渐受关注，越来越多的美国人开始对中国的传统节日，尤其是春节产生浓厚兴趣。可以说，华人在美国出现之年，也是中国春节开始传播到美国之时。

---

① 艾君：《中国年》，中国建材工业出版社2005年版，第112－113页。
② 李暄、蓝薇：《外国人如何过春节》，《冶金企业文化》2008年第1期。

早在里根总统任职期间，每逢中国的旧历年新年之时，他都要向旅美华人致电祝贺新春佳节。近些年，每年一到春节，上至总统，下至华人、华裔聚居区的地方官员，都会利用不同场合向华人社区致以新年祝福，并对为美国社会做出重要贡献的华人、华裔表示诚挚的敬意。此外，继春节在2003年成为纽约市法定节日后，纽约州在2004年的11月8日也将中国农历春节定为全州的法定节日。此后，美国已有十几个州把中国春节列为合法节假日。

帝国大厦在“9·11”之后成为曼哈顿最重要的地标性建筑，不过其安全检查也达到了空前的严格。但是，也正是从2001年开始，每逢中国农历新年到来之际，帝国大厦已延续十一年用中国人最喜欢的红色和金色灯装点节日气氛以示祝贺。2010年中国春节到来之前，帝国大厦在一年一度的春节点灯仪式之外，在中国文化部的支持下，又首次推出展示中国农历新年的橱窗展，主题有“辞旧迎新”、“和谐团圆”、“闹元宵”及“逛庙会”四个部分。在纽约这座世界性的大都市里，以在帝国大厦底层橱窗展示中国春节的方式去庆祝中国的农历新年，是中美友谊的一种表现，也显示了美国人对中国春节的接纳态度。

另外，美国还是除亚洲地区以外最早发行生肖邮票的国家。1993年是中国农历鸡年，美国邮政总局为纪念华人对美国社会所做出的重要贡献，开始发行以中国生肖为主题的纪念邮票，到2004年的猴年为止，一共出齐了一轮。之后，美国又于2005年和2006年发行了两款设计相同、面值不同的十二生肖邮票双面小全张。在最后八元八角八分的总体价格安排上也颇费心思，可以说其谐音“发发发”的用意十分巧妙乃至周到。2010年1月14日，美国邮政总局在洛杉矶举行了2010年中国农历虎年生肖邮票的首发式，这是美国发行的第二轮生肖邮票中的第三枚。

总之，今日的美国人已十分重视中国春节。

（2）加拿大。

从1858年第一批中国人踏上加拿大开始，春节便被悄然带入了这一枫叶之国。接下来的一百多年里，华人源源入加，如今加拿大全国华裔已达百万之众，成为加拿大仅次于英裔和法裔的第三大民族。由于华人的增多，春节在当地便成为一个重要的节日。

早在1988年便有一份资料显示：中国自1973年向加拿大派留学生以来，已有1600人学成回国，现有3000人左右正在这里进修，分布在9省30个城市的45所学府、50个科研单位。每逢春节，中国学生都要邀请教师以及当地华侨在校园内共同过节，让春节走进更多加拿大人的视野。①

中国的春节尚没有被正式列为加拿大的公共假日，但实际上，春节在加拿大，无论规模声势上还是时间跨度上都是很大的。春节期间，舞龙与舞狮、武术与杂技、歌舞与服装表演、庙会式的展览、狂欢式的游行等活动为当地社区增添一道道亮丽的风景。在一些大城市，华裔社团与当地一些社区和管理机构联合举行贺岁活动。在欢庆活动中，也有许多热爱中国文化的“老外”参与。②

（3）澳大利亚。

澳大利亚虽位于南半球，依然是一个以基督教文化为主体的西方国家。它和美国一样，也是个典型的移民国家，在这个国度里，各大洲的人应有尽有，其文化形态也是千差万别。

到2010年，澳大利亚已经连续数年发行了中国农历新年的生肖邮票；澳大利亚的很多种日历上，现已标出了中国的农历新年；堪培拉的各政党领导，春节一到便纷纷向华人社区拜年，并声称要感谢华裔先人“丰富了澳大利亚文化”，使澳大利亚成为一个有信心的和谐国家；生活在澳大利亚的华人也有一个共同的感觉，那就是中国春节在这里是一年

① 蔡叔齐：《海外庆龙年情切意更深》，《瞭望》1988年第7期。
② 平和：《世界华人过春节》，《中国资产评估》2010年第2期。

比一年热闹、一年比一年喜庆；越来越多的澳大利亚当地人，在春节这一天会用中文说“新年好”、“恭喜发财”；还有澳大利亚的主流英文媒体，有关春节的报道也日渐多了起来。

在澳大利亚，悉尼的唐人街早在腊月二十四，庆贺新春的“醒狮”活动就已经开始活动了。“醒狮”的队伍浩浩荡荡，参与者众多。人们怀着对新年的祈福与祝福，沿着大街给各商号拜年“踩青”。春节里，悉尼华人的各大社团，乃至校友会之类，也都要举办规模盛大的团拜会活动。澳大利亚的圣诞岛本来是一个以发行圣诞邮票而闻名于世的岛屿，1987 年 1 月 31 日它也推出了一套题为“中国农历新年”的邮票。[①]澳大利亚的墨尔本，有世界上最长的巨龙，长达 150 米，拥有 100 多年的历史。每年中国农历新年，200 多名健壮的澳洲人与华人喜庆欢乐地共同扛着这条巨龙走街串巷。在墨尔本郊外，还有一个名叫班地沟的小镇，被当地人称为“龙镇”，因为那是华人聚居地。每年春节，龙镇里都要举办“龙节”。

可以说，澳大利亚从大都市悉尼和堪培拉，到“小地方”龙镇，都洋溢着中国春节的节日气氛：一派龙腾虎跃、到处欢乐祥和。

（三）春节在海外影响的原因透析

随着全球化步伐的加快，西方的洋节以强劲的势头涌入中国的同时，中国的春节也正以其独特的魅力被世界上越来越多的人所接受，并逐渐成为世界文化脉动中一道亮丽的风景线。中国春节在海外越来越“红火”，越来越“吃香”的原因何在，我们认为主要有以下四个方面的因素：

① 李永顺：《中国年节》，云南大学出版社 2007 年版，第 211 页。

1. 海外华人华侨对春节的推广

华侨华人在居留地传承和传播中国民俗文化方面功不可没。他们在努力融入居住国主流文化的同时，也在异国恪守着本民族的文化传统。研究显示，一个国家或民族的传统节日，能否成为世界性的节日首先要具备的条件就是有没有庞大的人群在世界范围内加以广泛推广。目前，中国的春节已具备了这一条件，那就是遍布在世界五大洲的数千万华人，以及越来越多的走出国门去世界各地开办企业、厂矿，进行建筑、商贸的实业家和出国学习与深造的留学生们。他们的脚步走到哪里，就会把十足的"年味"带到哪里。异国他乡把春节高举，远离着祖国，春节便是漂泊者心中再神圣不过的日子。

最近的一份统计资料表明，目前海外华人约有3000多万，散居在世界各地120个国家和地区，几乎布满全球。其中亚洲约2000多万，绝大部分集中在东南亚一带；美洲的华人总数占500多万，主要集中在北美；欧洲华人、华侨总人数约有250万人；大洋洲90万；非洲约20万。[①] 正是这些遍布在世界各地的中华儿女，他们用自己的热情，用对祖国春节的痴念情怀，把中国春节的习俗与庆典带到了世界各地。

悠悠天宇旷，切切故乡情。有人说，"哪里有华人，哪里肯定就有春节"，此话毫不夸张地形容出春节对中国人的影响力。我国现有人口十三亿，华侨、华裔已经遍布在世界各个角落，他们是传播中华文化的一支强劲有力的队伍。以英国为例：如前所述，欧洲华人、华侨总人数约有250万人，英国是欧洲华人最多的国家，占整个欧洲华人的1/3，约有80多万人。正是这些华人，他们为中国文化在英国的落户提供了不可或缺的基础支持；而英国的主流社会去积极参与并广泛传播春节文

---

① 书欣:《海外华人有多少?》,《世界日报》2005年3月8日。

化也与英籍华人的影响和宣传有着千丝万缕的联系。

春节是全球华人心中最牢固的民族情结。大年三十的年夜饭，“不仅国内的人吃，海外华人到这一天也都要吃。他们的心情比我们还要强烈，可以说对春节的认同其实就是对国家的认同，对家乡的认同，也就是对我们民族之根的认同”①。目前，春节在海外、特别是在还没有被列为公共假期的国家，影响还是有限的。但是，只要有华人在，春节的影响力就会越来越大，因为海外华人对过春节从来都是特别地看重，更因为我们的春节，是华人们自己的节日。

2. 春节承载的文化具有广泛的普世价值

追溯春节的起源，我们得知，“春节是由原始农业社会庆贺丰收的‘腊祭’演变而来的，它包含着许多农耕文明的精髓，浓缩了中华文明进程的丰富内涵”②。

首先，春节是源于大自然的召唤，也是中国人“天人合一”的哲学理念和价值观的重要体现。在过去的传统社会中，以大自然四季为节律，与人的生产、生活节奏相适应设置节日，尤其是类似于中国旧历新年的节日，在世界各国各民族中比较普遍。中国先民遵循自然的节奏与律动，在四季之首的春季开始的时候以一个节日的仪式响应大自然的呼唤，开始新的四季轮回。春天的节日，蕴涵着希望，倡导着和美。这种崇尚自然、期冀和平的心理，是全人类所共有的。刘魁立先生曾说，我国传统节日的核心功能在于“认识自然、亲近自然、协调与自然的关系”③。在灵性物化、精神苍茫、人与自然急需和谐与共的今天，春节，

---

① 克君、阎东、吴玉仑、洪眉：《我们的节日》，上海科学技术文献出版社 2006 年版，第 25 页。

② 王文章：《中国传统节日》，中央编译出版社 2010 年版，第 38 页。

③ 刘魁立：《中国节典》，安徽教育出版社 2008 年版，“序言”第 3 页。

作为一个“自然”的节日，在人类社会中具有普世价值。

其次，春节是祈福纳祥、驱邪避灾的原始信仰留存。具体来说，放鞭炮也罢，献束花也好，都不过是一种仪式，仪式的内容和空间都可以转换，但它所期盼的欢乐和谐、幸福圆满是人类的共同愿望。故此，春节所波动心灵的大旋律也是全人类共有的精神诉求。

同时，春节是家人团圆、亲情聚守的节日。人们常说，每逢佳节倍思亲。春节这一古老的节日，把中华民族几千年来积淀的思乡、思亲、思归、思团圆的情愫，以及人与人、民族与民族之间的亲善之情抒发到了极致。人们在一年辛劳之后，春节是最集中地尽情释放各种情感的一个时空平台。在这里，在这个时候，亲情、友情、乡情、族情、爱情、娱情，都能够得以充分表达或释放。而正是这些情感，恰恰是天下人所共有的，也是全人类所共通的。

此外，春节也是法天尊祖、敬老爱幼的情感体现。祭祀祖宗之德、缅怀先人之志，是祖先崇拜的遗存；吃团圆饭、走亲访友、除夕守岁、敬贺新年等，是重温“尊尊、亲亲”的家庭与社会关系；上坟祭祖、拜谢尊长，是对“百善孝为先”的传统美德的无形固化；小妞带花、小伙点炮、给压岁钱，是对幼儿的宠爱与关怀……

总之，一个包蕴人类情感、负载和谐精神的节日文化，具有全人类的普世价值，可以为我们大家共同享有。春节，不论就表现形式还是精神内涵而言，都会得到全世界的认同。春节集中表现了中国丰富而悠久的历史文化。在中国的春节文化里，不仅拥有着古老的历史意蕴、独特的时空观念，而且还拥有着各民族能够共享的圆融理念和审美价值。我们的春节文化，是一种家的文化、团圆的文化、和谐的文化、“融通天地万物、期盼人生幸福”① 的文化。

有道是，只有民族的，才是世界的。而凡是走向世界的文化，它首

---

① 李英儒：《春节文化》，山西古籍出版社 2003 年版，第 19 页。

先必须要有深厚而浓郁的民族基础。我们的春节，是最具我们民族文化传统的节日，也正是那些承载着民族特色的春节符号：灯笼、鞭炮、吃饺子，舞龙、舞狮、蒸年糕等独特习俗，给予了其他民族对春节的最直观体验。对很多外国人来说，春节的那份喜庆，那热热闹闹的情怀，是他们羡慕和向往的乐土，这也是其他民族对春节建立起来的第一印象。

3. 中国作为“春节”的故乡正在和平崛起

中国春节的海外升温，固然与全球华人的推广和春节的文化元素有关，但从根底上讲，在于我国经济的持续发展、综合国力的不断增强，以及民族凝聚力的提高和国际威望的上升。总而言之，在于中国的和平崛起。

诸多学者已经指出，一个国家的经济实力，是其文化走向世界的最大推动力。一直在推动传统节日振兴的李汉秋教授曾说，一个自卑的民族不会尊重自己的文化，包括对自己的传统节日也不会珍视，有了改革开放以来经济大国的自信，才有近些年文化大国的自信。把清明、端午、中秋三个传统节日作为法定假日，就标志着中华民族的文化自信、自豪和对传统文化的自觉。①

所以，春节在世界迅速“走红”，不仅仅是一种文化现象，还有着深厚的经济背景。目前，中国日益增强的综合国力，不仅提高了我国的国际地位，还吸引了众多投资者和旅游观光者，也使中国的文化被越来越多的外国人关注和欣赏，他们想熟悉中国、了解中国，分享中国的繁荣，也因此对华人过春节的习俗非常重视。故此，一个国家的实力所代表的文化能赢得世界的尊重，与它的经济实力上升和文化魅力增强有着双向的互动关系：经济和文化力量的快速增长创造了一个具有非凡吸引

① 参见右舷：《我们究竟怎样过节》，《地图》2008 年第 5 期。

力的中国，这是春节“走红”世界并日渐成为世界性节日最重要的动力。

4. 世界文化多样性时代的到来

冷战结束以后，国际交往中意识形态因素逐渐淡化，文化作用则日益凸显。2001 年 11 月 2 日，联合国教科文组织（UNESCO）第 31 届大会在巴黎总部通过了《世界文化多样性宣言》（Universal Declaration on Cultural Diversity，以下简称《宣言》）。《宣言》把文化看作是一个社会或族群的一整套精神的、器物的、智力的和情感的特征，除文学艺术之外，还包括生活方式、共同生活准则、价值体系、传统和信仰；并指出文化多样性对于人类来讲就像生物多样性对于维持生物平衡那样必不可少；同时，《宣言》还把保护文化多样性提升到“道德律令”的高度，认为保护文化多样性意味着对人权、自由和尊严的承诺，特别是对少数族群和土著居民权利的承诺等。

自此，“文化多样性”已成为继亨廷顿曾提出的“文明冲突”论之后的全球主流话语。在这一大的文化语境下，对非物质文化遗产的保护开始提上日程。在中国国内，包括“非遗”在内的各种传统文化的持续升温，带动了国内对传统节日的重视，进而形成热潮，这无疑对海外产生了影响。春节，这一极富中国传统色彩的节日文化迅速“走向”世界，自然在情理之中。

“冲突的发生与否，原不在文明的同与不同。如果只顾一国之利，而不惜损人之国，虽文化完全相同，冲突亦在所难免；反之，虽文化迥然相异，而和平断然可期。”[①] 既然人类未来的出路不在文化与文明的“冲突”上，而在于怎样互通有无、怎样圆融共进，那么文化间的对话

---

① 陈启智：《东西文化的冲突》，《理论参考》2005 年第 7 期。

也便越来越成为一种可能。

事实表明，1990 年代以来全球经济一体化带来了某种程度上的文化同质化，这是对文化多样性的一种挑战。但是从整体上看，当今世界仍然是一个多元化的时代，在这个多元化的世界里，必然有多元化的生活以及多样化的文化。以中国为例，改革开放以来，外国的节日文化相继登陆我国，原来完全属于外国的许多所谓“洋节”，吸引了越来越多的中国人参与其中。尽管确实有很多人并不是十分理解“洋节”本身的含义，但是他们过“洋节”的热情却是前所未有的高涨。同样，伴随着我国和平发展的脚步，中国的传统文化，当然这里面就包括我们的春节文化，带着自己的独特魅力，一样能够走向世界的舞台。

总之，在文化多样化的大格局中，各个国家、不同民族的传统节日，是人们了解其他民族的一座桥梁、一个窗口，也是文明进步的一个动因。中国春节作为多元文化中的一元，以自己独有的文化价值，为世界文化大花园增添了一道亮丽的风景线，必然会得到越来越多的海外人士的关注和青睐。

（四）努力扩大春节在海外的影响力的对策建言

如前所述，春节在海外已逐渐成为一个介绍中国、提高中国影响力的重要窗口。就春节在海外的未来发展而言，我们应该根据春节影响深浅上的不同以及不同国家对春节的认知情况，去采取不同的宣传形式和推广方法。

1. 做足文化内涵，调动积极因素

对非华人的外国人来说，关注春节，或在于春节的欢乐气氛，或出于一种好奇的目的，或抱有商机在望的心理，或出于纯粹的兴趣爱好，至少都给予“春节走出去”的可能性扩大了空间。就受众的心理层面来

观照，春节对不同的外国人到底意味着什么，是不能忽视的要素之一。比如，为什么各国政要十分重视在春节来临之际发表贺词，为什么国外的一些商场愿意推出相应的春节专柜，为什么有些老外乐意摩拳擦掌地参与到春节的巡游队伍中去……这些都是今后“春节在海外”发展趋势的价值参照。我们要针对不同的人群、不一样的目的，充分调动其接纳或参与春节的热情，采取不同的方式去推进春节在海外的步伐。

事实上，春节无论以什么样的方式走出去，比如是庙会，还是展览，或者说是演出和巡游，但终究意义上春节打出去的还是我们的价值观、生活方式，尤其是我们好的理念。比如春节是对周遭人事的感恩、春节是人交往沟通的平台、春节是人们文化归乡的寓所等。故此，将春节的文化内涵做足做透，是春节在海外未来发展上的重要任务。

2. 遵循文化传播规律，实施长远文化策略

杜维明教授曾说，儒家传统不从狭隘的自我中心来定义人，永远向外通透，永远对其异质的东西保持着亲和感，故此，永远有外在的资源要进来。[①] 进入新世纪，我们的国家和整个中华民族愈益走向文化创新的自信和自觉，发展国家和民族的文化，将对我们的社会和谐与人的全面发展有益的东西传承下来，是我们的共识。但是，共识之下的急于求成，是最可怕的盲目。任何事情的发展，皆有其规律可循。

就文化传播的规律而言，一个成功的节日的推广，不是一蹴而就的事情，“春节走出去”同样需要一个过程。我们自然不能因为一时的挫折而灰心，也不能因为短暂的“热潮”而盲目乐观。我们得考虑春节在海外的长远发展，要有一个循序渐进的过程。春节的意义，不在于媒体的几个镜头、政要的几句致辞、商家的一线商机，而在于把春节的文化

① 参见［美］杜维明：《东亚价值与多元现代性》，中国社会科学出版社 2001 年版，第 43 页。

理念传出去，并融入到国外当地人的日常生活之中。因此，在文化策略的制定上，不能急于求成，而要分步实施、因国而异。

3. 杜绝偏信主观，秉承理智信念

如果冷静而理性地看春节在海外的现状，我们认为，春节走向世界依然任重而道远。首先，“春节走向世界”在眼下还远没有达到有些媒体所报道的“融通四海，辐射五洲”，而仍只是一些局部性的现象。我们注意到，也有些学者对春节走向海外并不乐观。他们认为，当中国人自己对自己的节日都不再感兴趣的时候，怎么能奢求别人的兴趣；经济一体化大潮下的文化多样性只能是短暂的“想象”；一种文化一旦失去了作为其母体的生产生活方式，便是无源之水、无本之木等等。

也有人认为，以基督教文明为代表的西方文明是一种强势文明。进一步说，其文化强势姿态的影响与渗透，是以西方的经济霸权作为支撑力量来实现的，也就是说经济霸权支撑了文化霸权，从而导致了文化的侵入与渗透；而东方诸国家与民族则普遍由于社会经济发展的落后，从而不得不处于一种受控制和受渗透的被动处境。①

我们认为，文化的传播与影响固然受到其背后经济、政治实力因素的制约，就目前而言，西方文化的影响力在相当的范围内仍具有某种优势，但是，文化的传播与影响并不是绝对地由经济政治因素所决定，它仍有自己的规律和独特途径，需要积极探索。此外，中国与西方国家在经济上的强弱关系也并非是一成不变的。目前中国作为第二大经济体，它在经济总量上超越美国，为期也将不会太远。但我们并不赞同“三十年河东，三十年河西”的观点，不应把中国文化作为一种“强势”文化推向世界，而主张相互包容、借鉴，相互学习，相互影响和传播。事实

---

① 张承平、万伟珊：《文化的普适与包容——中西传统节日的文化差异与社会认同》，《长沙电力学院学报·社会科学版》2002 年 11 月，第 17 卷第 4 期。

上，不同的文化之间也并不存在严格意义上的优劣强弱之分，异质文化之间完全可以相互影响、彼此融合，只有包容才能共生。对中国人来说，不是树立敌对情绪，而是更多地包容世界的多元。像我们的每一次过年，都是一次民族文化大发扬，一次民族情结的加深，也是民族亲和力的自我强化。中国春节要焕发青春，就要在捍卫和固守优良民族传统的前提下，赋予新的文化内涵，插上全球化的翅膀，提高和充实其文化品位，让国际社会同享这一有强烈文化魅力的节日。[①]

4. 汲取成功经验，走出自我道路

时下，我们中国人常常喜欢把中国的春节与西方的圣诞节放在一起进行比照，也许是因为二者都有一种普天同庆、全民狂欢的气氛。但从根底上看，二者有本质上的不同。相对于圣诞节这一纯宗教性的节日而言，春节具有更深邃的文化内涵、高远的文化追求和经久的普世价值。因此，春节走向世界有其内在必然性。我们高兴地看到传统的春节，正在逐步走出国门，走进更多国家和民族的人们的视野。我们欣喜，传统给予我们以未来；我们自豪，文化带给我们更大的发展。

不过，我们还要反问：圣诞节这个宗教性的节日何以能够迅速风行全球呢？相比而言，尽管如上所述，中国的春节在世界上的影响力逐渐凸显，连各国政要都不得不重视、不得不关注它；但是对全世界65亿人口来说，确实还有许多老百姓并不了解或并未参与中国这样一个全民同庆的节日。即使对于那些已经了解并逐渐参与到中国春节的外国人来说，很多时候，春节也只不过是有别于其自身文化的一种异域风情，一种好看和热闹。而春节却不应仅仅停留于图新鲜与凑热闹。

总之，一个国家文化上的影响力，是建立在其经济影响力与政治影

---

① 宗音、经纬：《春节走向世界》，《生活与健康》2007年第2期。

响力之上的文化软实力。随着我国综合国力的不断增强，文化的影响力在逐渐扩大。近年来，春节所携带和传播的中国符号、中国文化、中国精神越来越受到世界人民的认同、接受与喜爱。如今，自卑地担心“春节没落”，天真地“憧憬”全球恭贺新春都是比较片面的。春节若要真正成为世界性的节日，还是要假以时日。因此，我们要发展壮大自己的综合国力，不断提升文化软实力，带着我们民族“天人合一”、“和合为贵”的哲学自信，让中国年真正走出国门，成为真正意义上的世界性节日。

子课题负责人：景俊美

后 记

新世纪以来，随着党和国家对非物质文化遗产保护工作的重视与支持，以及文化建设提上重要的议事日程，弘扬传统节日文化问题，也成为政府、学界及广大人民群众共同关心的一项重大文化课题。2007 年 12 月，国务院公布《关于修改〈全国年节及纪念日放假办法〉的决定》，并自 2008 年元旦开始施行。这次国家法定假日调整，将几个重要传统节日纳入国家假日体系，不仅对于传承和弘扬包括传统节日在内的优秀传统文化，而且对整个社会生活产生深远影响。去年召开的党的十七届六中全会做出的《中共中央关于深化文化体制改革推动社会主义文化大发展大繁荣若干重大问题的决定》也明确提出要“建设优秀传统文化传承体系”，“抓好非物质文化遗产保护传承。深入挖掘民族传统节日文化内涵，广泛开展优秀传统文化教育普及活动”。无疑，这对于弘扬中华民族传统节日文化，继承中华民族优秀文化传统和新的时代的文化创新都具有重要的意义。

在新的社会发展时期，传统节日的存续与发展、传承与弘扬，都面临着新的机遇与挑战。因此，以科学严谨的方法对此进行深入系统的调研，考察现状，研究问题，提出有价值的对策性意见，是弘扬传统节日文化的现实需要，也是学界的责任。基于此，文化部全国艺术科学规划领导小组特别设立了决策咨询重大委托课题《弘扬节日文化研究》(10JG002)，于2010年6月底正式立项。由于本课题的内容涉及到经济、政治、社会、文化各个方面，以及传统文化的传承、人民群众基本文化权利的实现等立体、交叉性的诸种问题，具有特殊重要性，该课题组织实施得到文化部文化科技司及中国艺术研究院高度重视。为此，专门成立了课题组，由文化部副部长兼中国艺术研究院院长、中国非物质文化遗产保护中心主任王文章同志担任课题组组长，文化部科技司司长于平、文化部民族民间文化发展中心主任李松、中国艺术研究院图书馆馆长李心峰三位同志为副组长，李心峰为常务副组长，具体负责项目的组织实施。本课题还聘请著名民俗学、非物质文化遗产研究学者刘魁立、祁庆富为学术顾问。课题组成员主要由中国艺术研究院专家组成，同时邀请了国内部分高校、研究机构有关专家参加，共同合作完成课题。

此前，中国艺术研究院曾于2008年设立一项重点科研课题“中国的传统节日研究”。课题组成员主要由中国艺术研究院的专家学者组成。该课题从我国众多传统节日中选择了11个涵盖面大、民族特质鲜明、文化内涵丰厚的传统节日，即春节、元宵节、清明节、端午节、七夕节、中元节、中秋节、重阳节、腊八节、小年、除夕，努力从非物质文化遗产保护这一崭新视角，对我国一些重要传统节日进行研究与梳理，着重突出如下几个特点：第一，重视节日产生与形成过程的描述；第二，注重节日习俗与仪式的概括总结；第三，注重对节日文化内涵的挖掘与思考。该课题最终研究成果《中国传统节日》一书，已由中国编译出版社于2010年出版。该课题的完成及出版，使我们对于我国的这些重要传统节日有了一次较为系统的了解和把握，也使我们对丰富多样、异彩纷呈的中国传统节日增加了无法割舍的亲近感和浓厚的学术兴趣。作为专家和学者，这一次的集中探讨，也提高了大家对于中国传统节日的文化自觉，以及进一步加以研究、传播以达到更好地保护与传承的目的的责任意识。应该说，“中国的传统节日”课题的完成并出版，为我们目前的这项委托课题“弘扬节日文化研究”的实施提供了学术上的准备。参加本委托课题研究的课题组主要成员，有好几位就来自原“中国的传统节日”课题组。从某种意义上说，就内容而言，“中国的传统节日”课题在一定程度上为本委托课题的研究打下了基础，也可以说，“中国的传统节日”课题，是本委托课题的前期研究成果，而本委托课题，则可以说是上述研究课题的一个延伸与深化。当然，本课题无论是在课题形式上还是课题的对象、所要实现的目标等等，都与上述课题不同：本课题是国家社科基金艺术学项目中一种新的课题类型即决策咨询类的委托项目；聚焦并描述传统节日在当下的现状；对于有关问题提出富有针对性的对策意见，是它的重点研究内容及所要实现的主要目标。不过，我们在努力实现这一目标的同时，仍十分注重它的学术价值，努力让这一成果在发挥某种决策咨询作用的同时，也能以其研究立场的客观性、研究方法的科学性、研究结果的可信性，为学术界及广大读者了解传统节日的现状、研究和思考有关传统节日的各种热点、难点、焦点问题提供有益参考。

本课题的研究，具有相当大的挑战性。不少问题不只为相当广泛的社会群体所关注，甚至在公众中和媒体上充满了争议。我们在整个项目的具体实施过程中，在课题组内部充分地集思广益，不断调整研究的计划及子课题的构成，并根据现实的实际情况，提出新的问题进行探讨。为保证本课题顺利进行，在课题进行过程中，课题组曾多次展开有关专题研讨。“探讨节日符号仪式　弘扬传统节日文化”专家学术研讨会即是其中之一。除此之外，在课题全面开始调研工作之前，我们曾邀请部分专家学者召开“专家意见征询会”；成果基本完成后，我们邀请了有关专家、有关部门负责同志和有关媒体，召开“课题成果汇报及成果鉴定会”。文化部科技司也曾为本课题召开过多次工作会。课题组内部更是多次开会研讨，相互切磋，不断对课题研究方案加以调整，对课题成果进行修订、加工、完善。今年初，课题组还参与了中国艺术研究院主办的《弘扬传统节日文化：新载体、新形式、新民俗》学术研讨会。实地的调研、调查及这些不同类型的研讨会的讨论，都为本课题的完成提供了基础。

本课题的完成，首先是课题组全体成员（包括参与初期调研与写作的中国艺术研究院李云雷、王磊同志）认真负责、辛勤工作的结晶，同时与文化部文化科技司和中国艺术研究院的高度重视、大力支持是分不开的，也与课题咨询专家热情指导、积极参与、认真把关，以及有关媒体的关心支持密不可分，是这各方面因素形成一股合力所结出的果实。在此，谨向对课题进行过程中给予我们以宝贵支持的各位领导和专家学者、有关媒体表示衷心感谢，同时对负责出版本书的文化艺术出版社和本书的责任编辑表示感谢。

课题组

2012 年 3 月 19 日

图书在版编目（CIP）数据

弘扬传统节日文化现状与对策：中国传统节日文化调研实录／王文章主编．—北京：文化艺术出版社，2012．6

ISBN 978－7－5039－5404－7

Ⅰ．①弘…　Ⅱ．①王…　Ⅲ．①节日—风俗习惯—调查研究－中国　Ⅳ．①K892．1

中国版本图书馆 CIP 数据核字（2012）第 130945 号

弘扬传统节日文化现状与对策

——中国传统节日文化调研实录

主　　编　王文章
副 主 编　于　平　李　松　李心峰
责任编辑　潘　艳
装帧设计　刘玲子
出版发行　文化艺术出版社
地　　址　北京市东城区东四八条 52 号　100700
网　　址　www. whyscbs. com
电子邮箱　whysbooks@263. net
电　　话　（010）84057666（总编室）84057667（办公室）
　　　　　（010）84057691—84057699（发行部）
传　　真　（010）84057660（总编室）84057670（办公室）
　　　　　（010）84057690（发行部）
经　　销　新华书店
印　　刷　国英印务有限公司
版　　次　2012 年 6 月第 1 版
　　　　　2012 年 6 月第 1 次印刷
开　　本　700×1000 毫米　1/16
印　　张　20
字　　数　200 千字
书　　号　ISBN 978－7－5039－5404－7
定　　价　36.00 元
